智慧营销实战系列教材

管理沟通

黄嘉涛　高虹圆　苏　欣 ◎ 编　著

电子工业出版社
Publishing House of Electronics Industry
北京·BEIJING

内 容 简 介

本书是一部兼具理论深度与实践指导价值的现代管理沟通教材,全书共分为11章。第1～5章系统解析管理沟通的基本原理,涵盖管理与沟通的基本理论、人际沟通、组织沟通、团队沟通和自我沟通,为读者搭建起稳固的知识框架;第6～11章紧扣时代脉搏,深入探讨有效倾听、职业沟通、组织演讲、书面沟通、非语言沟通和跨文化沟通等核心技能,助力读者实现高效沟通。书中穿插了大量的鲜活案例、情境故事与沟通游戏,结合各章的学习目标、内容小结、问题讨论,使读者在轻松愉快的氛围中掌握管理沟通的精髓。本书旨在帮助读者掌握管理沟通的基本能力,并且能在快速变化的商业环境中运用先进的沟通手段,有效应对管理挑战。希望读者能汲取案例中的成功智慧,规避失败陷阱,在实践中展现出更高的专业素养与创新能力。

未经许可,不得以任何方式复制或抄袭本书之部分或全部内容。
版权所有,侵权必究。

图书在版编目(CIP)数据

管理沟通 / 黄嘉涛,高虹圆,苏欣编著. -- 北京:电子工业出版社, 2025. 4. -- ISBN 978-7-121-50207-1

Ⅰ. C93

中国国家版本馆CIP数据核字第2025MD7458号

责任编辑:张云怡
印　　刷:河北鑫兆源印刷有限公司
装　　订:河北鑫兆源印刷有限公司
出版发行:电子工业出版社
　　　　　北京市海淀区万寿路173信箱　　邮编:100036
开　　本:787×1092　1/16　印张:15　字数:384千字
版　　次:2025年4月第1版
印　　次:2025年4月第1次印刷
定　　价:55.00元

凡所购买电子工业出版社图书有缺损问题,请向购买书店调换。若书店售缺,请与本社发行部联系,联系及邮购电话:(010)88254888,88258888。
质量投诉请发邮件至zlts@phei.com.cn,盗版侵权举报请发邮件至dbqq@phei.com.cn。
本书咨询联系方式:(010)88254573,zyy@phei.com.cn。

序 言
PREFACE

  自从2007年博士毕业后,我就开始讲授"管理沟通"这门课程,转眼已过去多年。这些年,我一直在思考一个问题——沟通是什么?诚然,我们每天都在与他人进行某种形式的沟通,自然地认为沟通是人与生俱来的能力。如果真是这样,那为什么我们在生活中、工作中会遇到如此多的棘手问题?为什么男人和女人总是互相埋怨且不理解对方?为什么人和人之间经常会误解彼此?为什么在职场中有人欢喜有人忧?为什么你不懂我的心就像白天不懂夜的黑?……或许,沟通并非像我们所想的那样是一种与生俱来的能力。美国语言学家罗曼·雅各布森(1896—1982)认为,说话是人与生俱来的天赋,但良好的谈吐和沟通能力则需要依靠后天的练习。

  美国常春藤大学联盟的学生对华尔街商界精英和华盛顿政治家们做过一项调查,问他们:"如果让你现在重新回到大学,你会修好哪些课程?"答案自然是五花八门,有写作学、逻辑学、谈判学、演讲学、哲学……如果寻找这些课程内容的交集,我们就会发现其中大部分课程都与沟通相关。这项调查的结果,深远地影响了美国大学的课程设置,校方在"通识教育"的课单里,大幅增加了沟通类的选修课和讲座。

  生活在这个世界上的人,无论是西方人还是东方人,富人还是穷人,年轻人还是老年人,企业家还是一般职员,无论是名校的毕业生,还是寂寂无闻的街头小青年,在人们的内心深处,都怀有影响他人的欲望。即使生活在荒岛上的鲁宾逊·克鲁索也要和仆人"星期五"沟通。当我们通过有效的沟通方式,和他人建立起联系时,我们就获得了影响他人和外界的机会。同理,组织、事业和个人的成败兴衰,都与沟通息息相关。无论是过去还是现在,只要人们彼此之间需要合作,只要人们身处工作场所,就一定需要学习并需要不断提升沟通能力。

  本书综合讲述了几个层面的沟通,从沟通的基本概念、人际间的沟通、组织内的沟通、团队的沟通、自我的沟通,到倾听、求职、演讲、写作、非语言、跨文化等具体沟通技能,辅以大量有关沟通的案例、情境故事、小游戏和练习,深入浅出、通俗易懂地展示了沟通的各个环节。通过阅读本书,读者既能掌握管理沟通的基本原理,提升自己运用沟通方式与沟通手段进行高效管理、解决管理冲突的能力,又能从精辟的案例分析中吸取管理沟通的成功经验与失败教训,从而能够更专业、更灵活地投入管理实践之中。

  该书融合了我多年企业管理咨询的心得体会,以及我所教授的MBA学生的切身经历,

将当下企业管理中现实存在的沟通问题与理论充分结合，真正做到实践与理论的统一。同时，本书在编著过程中，参阅了大量学者的著作，以及知名的微信公众号，如"北大纵横""华章管理""春暖花开""中智咨询"等，在此一并向诸位作者表示敬意和感谢。另外，全书在编著过程中，坚持立德树人的教育理念，融入了较多有关中华优秀传统文化的内容，凸显古今交融的特点，在对学生加强专业理论教育的同时，着力培养学生正确的世界观、人生观和价值观。

全书由广东工业大学的黄嘉涛教授统筹架构并主持编写，具体分工为：黄嘉涛教授负责编写第 1~5 章及第 9~10 章；广东工业大学的高虹圆教授负责编写第 11 章；黄嘉涛教授和广州城市职业学院的苏欣老师共同负责编写第 6~8 章。本书由黄嘉涛教授定稿并对全书内容进行了修改和补充。

当然，我们不会期望在读完《画艺杂志》后能变成一位出色的画家，同理，我们也不能期待自己在阅读完这本书后，马上变成一位沟通高手。和雕刻、弹琴一样，沟通技巧需要边学边用，慢慢地、潜移默化地形成自己的习惯，这样才能真正地掌握沟通之道。修身、齐家、治国、平天下，沟通应先从自身做起，使用才知道有没有用！

黄嘉涛
2024 年冬于广州·天河

目 录
CONTENTS

第一章 管理与沟通 ... 1
第一节 管理与沟通的关系 ... 1
一、管理职能与沟通 ... 2
二、管理者角色与沟通 ... 3
三、执行与沟通 ... 3
第二节 沟通的内涵 ... 4
一、沟通的概念 ... 5
二、沟通的目的 ... 6
第三节 沟通的模式 ... 6
一、拉斯韦尔模式 ... 6
二、香农-韦弗传播模式 ... 7
三、德弗勒互动过程模式 ... 8
四、沟通的过程 ... 9
第四节 沟通的障碍 ... 11
一、环境障碍 ... 11
二、能力障碍 ... 12
三、心态障碍 ... 13
第五节 沟通的类型 ... 14
一、语言沟通与非语言沟通 ... 14
二、正式沟通与非正式沟通 ... 14
三、自我沟通、人际沟通与组织沟通 ... 16
四、直接沟通与间接沟通 ... 17
第六节 沟通伦理 ... 18
一、伦理与沟通 ... 18
二、沟通的基本伦理原则 ... 18

第二章　人际沟通······22

第一节　人际关系······22
一、人际关系的内涵······23
二、人际关系与成功······24
三、良好人际关系的要领······26

第二节　人际沟通行为······28
一、人际沟通的特点······28
二、人际沟通理论······29
三、人际沟通形态······30
四、生活定位与人际沟通······31
五、人际沟通的艺术······32

第三节　性格与个性化沟通······33
一、四型性格······34
二、个性化沟通······39

第三章　组织沟通······44

第一节　组织沟通与组织角色······45
一、组织沟通的目的······45
二、组织沟通的障碍······45
三、组织角色的认知······47

第二节　与下属沟通······52
一、与下属沟通的原则······52
二、沟通应因人而异······54
三、运用赞美的技巧······57
四、运用批评的技巧······58

第三节　与上司沟通······59
一、与上司沟通的原则······59
二、主动向上司汇报工作······62
三、向上司请示时要有备选答案······63
四、准确领会上司的意图······65
五、维护上司的权威······65
六、做好时间管理······67

第四节　与平级沟通······68
一、彼此尊重，平等待人······68
二、易地而处，换位思考······68
三、平等互惠，合作双赢······68

四、日常互动，沟通情感 ... 68

第四章　团队沟通 ... 71

第一节　团队与群体 ... 72
　　一、团队与群体的区别 ... 72
　　二、高效团队的特征 ... 73
　　三、团队的陷阱 ... 74

第二节　团队建设与团队领导 ... 78
　　一、团队发展阶段 ... 78
　　二、团队领导方式 ... 79

第三节　团队冲突 ... 81
　　一、冲突与绩效 ... 81
　　二、缓解冲突的方法 ... 82
　　三、冲突管理风格模型 ... 82
　　四、激发冲突的方法 ... 84

第四节　会议沟通 ... 86
　　一、会议的目的 ... 86
　　二、会议成效的影响因素 ... 87
　　三、高效会议的原则 ... 88

第五章　自我沟通 ... 95

第一节　情绪商数 ... 96
　　一、情绪的认知 ... 96
　　二、情绪的特点 ... 97
　　三、EQ 的历史 ... 98
　　四、EQ 的内容 ... 99

第二节　情绪管理 ... 100
　　一、情绪 ABC 理论 ... 101
　　二、情绪管理的方法 ... 102
　　三、自我修炼 ... 104

第三节　压力管理 ... 106
　　一、AQ、EQ 与 IQ ... 106
　　二、压力的双重性 ... 107
　　三、压力的来源 ... 110
　　四、自我压力管理的方法 ... 111

第六章　有效倾听 119

第一节　倾听概述 120
一、倾听的含义 120
二、倾听的重要性 121
三、倾听的层次 123

第二节　倾听的障碍 124
一、倾听者障碍 124
二、克服倾听者障碍 125

第三节　有效倾听的建议 125
一、有效倾听的内容 126
二、有效倾听的步骤 126
三、有效倾听的准则 127
四、有效倾听的技巧 129

第七章　职业沟通 133

第一节　个人简历 134
一、简历的内涵 134
二、简历的长度 135
三、简历的格式 136
四、简历的内容 136
五、优秀简历的原则 138

第二节　求职信 141
一、求职信与简历的区别 141
二、求职信的格式 142
三、求职信的写作技巧 143

第三节　求职面试 144
一、面试前的准备 144
二、常见的面试问题 146
三、常见的面试错误 150
四、面试注意事项 152
五、面试后续沟通 153

第八章　组织演讲 157

第一节　演讲的基础知识 158
一、演讲的概念 158
二、演讲的类型 158

目录

  三、演讲者的必备修养 ... 160
 第二节　演讲准备 ... 161
  一、树立演讲自信心 ... 161
  二、明确演讲目的 ... 162
  三、了解听众 ... 162
  四、选择演讲主题 ... 164
  五、准备演讲材料 ... 165
 第三节　演讲语言结构 ... 166
  一、演讲开场白 ... 166
  二、演讲正文 ... 168
  三、演讲结尾 ... 169
 第四节　演讲技巧 ... 171
  一、演讲心理技能 ... 171
  二、演讲非语言技巧 ... 173
  三、演讲注意事项 ... 174

第九章　书面沟通 ... 177

 第一节　商务文书 ... 177
  一、商务文书的分类 ... 178
  二、商务文书的作用 ... 178
  三、商务文书的特点 ... 179
 第二节　商务写作 ... 179
  一、商务写作的步骤 ... 179
  二、商务写作的技巧 ... 183
 第三节　报告撰写 ... 186
  一、商务报告的种类 ... 186
  二、商务报告的写作步骤 ... 186
 第四节　合同书写 ... 188
  一、商务合同的结构 ... 188
  二、商务合同的书写原则 ... 191

第十章　非语言沟通 ... 196

 第一节　非语言符号 ... 197
  一、非语言符号的重要性 ... 197
  二、非语言符号的类型 ... 198
  三、非语言符号的特点 ... 201

  第二节 商务礼仪 202
    一、服饰礼仪 202
    二、见面礼仪 203
    三、位次礼仪 204
    四、拜访与接待礼仪 206

第十一章 跨文化沟通 210

  第一节 文化的内涵 211
    一、文化的定义 211
    二、文化的层次 212
    三、文化的维度 213
  第二节 跨文化冲突 216
    一、跨文化冲突的原因 217
    二、跨文化冲突的形式 218
  第三节 沟通的跨文化差异 219
    一、语言沟通差异 219
    二、非语言沟通差异 220
  第四节 有效的跨文化沟通 222
    一、跨文化沟通模型 222
    二、跨文化沟通的注意事项 224

参考文献 229

第一章 管理与沟通

学习目标

1. 明确管理与沟通的关系
2. 掌握沟通的内涵
3. 描述沟通的过程与要素
4. 识别沟通过程中主要的沟通障碍
5. 了解沟通的主要类型
6. 理解沟通过程中需遵循的基本伦理原则

开章引例

一位总裁的日程安排表

7:00—8:00	起床吃早餐,送孩子上学,赶到公司上班
8:00—9:00	浏览当天的重要新闻和文件
9:00—10:00	与工程副总裁会面,谈论工程部话题
10:00—10:30	与产品经理助理商议接下来的国际商务旅行行程
10:30—11:30	与客户讨论关于产品方向、产品策略及未来潜在的合作等话题
11:30—12:30	与客户一起吃饭
12:30—13:30	午休
13:30—14:00	与产品经理会面
14:00—16:00	参加新产品策略会议并进行30分钟发言
16:00—17:00	欢迎团队的新成员,一起讨论职业目标及计划
17:00—18:00	处理几个电话,看几份文件
18:00—20:00	与几个朋友吃饭

第一节 管理与沟通的关系

沟通是管理的基础,任何组织的任何管理工作都离不开沟通。随着全球化进程的深入、互联网等新技术的发展,社会从产品经济时代进入服务经济时代,现代组织中的沟通比以往任何一个时期都更加重要,而且沟通在方式、渠道、内容、频率等各个方面都发生了重要变化。现代信息社会中，组织管理的本质和核心是沟通。许多企业由于沟通的不足和失误，导致有限的人力资源和其他资源无法实现最佳配置，严重影响企业的运行和发展。沟通的问题现在变得如此多样和突出，以至于在现代社会，离开沟通我们甚至都无法谈论管理。

一、管理职能与沟通

管理的实质是对各种资源进行一种整合，从而有效实现组织的目标。客观上各种资源彼此独立隔绝，无法直接发生组合或联系，因此需要第三方（管理者）为了达到某种目的而对它们施加有效地配置和协调，进而在它们之间建立起可靠的、牢固的联系。沟通就是其中的桥梁和纽带。沟通，简单理解就是信息与情感的有效传达。一个目标设定是沟通，一项任务安排是沟通，一条规章制度也是沟通，任何管理者做的任何一件事，均是沟通。

现代管理学之父彼得·德鲁克（1909—2005）提出，管理者有两项具体任务：第一项任务是造就一个真正的团队。团队不仅能使个体成员的能力简单集合，还能使全体成员的能力倍增。作为管理者，要协调大量活动。协调是管理的精要所在，企业必须协调股东、客户、员工和管理人员之间的冲突。管理者的任务是创造出一个大于团队各组成部分总和的真正的、富有活力的整体，并把投入其中的各项资源，转化为各项资源总和的数倍。第二项任务是管理者采取某些行动或某些决策时，必须权衡眼前利益与长远利益之间的关系。管理者所做的一切，必须要既有利于当前利益，又有利于长期目标，即使不能把这两个方面协调起来，至少也要使之取得平衡。这两项任务的核心是协调，而协调本身就是沟通。管理学家切斯特·巴纳德（1886—1961）认为，管理艺术就是把内部平衡与外部适应和谐地综合起来，这需要人与人之间的协作，而要协作必须先沟通，协作的过程也就是沟通的过程。

现代管理理论提出管理的四大职能是计划、组织、领导、控制，这些职能的实现都离不开沟通。计划的过程需要以大量的市场调研和内部资源分析讨论为前提，市场调研和分析讨论是沟通的重要形式，计划的形成就是良好沟通的结果。组织、领导与控制，它们本身的过程，就是沟通的过程。没有沟通，如何规划组织角色结构？如何配备人员？如何安排权责？没有沟通，如何对员工施加影响？如何使其为实现组织目标而努力工作？没有沟通，没有信息的掌握和及时反馈，如何对员工开展绩效评估？如何及时发现问题并纠正偏差？如何确保计划得以最终完成？从一定意义上讲，沟通就是组织的生命线，它传递着组织的发展方向、发展过程和发展目标。

从管理职能与沟通工作（见表1-1）的关系来看，计划通过阐明目标、分解计划及实施计划来明确管理者追求的目标；组织则通过分配角色、布置任务及安排职位来提供完成这些目标的机构设置、人员配备与权责安排；领导通过发布命令、授予职权及激励员工来营造积极的氛围；控制则通过绩效评估、控制进程及信息反馈来提供计划实施进程的评估与校正干预。显然，管理的4项职能都与沟通密切相关。因此，沟通是所有管理职能的整合。

表 1-1 管理职能与沟通工作

计划	组织	领导	控制
阐明目标	分配角色	发布命令	绩效评估
分解计划	布置任务	授予职权	控制进程
实施计划	安排职位	激励员工	信息反馈

二、管理者角色与沟通

人与人之间的沟通，最重要和最根本的是角色定位。由于个人身份的多重性与复杂性，使得管理者在不同情况下会有不同的角色定位。管理学家亨利·明茨伯格将管理者在计划、组织、领导、控制组织资源过程中所要履行的职责简化为10种角色。管理者需要扮演各种角色来影响组织内外个人和群体的行为。组织内部的人员包括其他管理者和非管理层员工，组织外部的人员包括股东、客户、供应商、组织所在地的公众，以及任何与组织活动有关的政府或当地机构人员。明茨伯格把这10种角色组合为表1-2中描述的三大类：决策角色、信息角色和人际关系角色。在参与计划、组织、领导、控制这些更为具体的工作时，管理者需要不断地扮演各种角色。这些角色对如何进行管理沟通提出了相应的要求，为了提升管理效率，管理者必须不断与企业内外的人员（如上司、下属、政府、银行、媒体、供应商、中间商、客户等）进行有效沟通。

表 1-2 管理者角色与沟通工作

角色类型	具体角色	角色工作
决策角色	企业家	利用组织资源开发创新产品和服务；决定国际化扩张，为组织产品获取新客户
	危机驾驭者	迅速行动，采取正确的措施应对组织面临的来自内、外部环境的突发事件
	资源分配者	在组织的不同层级和部门之间分配资源，为中层和基层管理者设定预算和薪资计划
	谈判者	与供应商、分销商、工会就投入品的质量、价格、技术、人力资源等达成一致，与其他组织就合作项目的资源筹集达成协议
信息角色	监控者	监控者评估不同职能的管理者的工作成果，采取正确的措施提高绩效；监控者可能在未来会使组织产生影响的内、外部环境的变化
	传播者	告知员工内、外部环境中可能对他们及组织产生影响的变动，就组织的前景和目标与员工进行沟通
	发言人	发起全国性的广告宣传活动，提高新产品和新服务的知名度；在当地社区宣讲组织未来的发展意向
人际关系角色	挂名首脑	在企业会议上向员工展示未来的组织目标，主持企业新总部大楼的落成仪式，阐述组织的道德原则和员工在与顾客、供应商交往时应遵循的行为准则
	领导者	为员工树立学习的榜样，向下属发布直接的命令和指示，就人力和技术资源的使用做出决策，动员员工支持特定的组织目标
	联络者	协调不同部门管理者的工作；与不同的组织建立联盟关系，以共享资源、生产新的产品和服务

三、执行与沟通

决策和执行是企业管理的两把利剑，其水平的高低及能力的强弱直接影响和决定着企业的兴衰成败。一个企业素质的优劣、经营管理水平的高低、竞争能力的强弱最终都会从这两个方面体现出来。所谓执行力，通常是指企业内部员工贯彻经营者的战略思路、方针政策和方案计划的操作能力和实践能力。它是评估意图和规划转化为实际成果质量的关键指标，其强弱程度直接制约着企业的经营目标能否得以顺利实现。

美国当代领导学和心理学大师斯蒂芬·柯维博士提出XQ（Execution Quotient，执行商）

的概念，强调组织要重视员工的 XQ，他认为大多数组织不能达成目标的原因是缺乏执行力，并在关于 XQ 的调查中提出缺乏执行力的组织的 5 项共同特征。

第一，组织缺乏明确的目标。不到15%的受测者能明确说出组织的目标。

第二，成员不认同组织目标。只有 10%的受测者表示认同组织目标。

第三，目标和成员间缺少联系。只有 10%的受测者表示了解目前的工作与组织目标之间的关系。

第四，缺少坦率沟通。只有 1/3 的受测者认为自己可以明确表达自己的意见。

第五，成员不能认清自己的责任。低于 1/3 的受测者清楚自己应承担的责任。

以上这 5 个方面都与沟通密切相关。因此，有效沟通是提升企业执行力的基础，企业内的信息沟通系统就像人体内的神经系统，既能够将企业运行所需要的信息反馈到企业的战略层面，为企业制订战略计划提供依据，又能够将企业的愿景、战略意图及管理者的指令反馈到企业的实施操作之中，为短期经营决策提供依据，从而使目标制定和目标执行形成一个闭环。企业目标能否得到有效执行，取决于目标是否具有可执行性；目标是否能得到企业员工的普遍认同；目标实施过程中企业的各种资源和能力是否能得到有效协调，以及目标执行是否能得到有效控制，这一切都取决于管理过程中的沟通效果。

把信送给加西亚

美西战争爆发以后，美国总统麦金莱急需相关情报，因为他很明白，取胜的关键在于同古巴的起义军协同作战，这就必须要了解在古巴岛上西班牙的兵力及他们的战斗力、士气，还有他们指挥官的脾性等具体情况。另外，还要了解古巴一年四季的路况，西班牙军、起义军甚至整个国家的医疗状况，双方的装备及在美军动员集结期间古巴起义军要想困住敌人需要些什么援助。

美国急需与起义军首领加西亚将军取得联系。但是，加西亚将军隐藏在古巴辽阔的崇山峻岭中，没有人知道确切的地点，因而无法送信给他。

"到哪儿才能找到一个能够把信送给加西亚将军的人？"麦金莱总统问军事情报局局长阿瑟·瓦格纳上校。上校当即回答："在华盛顿有个名叫罗文的中尉，他一定能把信送到。"

"派他去！"总统下达了命令。

命令是如此简洁，与瓦格纳的回答一样干脆利落。

他们将罗文找来，交给他一封信——写给加西亚将军的信。罗文拿了信，将它装进一个油纸袋里，打封后贴在胸口藏好。3 个星期之后，罗文徒步穿越了一个危机四伏的国家，历尽艰辛，终于将信送到了加西亚将军的手中。这封信缓解了美西战争的压力，扭转了整个美西战争的局势。

资料来源：【美】阿尔伯特·哈伯德，把信送给加西亚，新世界出版社，2013

第二节　沟通的内涵

著名成功学家戴尔·卡内基（1888—1955）认为，沟通是人类行为的基础，涉及各式各样的活动，如劝说、演讲、教授及谈判等。一个人要在这些活动中游刃有余，培养出高效沟通所需的技巧，就必须先要理解沟通的内涵。

一、沟通的概念

假如你问美国人什么是沟通，他可能会答："呵！沟通就是 communication，这个词来源于拉丁文的 communicate，表示公开、公众、让大家知道。当然，沟通也有 negotiation 的意思，表示谈判、协商，还有 dialogue 的意思，表示磋商、对话、谈判……"

政府和人民之间的"管道"不通畅了，有了民怨，要沟通；企业与职员之间有了"鸿沟"，造成"劳资纠纷"，要沟通；父母与子女之间有了"代沟"，出现了所谓叛逆的子女、霸道的父母，要沟通。

其实"沟通"就好比"通沟"，把不通的管道打通，让"死水"成为"活水"，彼此能对流、能了解、能交通、能产生共同意识。因此，沟通就是将一方的意思、观念和信息，传达给另一方，以期取得对方相应的反应和反馈的过程，从而使双方达成共识。"沟"是在表达我们的想法、做法、看法，希望能异中求同、同中求异；"通"则是看双方在谈完话时，感情是否更通达。

（1）沟通首先是意义上的传递。如果信息和想法没有被传递到，则意味着沟通没有发生。也就是说，说话者没有听众，或写作者没有读者都不能构成沟通。

（2）意义不仅需要被传递，还需要被理解。如果一个不懂外文的人阅读外文书籍，那么这就无法称之为沟通。有效的沟通，应该是在信息经过传递后，接收者感知到的信息应与发送者发出的信息完全一致。

（3）在沟通过程中，传递于沟通者之间的，只是一些符号，而不是信息本身。信息并不能像有形物品一样由发送者传送给接收者，信息的传递需要借助其他载体符号。语言、文字、身体动作、表情等都是一种符号。发送者把传递的信息"翻译"成符号，而接收者则进行相反的"翻译过程"。由于每个人的"信息-符号储存系统"各不相同，所以对同一符号常存在着不同的理解。

（4）良好的沟通常被错误地理解为沟通双方达成协议，而不是准确理解信息的意义。沟通双方能否达成一致协议，别人是否接受自己的观点，往往并不是沟通良好与否这一个因素决定的，它还涉及双方根本利益是否一致，价值观念是否类同等其他关键因素。例如，在会议过程中如果双方存在着根本利益的冲突，即使沟通过程中不存在任何噪声干扰，双方沟通技巧再娴熟，往往也不能达成一致协议，但沟通双方都已充分理解了对方的观点和意见。

（5）沟通的信息包罗万象。在沟通中，我们不仅传递信息，而且还表达赞赏、不快之情，或提出自己的意见、观点。这样沟通信息就可分为：事实、情感、价值观、意见、观点。如果信息接收者对信息类型的理解与发送者不一致，就有可能导致沟通障碍和信息失真。在许多引起误解的问题中，其核心都在于接收者对信息到底是意见观点还是事实的误解。

在理解沟通内涵时，需要强调的是，真正的沟通首先是一种态度，其次才是技术和口才。态度占沟通成败的 60%，技术和口才只占 40%。同一件事，与不同的人沟通，最终会得到不一样的结果，或者同样的沟通，由于语言方式不同所以结果也不同。这是为什么？因为态度不同。沟通态度包括眼神、表情、语气、手势、坐姿、站姿、呼吸方法等，都会在沟通中不自觉地向对方传达你认同或反对的信息。比如"不食嗟来之食",一个人明明是在乞食,但碰到语气不好的施舍者,他就会宁愿顾全自尊也不接受食物。沟通也是一样,你若用高姿态或强势的语气,对方肯定不容易接受,态度不当是沟通的最大杀手。态度很重要,即使能力再好,口才再棒,态度如果不好,沟通一样会失败。真正有效的沟通必定建立在双方友好态度的基础之上,沟通的态度决定了沟通的结果。用"心"沟通,是沟通的最高境界。

二、沟通的目的

沟通要有明确目的,不同层次的沟通有着多样的形式,无论是一对一交流,还是交叉协调、讲课、做简报、做说明,甚至是进行说服工作,都是常见的沟通形式。如何做好沟通,并且带着目标去贯彻?如何把目标讲清楚?如何让对方在理解清楚后被说服,接受这个目标对他的重要性,进而去执行?这是沟通过程中非常重要的一环。因此,沟通有4层目的。

第一,让对方记住某些信息。
第二,让对方了解某些信息。
第三,让对方认同某些信息。
第四,希望对方能采取行动。

这4层目的通常具有连贯性。沟通的过程就像交朋友的过程,首先要彼此相识,初步建立对姓名、体貌特征的基本了解;然后要有彼此投机的话题,加深了解;最后情感日渐深厚,成为挚友。这就是沟通从记忆到情感的过程。

沟通中"沟"是手段,"通"是目的。怎样才是真正"通"了呢?"通"就是对方被你影响了,甚至按你的意思做事情了,就是"通"了。如果沟通以后,对方没有"通",那就只是被你"沟"了一下而已,并没有达到沟通的目的。因此沟通无定法,也没有固定的模式,个人风格不同、面对的对象不同、场景不同,就有不同的方法和技巧。

第三节　沟通的模式

沟通本质上是信息从发送者传递给接收者并且产生反馈的过程,在这个过程中有诸多的沟通元素,这些元素都会对沟通的最终效果产生影响。在传播学的发展过程中,许多学者都对传播的理论框架做过深入研究,他们提出了许多种传播模式,并且取得了各种有特色的成果,对于人们研究、梳理、发展沟通理论有重大意义。以下对几个比较重要的模式进行讨论。

一、拉斯韦尔模式

美国政治学家哈罗德·拉斯韦尔(1902—1978)在1948年发表的《传播在社会中的结构与功能》一文中,最早以建立模式的方法对人类社会的传播活动进行了分析,这便是拉斯韦尔的"5W模式",如图1-1所示。

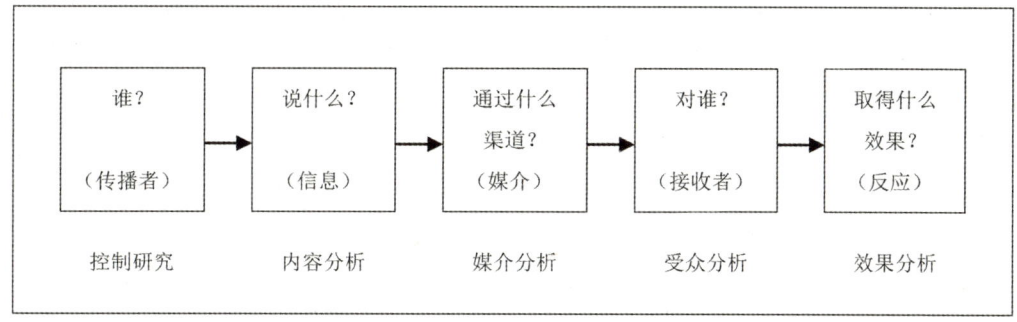

图 1-1 拉斯韦尔的"5W 模式"

谁（Who）→说什么（Says What）→通过什么渠道（In Which Channel）→对谁（To Whom）→取得什么效果（With What Effects）。

"谁"——是传播者，在传播过程中担负着信息的收集、加工和传递的任务。传播者既可以是个人，也可以是集体或专门的机构。

"说什么"——是指传播的信息内容，它是由一组有意义的符号组成的信息组合。符号包括语言符号和非语言符号。

"通过什么渠道"——是信息传递所必须经过的媒介或借助的物质载体。它可以是诸如信件、电话等人与人之间的媒介，也可以是报纸、广播、电视等大众传播媒介。

"对谁"——就是接收者或受众。受众是所有接收者如读者、听众、观众等的总称，它是传播的最终对象。

"取得什么效果"——是信息到达受众后在其认知、情感、行为各层面所引起的反应。它是检验传播活动是否成功的重要尺度。

这个模式第一次将人们每天从事却又阐释不清的传播活动，明确表述为由 5 个环节和要素构成的过程，为人们理解传播过程的结构和特性提供了具体的出发点。实际上，后来大众传播学研究的五大领域，即"控制研究"、"内容分析"、"媒介分析"、"受众分析"和"效果分析"，就是沿着拉斯韦尔模式的这条思路形成的。

但是，拉斯韦尔的"5W 模式"现在看来有明显的缺陷。他在传播模式中使用了单箭头，也就是说他认为传播一直是由传播者发出，然后沿着一个方向就能达到预期的效果。虽然他也考虑到了效果（接受者的反应），却没有提供一条反馈渠道。因而，这个模式没有揭示出人类社会传播的双向性和生动性，对传播过程与社会的联系也注意不够。另外，这个模式没有标示出传播活动中存在的外界干扰因素。这些问题在其他传播学者的研究中被提了出来。

二、香农-韦弗传播模式

1949 年，美国的两位信息学家、数学家克劳德·艾尔伍德·香农（1916—2001）和瓦伦·韦弗（1894—1978）在《传播的数学理论》一文中也提出了一个过程模式，称为传播过程的数学模式或香农-韦弗传播模式，如图 1-2 所示。在这个模式里我们可以清楚地看到，有两个方向的信息传递。在主干信息通道中，信源发出信息，通过发射器将信息转换成信号，通过信道来传送信号，接收器将信号还原成信息，最后通过信宿来接收信号。这里的发射器和接收器起到了编码和译码的功能。同拉斯韦尔的"5W 模式"相比，香农-韦弗的数学模式导入了噪声的概念，表明了传播不是在封闭的真空中进行的。在这个过程中，信息可能会受到噪声的干扰（例如，在收看广播电视节目时，由于天线接收功能不好，造成电视图像不清晰；教室里光线过强，影响了投影屏幕上的图像清晰度；教室外过道上的谈话声过大，干扰了教室内的教学授课及学生听讲等），而产生某些衰减和失真。

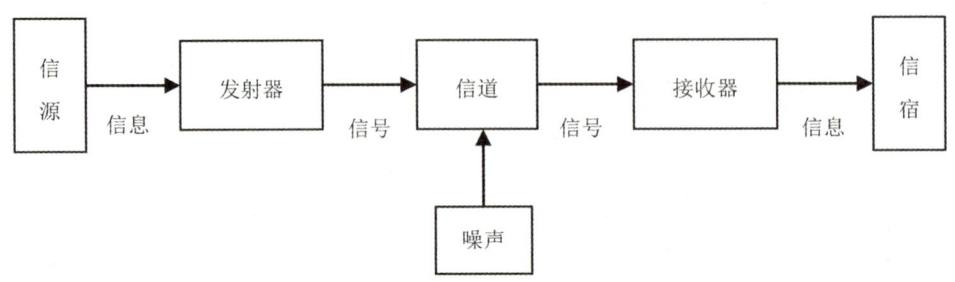

图 1-2　香农-韦弗传播模式

应该指出，香农-韦弗传播模式描述的是电子通信过程，而且整体上仍是一个单向过程，缺少反馈的环节。这个模式把传播者和受传者的角色、关系和作用固定化，一方只能是传播者，另一方只能是受传者，不能发生角色的转换。而在人类的传播活动中，这种转换是常见的，现实生活中的每个人既是传播者又是受传者。这个模式将传播过程视为非互动的静态过程，既没有考虑人的主观能动性，又忽视了社会的客观制约性。

三、德弗勒互动过程模式

由于拉斯韦尔模式和香农-韦弗传播模式是单向的，忽略了传播的反馈过程。1970 年美国传播学家梅文尔·德弗勒在香农-韦弗传播模式的基础上补充了噪声和反馈的要素、环节和渠道，并认为信息的传递是循环往复的，信息传递是一个动态的、不断发展的过程。与此同时，这个模式还拓展了噪声干扰的范围，认为噪声干扰贯穿于整个传播过程的每一个环节，这就是德弗勒互动过程模式，如图 1-3 所示。

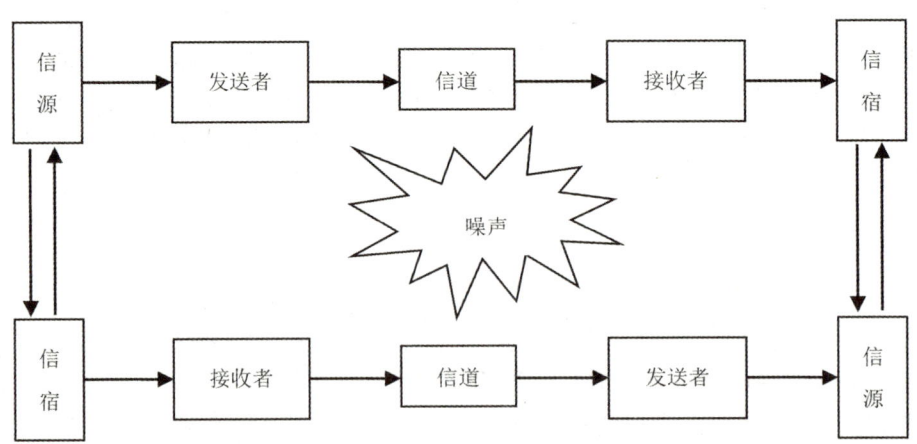

图 1-3　德弗勒互动过程模式

当然，德弗勒互动过程模式也并不是十全十美的，严格说来，这个模式也没有超出从过程本身或从过程内部来说明的范畴。从辩证法的观点看，事物运动过程不仅取决于过程的内部因素或内部机制，还会受到外部条件或外部环境的制约和影响。在德弗勒互动过程模式中，唯一提到的外部影响因素就是"噪声"，但是影响传播过程的外部条件和环境因素是很复杂的，并不是一个简单的"噪声"就能说明的，诸如社会环境、媒介因素、接收者个人心理素质、文化差异等，这些均会影响传播效果。

四、沟通的过程

经过众多学者的发展和完善，逐步形成了现在普遍认同的沟通模式，就是发送者将信息通过选定的渠道传递给接收者。沟通的过程（见图1-4）主要包括信息发送者、编码和解码过程、信息传播渠道、信息接收者和反馈等要素。此外，在这个过程中可能还存在一些干扰沟通或妨碍沟通的因素。

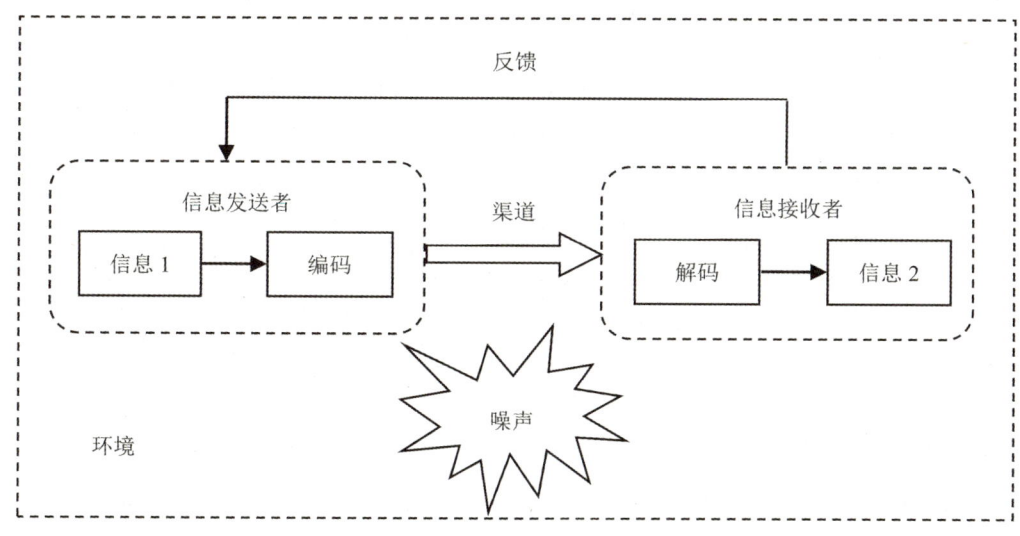

图1-4　沟通的过程

1. 信息发送者

信息发送者是沟通过程的要素之一。信息源于信息发送者，信息是否可靠和沟通是否有效，与信息发送者的可信度密切相关。信息发送者是利用生理或机械手段向预定对象发送信息的一方。信息发送者既可以是个人，也可以是组织。信息发送者的主要任务是信息的收集、加工及传播。

2. 编码与解码

编码是信息发送者将信息的意义符号化，编成文字等语言符号或其他形式的符号。译码则恰恰与之相反，是信息接收者在接收信息后，将符号化的信息还原成为思想，并理解其意义。

完美的沟通应该是信息发送者的信息1经过编码和解码两个过程后形成信息2，并且与信息1完全吻合，即编码和解码完全"对称"。对称的前提条件是双方拥有相同或类似的

背景、经验，以及相同或类似的代码系统。如果双方缺乏相同背景、经验，或双方编码、解码的代码系统不一致，那么在解读信息并正确理解其内在意义的过程中必定会出现误差，容易造成沟通失误或失败。因此，信息发送者在编码过程中必须充分考虑信息接收者的经验背景，注重内容、符号对于信息接收者来说的可读性；而信息接收者在解码过程中也必须考虑信息发送者的经验背景，这样才能更准确地把握信息发送者意欲表达的真正意图，正确、全面地理解信息的本来意义。

3. 渠道或媒介

渠道是由信息发送者选择的、借由传递信息的媒介，或称为信息载体。信息载体包括自有和外有两大类。自有信息载体是指人不需要借助外物的沟通媒介，如语言、肢体动作、表情、眼神等；外有信息载体是指需要借助外物的沟通媒介，包括文字、电话、电子邮件、媒体等。在一次沟通过程中，通常会同时存在几种信息载体。

不同的信息内容要求使用不同的渠道。例如，工作总结报告不要采用口头形式，而要采用正式文件作为沟通渠道；邀请朋友吃饭这类较为轻松的私人活动，适合通过电话、短信或社交软件等较为随意的方式作为沟通渠道。有时根据需要也可以使用两种或两种以上的沟通渠道。由于各种沟通渠道都有各自的特点和利弊，因此，选择沟通渠道时要因时、因地、因人制宜，根据当时、当地的具体情况来正确选择恰当的沟通渠道。在各种方式的沟通中，影响力最大的仍然是面对面的沟通方式。

4. 信息接收者

信息接收者是信息发送者的信息传递对象。人们通过沟通分享信息、思想和感情，这种分享不是一种单向的过程，这个过程可逆向而行。在大多数情况下，信息发送者与信息接收者在同一时间既发送又接收。因此，信息接收者的主要任务是接收信息发送者的思想和情感，并及时把自己的思想和情感反馈给对方。

5. 反馈

完整无缺的沟通过程必定包括了信息的成功传送与反馈。没有反馈的沟通过程容易出现沟通失误或失败。反馈是沟通的一种形式，是指信息接收者把收到并理解了的信息返送给信息发送者，以便让信息发送者对信息接收者是否正确理解了信息进行核实。所谓沟通闭环，就是在一定时间内，当信息发送者发起活动或工作时，不管信息接收者完成的效果如何，其中的过程和结果都要认真地反馈给信息发送者。只有通过反馈，才能真正使信息发送者对沟通过程的有效性加以正确的把握。在没有得到反馈以前，信息发送者无法确认信息是否已经得到了有效的编码、传递、解码与理解。

在工作中，无论是一场谈话还是一条信息，我们都不能想当然地以为对方理解了，只有信息接收者表明自己已经知晓，才是正确的沟通过程。确保信息有效地传达是解决问题的关键，要给对方留反馈的空间，使其能够及时反馈重要内容。当领导布置任务时，作为下属务必谨记：做好工作计划后立即汇报，这样可以让领导了解计划的内容；工作进展到一定程度时，特别是完成时间需要两天以上的工作，中间一定要向领导汇报；工作进行中出现意外时及时汇报，寻求领导的支持和帮助；工作完成后，要立即向领导汇报；预计工作会拖延时，也要及时向领导汇报。而作为管理者，同样需要向下属进行反馈，好的反馈可以把普通员工变成优秀员工。管理者的反馈包括 3 种：第一种，欣赏性反馈，就是大部分人认为的积极反馈，也可以理解为表扬、认可；第二种，指导性反馈，旨在帮助他人适应、转变、学习和成长；第三种，评价性反馈，是一种能让对方知道自己现状的反馈形式，可以是排名、评级或同行间的比较。

6. 噪声

噪声是沟通过程中的干扰因素，它是准确理解信息和解释信息的障碍，可以说妨碍信息沟通的任何因素都是噪声。它存在于沟通过程中的各个环节，并有可能造成信息损耗或失真。例如，信息发送者编码错误、逻辑混乱、词不达意、编码太晦涩或编码能力不佳；又如，信息接收者理解有限或心不在焉等；再如，沟通双方的心理背景、社会背景和文化背景差异。典型的沟通噪声主要包括发送噪声、传输噪声、接收噪声、环境噪声和背景噪声等。

7. 背景

背景是指发生沟通的情境，沟通事实上总是在一定的背景中发生的。任何形式的沟通，都会受到各种环境因素的影响。从某种意义上讲，沟通既是由沟通主体双方把握的，也是由背景环境共同控制的。影响沟通过程的背景因素有物理环境、社会角色关系和文化背景等方面，其中文化背景最重要。文化背景可以涵盖国家、地区、行业、企业、部门及个体。沟通者长期的文化积淀，决定了沟通者较稳定的价值取向、思维模式和心理结构。沟通需要文化背景，而文化背景更是潜在而深入地影响着每一个人的沟通过程与沟通行为。当不同背景的文化在沟通中发生激烈碰撞或交融时，人们能深刻地感受到文化的威力。东西方国家的文化背景差异造成他们在一起共事时可能会产生不少沟通障碍与问题。

第四节　沟通的障碍

沟通过程当中，信息往往并不会如事先预想的那样，准确地被对方接收。有时候信息发送者传递的信息根本没有被信息接收者收到，或者是收到的信息不准确、不完整。由于沟通噪声的存在，在沟通中会有各种沟通障碍。沟通障碍是指信息在传递和交换过程中，由于受到干扰或误解，而导致沟通失真的现象。在人们沟通的过程中，常常会受到各种因素的影响和干扰，使沟通受到阻碍。有些障碍与环境有关，有些障碍与沟通能力有关，还有些障碍与沟通心态有关。

一、环境障碍

环境能对有效沟通产生重大的影响，当环境发生变化时，沟通效果也会随之发生变化。例如，对于一件比较重要的事情，通常都会安排在比较正式、安静的环境中进行。如果被安排在一个嘈杂的环境中，那么其沟通效果可想而知。环境障碍包括物理环境障碍和社会环境障碍。

1. 物理环境障碍

物理环境障碍之所以影响沟通，是因为物理环境能产生两个方面的作用：第一，干扰信息的传递过程，使信息信号产生消减或歪曲；第二，影响沟通者的心境。也就是说环境不仅在客观上影响沟通，也在主观上影响沟通。因此，人们应注重挑选谈话的环境。为了具体分析物理环境对沟通的影响，人们把环境因素分为了三大项。

第一，环境的封闭性。环境的封闭性是指谈话场所的空间大小、遮拦设施、光照强度（暗光给人更强的封闭性）、噪声干扰等因素。封闭性决定着信息在传递过程中的损失概率及人们注意力的集中程度。

第二，环境的氛围。环境的氛围是环境的主观性特征，它影响着人的心理接受定势，也就是人的心态是否开放，是否容易接收信息，对接收的信息如何看待和处置等都会被环境所影响。环境是温馨和谐还是火药味浓，是轻松还是紧张，是生机勃勃的野外还是死气沉沉的房间，都会直接改变人的情绪，从而作用于人的心理接受定势。

第三，对应关系。说话者与倾听者在人数上存在着不同的对应关系。可分为一对一、一对多、多对一和多对多4种。人数对应关系的差异会导致不同的心理角色定位、心理压力和注意力集中度。当领导听下属汇报时是不容易走神的，因为一对一的对应关系使领导感到角色重要，心理压力较大，注意力自然会集中。在教室听课是一对多的关系，学生认为自己不会引起老师注意，心理压力小，易开小差。如果倾听者只有一位，而发言者为数众多（如面对原被告的法官和面对多家新闻记者的发言人），那么倾听者就会全神贯注，丝毫不敢懈怠。

2. 社会环境障碍

不同的社会环境有不同的文化价值观，在不同文化价值观影响下的沟通行为会有很大的差异。如语言不通带来的困难，社会风俗、规范的差异引起的误解等，这在社会生活中是屡见不鲜的。某国际商务人士曾说过，在世界任何地方你都可以用自己的母语买东西，但如果要卖东西，你只能使用当地的语言。文化背景不同、语言不同的人在交谈时，常常发生沟通障碍。不同的人有不同的生活习惯、文化习俗和心理需求，如果不能适应对方的生活习惯、文化习俗和心理需求，就会产生沟通障碍，影响沟通效果。在跨文化沟通中，尤其要注意文化的差异性。

二、能力障碍

沟通的效率和效果在极大程度上受个人因素的影响。首先，受沟通者的沟通态度与沟通积极性的制约；其次，受沟通者的语言表达、知识结构、问题处理与反馈能力、积极倾听与提问能力的制约。从功能上讲，沟通能力障碍包括表达障碍和理解障碍。

1. 表达障碍

很多人有这样的感受，虽然内心所想很丰富，但表达不出来。比如有一项计划，你可以将筹划、实施、推广、维护等步骤在脑中构思完成，但当需要将自己的想法表述给同事或者领导时，你却发现找不到合适的词汇或者句子来描述。口头上的语言与构思的内容总会存在着一定程度上的差异，无法很好地契合，贫乏的语言不足以表达丰富的思想感情。

2. 理解障碍

表达障碍针对的是说者，而理解障碍针对的是听者。人们对于事物的理解会因为自身经历、知识程度的不同而不同。由于人们在年龄、文化、教育、职业、性别、地位、个性等方面具有差异性，因此每种因素都可能会导致理解差异。

三、心态障碍

有些障碍与沟通者的心理和情绪有关，这些障碍同样会给沟通带来困难。两个人在沟通的过程中，一方面是内容交流，另一方面是情绪交流，其中情绪交流对沟通起着关键的作用。一旦情绪不对，内容就会被扭曲。如果诚心是沟通的桥梁，那么良好的情绪就是沟通的通行证。没有一个听众喜欢面对情绪不良的倾诉者。

任何一个有目的的沟通皆始于自我。因此，自身的思维是影响有效沟通的重要因素。过于迷信自身思维方法的沟通者既主观又武断，往往持有认知偏见，缺乏客观、公正、公平之心。这类人既不能正视自我也不愿正视他人，更谈不上设身处地站在对方的立场考虑问题。他们注重的仅仅是把信息传递出去，而忽视了信息接收者的感受，对信息接收者是否理解这一信息也不管不顾，因此导致了沟通障碍。

还有一种是缺乏诚心，真诚是理解他人的桥梁。在现实工作当中，常常会遇到有人带着个人情绪工作，或为一些工作以外的事而影响工作，变得不愿配合，没有诚心，在合作中无法达到一致的方向，在行动中也没有更好地配合，于是便形成了恶性循环，从心态上就造成了一道障碍。

缺乏诚心的交流难免带有偏见和误解，这必然会导致交流的信息被扭曲。在关系比较简单的传统管理模式下，沟通双方缺乏相互的渗透，缺乏情感的互动。实际上，在沟通中信息发送者的目的是否能达到，完全取决于信息接收者。因此，管理者只有在转变观念，弱化自己的权力，把对方看成合作伙伴的前提下，才能与被管理者进行心理沟通。

另外，心态障碍还表现在双方的信任程度上。沟通是信息发送者与信息接收者之间"给"与"受"的过程，信息传递是双方的事情。因此，沟通双方的诚意和相互信任至关重要。若双方都心存芥蒂，便会在面对工作中不同来源的同一信息时出现分歧，他们会选择自己认为最值得信赖的那个信息来源。他们之间的猜疑只会增加更多的抵触情绪，以及减少坦率交谈的机会。因此，他们之间不可能进行有效沟通，这就是沟通的"心态障碍"。

扁鹊见蔡桓公

扁鹊见蔡桓公，立有间，扁鹊曰："君有疾在腠理，不治将恐深。"桓侯曰："寡人无疾。"扁鹊出，桓侯曰："医之好治不病以为功！"

居十日，扁鹊复见，曰："君之病在肌肤，不治将益深。"桓侯不应。扁鹊出，桓侯又不悦。

居十日，扁鹊复见，曰："君之病在肠胃，不治将益深。"桓侯又不应。扁鹊出，桓侯又不悦。

居十日，扁鹊望桓侯而还走。桓侯故使人问之，扁鹊曰："疾在腠理，汤熨之所及也；在肌肤，针石之所及也；在肠胃，火齐之所及也；在骨髓，司命之所属，无奈何也。今在骨髓，臣是以无请也。"

居五日，桓侯体痛，使人索扁鹊，已逃秦矣。桓侯遂死。

原文出自《韩非子·喻老》

试问：
从沟通的角度分析，蔡桓公之死谁之过？

第五节 沟通的类型

由于沟通的复杂性和现实生活中沟通主体、沟通客体、沟通渠道、沟通环境等具体因素的多样性，我们可以依据不同的划分标准把沟通分为以下 4 种类型。

一、语言沟通与非语言沟通

根据沟通媒介的不同，沟通可被划分为语言沟通与非语言沟通。语言沟通是指以词语符号为载体实现的沟通，主要包括口头沟通和书面沟通。口头沟通是指借助语言进行的信息传递与交流。口头沟通的形式有很多，如会谈、电话、会议、广播、对话等。书面沟通是指借助文字进行的信息传递与交流。书面沟通的形式也有很多，如通知、文件、通信、布告、报刊、备忘录、书面总结、汇报等。非语言沟通是借助非正式语言符号，如肢体动作、面部表情等肢体语言来进行的沟通。肢体语言的内容非常丰富，包括我们的动作、表情、眼神。实际上，在我们的声音里也包含着非常丰富的肢体语言。我们在说话的时候，用什么样的音色去说，用什么样的语气去说，都是肢体语言的一部分。语言擅长沟通的是信息，而肢体语言更善于沟通人与人之间的思想和情感。语言沟通和非语言沟通各有其作用，在人际沟通中往往是相互依存并相互补充的。有时语言沟通的作用大些，有时非语言沟通的作用大些。但近些年，社会心理学家越来越强调非语言沟通的作用。艾伯特·梅瑞宾发明了一个著名的沟通公式：沟通的总效果＝7%的语言＋38%的音调＋55%的面部表情。从这个公式中，我们可以看出，非语言沟通的效果占沟通总效果的 93%。语言沟通与非语言沟通的比较，如表 1-3 所示。

表 1-3 语言沟通与非语言沟通的比较

沟通方式	举例	优点	缺点
口头沟通	会谈、电话、会议、广播、对话等	快速传递、快速反馈、信息量很大	传递中经过的层次愈多信息失真愈严重
书面沟通	通知、文件、通信、布告、报刊、备忘录、书面总结、汇报等	持久、有形、可以核实	效率低、缺乏反馈
非语言沟通	动作、表情、眼神等	信息意义比较明确，内涵丰富，表现灵活	传递距离有限，界限模糊，只能意会不能言传

二、正式沟通与非正式沟通

根据沟通者之间有无组织关系依托进行分类，可划分为正式沟通与非正式沟通。正式沟通是指由组织内部明确的规章制度所规定的沟通方式，它和组织的结构密切相关，主要包括按正式组织系统发布的命令、指示、文件；组织召开的正式会议；组织正式颁布的法令、规章、手册、简报、公告；组织内部上下级之间、同事之间因工作需要而进行的正式接触。

非正式沟通（见图 1-5）是以社会关系为基础，并且与组织内部的规章制度无关的沟通方式。它的沟通对象、时间及内容等都是未经计划的，随机性较大。因为非正式沟通是由组织成员在感情和动机上的需要而形成的，所以其沟通渠道是组织内的各种社会关系，这种社会关系超越了部门、单位及层级。非正式沟通不是由一定组织中的管理者建立的，因此，管理者对它较难加以控制。非正式沟通对正式组织具有重要的影响，它是形成良好组织氛围的必要条件。所以，管理者必须重视非正式沟通的作用。在很多情况下，来自非正式沟通的信息更易于信息接收者的重视。由于这种沟通一般以口头方式进行，不留证据、不负责任，有许多在正式沟通中不便于传递的信息就可以在非正式沟通中透露。正式沟通与非正式沟通的比较，如表1-4所示。

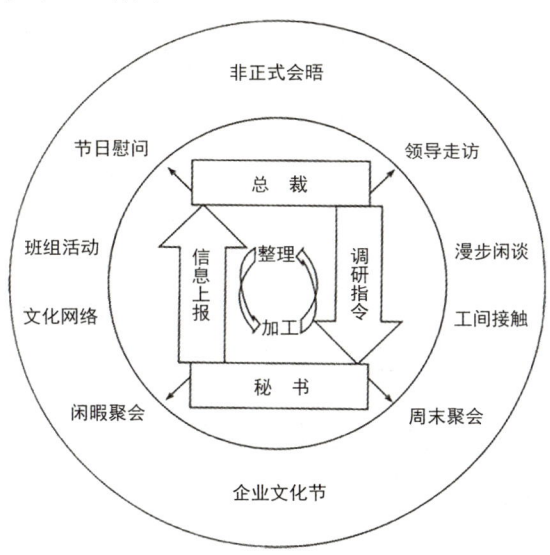

图1-5　非正式沟通

表1-4　正式沟通与非正式沟通的比较

沟通方式	举例	优点	缺点
正式沟通	命令、指示、文件、会议、法令、规章、手册、简报、公告等	沟通效果好，比较严肃，且约束力强，易于保密，可以使信息沟通保持权威性	传播速度比较慢，信息在逐级传递过程中出现失真或扭曲的可能，使组织层级趋于扁平化
非正式沟通	周末聚会、节日慰问、漫步闲谈等	沟通不拘形式，直接明了，传递速度快，容易及时了解正式沟通难以提供的信息	难以控制，传递的信息不确切，容易失真，且可能会导致小集体的产生

在传统的管理及组织理论中，并不承认非正式沟通的存在，即使发现有这种现象，也认为要将其消除或减少到最低程度。但是，当代的管理学者知道，非正式沟通的存在是根深蒂固的，是无法消除的，应该对其加以了解、适应和整合，使非正式沟通有效起到沟通的重要作用。例如，管理者可以设法去发现在非正式沟通的网状模式中，谁处于核心"转播站"的位置，也许通过这种沟通网可以使信息传达得更迅速；管理者也可以设法从非正式沟通中去发现所流传的信息内容。然而，过分利用非正式沟通，可能会冷落或破坏正式沟通系统，甚至会影响组织结构。如果管理者总是设法从非正式沟通中探听消息，那么就会造成组织中出现"谍报网"和打"小报告"者，从而带来管理上的问题。因此，对于非正

式沟通应采取以下立场和对策。

（1）非正式沟通的产生和蔓延，主要是由于人员得不到他们所关心的消息。因此，管理者越是故作神秘、封锁消息，背后流传的谣言就越猖獗。管理者应正本清源，尽可能使组织内的沟通系统开放或公开，则种种不实的谣言就会自然消失。

（2）要想阻止已经产生的谣言，与其采取防卫性的驳斥，或进行激烈的解释，不如正面提出相反的事实更为有效。

（3）闲散和枯燥乃是造谣生事的温床。为避免发生这些不实的谣言，管理者应注意，不要使组织成员有过分闲散或过分枯燥的时间。

（4）管理者不仅要关心组织成员现在正在做什么，还要关心他们的感受和想法，关心他们的自我价值感和成就感。当管理者表现出不仅关心组织成员的工作任务本身，还关心他们的身体、心理等其他方面的时候，他们就会信任管理者，就会对这个组织更加忠诚，从而为组织做出更多的贡献。

杰克·韦尔奇的沟通之道

美国通用电气（GE）公司执行总裁杰克·韦尔奇被誉为"20世纪最伟大的经理人"之一，他有句经典的话："管理就是沟通、沟通再沟通。"在他上任通用电气执行总裁之初，GE公司内部官僚风气严重、等级制度森严、结构臃肿、人浮于事、公司效率低下。韦尔奇通过大刀阔斧的改革，在公司内部引入"非正式沟通"的管理理念。他在工作中，经常做的事情就是给员工亲自留下工作便条，或打电话通知员工相关工作事宜。在他看来，个人的沟通有时远远超过程序化的沟通所能达到的效果，管理者与员工一段随意或短暂的对话，远比在企业内部刊物上刊登大段文章来得更有价值。他竭尽全力使通用的所有员工都保持着一种近乎家庭式的亲友关系，使每个员工都有参与和发展的机会，从而增强管理者和员工之间的理解、尊重和感情交流。有人说，韦尔奇最成功的地方，是他在GE公司建立起了非正式沟通的企业文化。他经常"微服私访"，甚至可能直接给全球34万名员工中的任何一位写信或打电话，人们都用"杰克"来称呼他，显得非常亲切。韦尔奇让员工明白，强调沟通绝不是领导人的一句空话，他要实干而且看到效果。韦尔奇正是用自己的实际行动告诉员工该怎么做，让员工有效仿的榜样和行动的支持！

三、自我沟通、人际沟通与组织沟通

根据沟通发生的层次，可以划分为自我沟通、人际沟通和组织沟通。自我沟通也称内向沟通，即信息发送者和信息接收者为同一个行为主体，自行发出信息，自行传递，自我接收和理解。人际沟通是指人们之间的信息交流过程，也就是人们在共同活动中彼此交流各种观念、思想和情感的过程。这种交流主要通过语言、表情、手势、体态及社会距离等来表示。组织沟通是涉及组织特征的各种类型的沟通，它以人际沟通为基础。组织沟通一般分为组织对外沟通和组织内部沟通两大类。组织对外沟通包括各种公关广告、信息发布等。组织内部沟通是指信息在组织内进行的有效传递，包括向下沟通、向上沟通和平行沟通。

向下沟通是由上级向下级传递信息。如企业的上级领导向下级发布命令和指示。这种沟通方式大体有5种目的：传达工作指示；促使员工了解本项工作与其他任务的关系；提供关于程序与任务的资料；向下级反馈其工作绩效；向员工阐明组织目标，使员工增强其"任务感"。这种自上而下的沟通能够协调组织内各层级之间的关系，增强各层级之间的联系，对下级具有督导、指挥、协调和帮助等作用。因此，这种沟通形式受到古典管理理论家的重视，今天仍为许多企业所沿用。但是，这种沟通容易形成一种"权利气氛"而影响士气，并且由于曲解、误解或搁置等因素，所传递的信息会逐步减少或歪曲。

向上沟通是指由下级向上级传递信息。如员工向上级报告工作情况、提出自己的建议和意见、表述自己的态度等。在组织中，不仅要求下行沟通迅速有效，而且还应保证上行沟通畅通无阻。因为只有这样，上级才能及时掌握各种情况，从而做出符合实际的决策。有关研究表明，有时自下而上的信息沟通即使到达了管理阶层，通常也不会被重视，或根本没被注意到，并且在逐层上报的过程中，沟通内容会被逐层压缩，细节会被逐一删去，从而导致严重失真。

平行沟通是指在同级之间传递信息，如员工之间的沟通、同一层级不同部门之间的沟通等。在企业中经常可以看到各部门之间发生矛盾和冲突。除其他因素以外，部门之间互不"通气"是重要原因之一。保证平行组织之间沟通渠道的畅通，是减少各部门之间冲突的一项重要措施。平行沟通一般具有业务协调性质，它有助于同级组织或个人之间加强了解、增进团结、强化协调，以及改善人与人之间的关系，减少矛盾和冲突。

四、直接沟通与间接沟通

根据沟通是否需要第三者传递，可划分为直接沟通和间接沟通。直接沟通是指发送信息与接收信息无须第三者传递，如面对面谈话、打电话直接对话等。间接沟通是指人们通过中间人或借助中介技术手段（如书信、电子邮件、社交软件等个人媒介和电视、广播、报刊、网络等大众媒介）而进行的沟通。

在人类社会之初，由于中介手段的局限性，直接沟通是人们沟通的主要方式，伴随着社会的发展，间接沟通的比重在逐步上升，直接沟通与间接沟通展现出了各自的优势。直接沟通与间接沟通的比较，如表 1-5 所示。

表 1-5 直接沟通与间接沟通的比较

沟通方式	举例	优点	缺点
直接沟通	面对面谈话等	便捷快速，不但能听到语音还能感知对方的情感	受个人情绪影响较大，不太系统，沟通常常会被善谈的一方所左右
间接沟通	通过中间人、书信、电视、广播、报刊、网络等	比较冷静理智，沟通交流观点较系统、委婉，不太容易受感情和氛围因素影响	缺少情感交流

一般而言，当沟通双方的关系密切、交情深厚，或沟通内容属机密信息或者可能会损害其中一方的名誉时，最好采用直接沟通。当然，对于那些确实喜欢直接的人，或者没有更好的沟通途径时，也可以采用直接沟通。至于沟通双方关系不够密切、交情一般，或者对方个性喜欢迂回，则应采取间接沟通。另外，如果中间人比较客观，且与对方交情深厚，他的参与对沟通结果有利，比较容易达成目标，那么也可以采用间接沟通。

第六节 沟通伦理

伦理道德是处理和协调人与自身、人与人之间关系的行为规范，而管理沟通实质上也是处理和协调关系的活动。协调人际关系，以形成良好的社会秩序，是伦理道德和管理沟通共同的价值指向。在协调这一点上，伦理道德与管理沟通得以同构。这决定了伦理道德是人类的一种特殊的沟通活动或方式。就组织沟通而言，伦理道德可以弥补规章制度之不足并克服其局限性，提高组织沟通的有效性，降低组织沟通成本；就个体沟通而言，伦理道德可以促进个体认识社会，协调人际关系，理性地控制自身，从而实现个人的全面发展。

一、伦理与沟通

"伦"是指个人、群体、社会、自然之间的利益关系，"理"即道德、规则和原则。伦理是处理和协调个人、群体、社会、自然之间利益关系的行为规范。它不仅包含着人与人、人与社会、人与自然之间关系的处理规范，而且蕴涵着依照一定原则来规范行为的深刻道理。伦理可以从4个层次分析，即行为、规范、态度和价值观。这4个层次是紧密结合在一起的，并且每一个层次都对其上面的一层起着支持的作用。例如，行为是规范的表现，不论这种规范是社会传统还是强制实施的法规，都是如此。行为只是一座冰山的尖顶，其下面的基石是价值观，价值观才是行为、规范和态度产生的源泉。伦理就是一个界定并影响这4个层次的综合结构体。

随着社会的进步，伦理道德逐渐成为约束个体、约束组织管理行为和沟通行为的重要因素。强调管理沟通中的伦理道德，就是要求组织和个人关注社会公众的利益，从社会责任感和使命感的高度来制定沟通的策略，树立组织和个人良好的社会形象和声誉。

二、沟通的基本伦理原则

在沟通过程中，遵循基本的伦理原则，可以帮助我们构建起和谐的人际关系，推动事业的顺利发展，提高生活的质量。社会行为学研究揭示，社会人际关系的最高层次是互相推荐人脉，人们为交往的对方介绍朋友，其实是用自己的人格来背书。

1. 互相尊重

尊重包括两个方面：自尊和尊重他人。自尊就是在各种场合都要尊重自己，维护自己的尊严，不要自暴自弃；尊重他人就是要尊重别人的生活习惯、兴趣爱好、人格和价值。只有尊重别人才能得到别人的尊重。在社会中，人与人之间的关系是平等的关系，人们之间只有社会分工和职责范围的差别，而没有高低贵贱之分。不论职位高低、能力大小，还是职业差别、收入多少，人人都享有平等的政治、法律权利和人格的尊严，都应得到同等的对待。因此人与人沟通要平等相待、一视同仁、相互尊重、不卑不亢。

2. 平等互助

互相关心、互助互惠，是人际交往的客观需求。在生活中，每个人都难免会遇到困难，需要他人帮助；在工作中，人们需要在各自的岗位上互相配合、互相支持、通力合作。互相帮助是中华民族的传统美德，一人有难，众人相帮；一方有难，八方支援。相互帮助就是要乐于帮助别人，当别人有困难需要帮助时，我们一定要热情帮助。一个不愿意帮助别人的人，很难要求别人帮助自己。以互相帮助的心态及互相成就的格局进行人际交往，才能无往不利。

3. 真诚以待

真诚待人是人际交往得以延续和发展的保证，人与人之间以诚相待，才能相互理解、相互接纳、相互信任，真诚以待是现代社会事业成功的客观要求。就人生而言，如果一个人不能以真诚待人，那么是难以达到事业成功、家庭幸福的。交往中要真诚待人、实事求是、胸怀坦荡、言行一致。只有相互信任、尊重别人、谦虚谨慎、文明礼貌才能建立良好的人际关系。

4. 宽容豁达

天下没有两片相同的树叶，也没有两个完全相同的人。俗话说"尺有所短，寸有所长"，人的性格各有长处，也各有短处，在与人沟通中，难免会发生一些不愉快的事情，甚至产生一些矛盾和冲突。这时候我们就要学会宽容，做到豁达大度，正确处理人际矛盾，积极对待失败与挫折，勇于接受不同的意见和批评。

5. 诚实守信

诚实是指为人处世要实事求是、胸怀坦荡，不弄虚作假；守信是指与人交往要言而有信、恪守诺言，不出尔反尔。孔子认为"民无信不立"；孟子认为"诚者，天之道也；思诚者，人之道也。至诚而不动者，未之有也；不诚，未有能动者也"；荀子认为"不诚则不能化万民"。这些都是将诚信看作教育与感化百姓的力量。常言道"一言既出，驷马难追""一言九鼎""一诺千金"，就是强调诚实守信的重要性。诚实守信是社会道德的根本，也是处理人际关系的基石。

内容小结

管理的本质是沟通，因为沟通是所有管理职能的整合，管理者扮演沟通者的角色，有效沟通是提升企业执行力的基础。沟通就是将一个人的意思、观念和信息，传达给对方，以期取得对方相应的反应和反馈的过程，从而使双方达成共识。沟通有4层目的：让对方记住某些信息、让对方了解某些信息、让对方认同某些信息、希望对方能采取行动，这4层目的通常具有连贯性。沟通过程主要包括信息发送者、编码和解码、信息传播渠道、信息接收者、反馈、噪声和背景等要素。

沟通障碍是指信息在传递和交换过程中，由于受到干扰或误解，而导致沟通信息失真的现象。这些障碍包括环境障碍、能力障碍和心态障碍。沟通的划分类型有很多种，根据沟通媒介的不同，可划分为语言沟通与非语言沟通；根据沟通者之间有无组织关系依托，可划分为正式沟通与非正式沟通；根据沟通发生的层次，可划分为自我沟通、人际沟通和组织沟通；根据沟通是否需要第三者传递，可划分为直接沟通和间接沟通。沟通过程中需要遵循五大基本伦理原则：互相尊重、平等互助、真诚以待、宽容豁达和诚实守信。

问题讨论

1. 如何理解"管理的本质是沟通"这句话的含义?
2. 从沟通这个角度描述一下你在某天早上的行为,你做了哪些沟通活动?
3. 从生活中的一件事来说明沟通过程中的 7 个要素,找出其中所有的沟通障碍。
4. 举出两个例子说明沟通的环境障碍和心态障碍是怎样影响理解的。
5. 以一家你熟悉的机构或自己所在的企业为例,就组织内部的 3 种沟通方向做详细说明。
6. 在沟通中,如果出现了与社会伦理道德相违背的问题,那么你还能换位思考吗?

小 知 识

秦始皇统一文字的意义

秦始皇(公元前 259 年—前 210 年),是我国历史上开天辟地的第一个皇帝,其最大的功绩就是统一六国,并在之后实施了一系列的改革举措,为后面中国的统一奠定了坚实的基础。秦始皇号令修筑长城,巩固边关疆土,保卫国家;统一货币,促进各地之间贸易便利,稳定增进国家经济发展。秦始皇在统一六国以后,最伟大的举措之一还有统一文字。秦始皇发现,六国之间地域不同,语言各异,文字也各不相同。这使得皇帝发下的命令、诏书,许多地方的人都看不明白,或者产生歧义、理解错误,从而造成混乱。于是秦始皇把丞相李斯和诸位大臣召集起来商量这件事,要他们研究各国的文字,然后以秦国的文字为基础,本着笔画简单、好写、易学的原则,创造出一种新的文字。李斯凭借丰富的学识,推出了小篆字体,更写成了《仓颉篇》作为学习素材,供人临摹学习之用。有一天,有人递上来一份公文,内附一份完整的新的文字写本,秦始皇拿过来一看,原来是一个叫程邈的人创作的。这个程邈,原本只是秦朝的一名小吏,因犯罪在狱中服刑。他听说了统一文字这件事,通过自己的亲身体会,认为小篆难以适应当前的公务,需要有一种更容易辨认、书写更简便快速的新字体才好。于是他把民间流传的各种字体搜集到一起,潜心研究,加以改进,把小篆字体中的圆转变为方折,同时删繁就简、去粗取精,终于创作出了一种全新的书写方式,后人把他整理、编撰的文字字体叫作隶书。隶书是中国古代文字发展的分水岭,为行书、楷书、草书等字体的发展奠定了基础。秦始皇统一文字,不仅促进了思想的统一,还消除了各地区方言不通的障碍,在很多方面都发挥了巨大的作用。秦始皇统一文字使得我国的历史文化得以保存,也使后世之人能够对祖国的神传文化、正法、正理、正史准确理解。

沟通游戏

画 图

规则:

1. 将两幅图贴于写字板后,选出一个人站在写字板后并描述这两幅图。
2. 描述第 1 幅图时,其他人只可以听,不可以提问——单向沟通。

3. 描述第2幅图时，其他人可以提问——双向沟通。
4. 每次描述完，描述者统计自认为对的人数和实际对的人数。

游戏说明的道理：

双向沟通比单向沟通更有效，双向沟通可以了解到更多信息。

☞ 对听者而言：

1. 认为如果由自己来做的话会更好——单向沟通时，听的人比说的人着急。
2. 自以为是——认为自己做对了，实际并没有做对。
3. 想当然——没有提问，就认为是（可根据听者出现的问题举例）。
4. 仅对对方提要求，不反求诸己——同样情况下，为什么有人做对了，有人做错了？我为什么不能成为做对的人？
5. 不善于从别人的提问中接收信息。

☞ 对说者而言：

1. 要注意听众的兴趣所在。
2. 要对所表达的内容有充分的理解与认识。
3. 要避免信息遗漏现象，要有很强的表达能力。
4. 要先描述整体内容，再逻辑清晰地逐步讲解。

第二章 人际沟通

● 学习目标

1. 理解成功的因素
2. 了解人际关系的内涵
3. 领会良好人际关系的要领
4. 理解人际沟通的理论及其形态
5. 掌握四型性格特征及个性化沟通

● 开章引例

"红顶商人"胡雪岩

胡雪岩（1823—1885）在年幼时家境贫困，以帮人放牛为生，曾先后在杭州杂粮行、金华火腿商行当过小伙计，还在杭州信和钱庄当过学徒。因他平时勤劳、踏实，3年学徒期满后，便成了钱庄的正式伙计。在钱庄工作的时候，胡雪岩结识了落魄的官宦子弟王有龄，由于其父客死杭州，王有龄既没钱又没出路，整日里无所事事、愁眉苦脸。虽然胡雪岩与他是萍水相逢，但是却十分同情他，想要帮助他。当时的胡雪岩只是一个钱庄的"跑街"，为了帮助王有龄，胡雪岩变卖了自己的部分家产，换得500两银子给王有龄。王有龄深受感动，两人结拜为兄弟。在胡雪岩的帮助下，王有龄一路上京，不仅遇到了旧识何桂清，还为自己谋得了官职，从此一路亨通。后来，经过王有龄的引荐，胡雪岩和何桂清渐渐熟稔起来，有了这层关系，胡雪岩的生意越做越好、越做越大，甚至被左宗棠举荐为二品大员，成为清朝历史上唯一的"红顶商人"。胡雪岩的成功并非一蹴而就，而是从在杂粮店当伙计开始，他就一点一点积累自己的人脉。在他成功的路上，所有帮助他的人，也都是他帮助过的朋友，从少数朋友开始，慢慢地将朋友的朋友也发展成自己的朋友，形成了一个人际关系网，进而促成了自己的成功。

第一节 人际关系

人际交往是人们社会生活的重要内容之一，自我的发展、心理的调适、信息的沟通，以及各种不同层次需求的满足、人际关系的协调，都离不开人际交往。每个人都希望通过交往与同事、朋友、亲人甚至陌生人建立良好的人际关系。良好的人际关系可以使个人在温馨怡人的环境中愉快地学习、生活和工作。但在实际的交往过程中，总是或多或少地存在一些不尽如人意之处，影响着人际交往的正常进行。事实上，良好的人际关系和谈恋爱一样，不能强扭，不能一厢情愿，而是需要彼此的共同努力，只有在"两情相悦"的基础上建立的人际关系才能和谐、长久。

一、人际关系的内涵

人际关系存在于人际认知、人际情感和交往行为之中，它在很大程度上体现为一种心理的关系和距离。认知是人际关系的前提条件，是人与人之间的交往过程中通过相互感知、识别、理解而建立的关系。情感是人际关系的主要调节因素，而行为则是人际关系的沟通手段。在人际关系中，无论是认知因素还是情感因素，都要通过行为表现出来。行为是指语言、举止、表情、手势等人们表现出来的一切外在动作，它是建立和发展人际关系的沟通手段。

简单来说，人际关系就是人与人相处时，所发生的一切活动，双方通过互动联结来影响彼此的行为，进而达到双方最佳状况。人际关系往往是以熟悉或陌生、亲近或疏远、喜欢或厌恶这样的现实状况表现出来的，而这些又直接影响着人际交往的程度、范围和质量。加上人是有情感、有理性、有智慧的，还有着不同利益的需求。因此，不同的视角对人际关系的理解也不尽相同。

1. 从传播学角度看人际关系

任何人际关系都是通过人际交往实现的，而人际交往中一个非常重要的组成部分就是人际传播。由于社会环境往往十分复杂，因此，每当与他人打交道时，我们需要先了解对方的各种信息，并以此来决定自己的交际行为。这时候，人际关系就表现为一种以传播为手段、并通过传播努力实现各自利益需求的相互关系。例如，在与他人初次见面时递上自己的名片，或当他人向自己提出一个不适合当场回答的问题时，说一句"请让我再考虑一下"，这些都是力图通过信息的传播，影响或建立一种合情合理的人际关系。所以说，人际关系其实也表现为一种传播的艺术。

2. 从社会学角度看人际关系

社会就像一副巨大的象棋盘，而我们每个人则像棋盘中的棋子。社会向人们提出了各种各样的行为要求，其中一部分是强制性的，如法律、法规等，而更多的则是由社会伦理道德和各种规定提出，并带有一定的导向性和约束性。就像行棋一样，有自己的游戏规则。所以说，人际关系其实可以体现为一种秩序状态。积极、合理、健康的人际关系，正是一种建立在社会规范和个体合理定位基础上的有序的社会关系。

3. 从心理学角度看人际关系

人际关系的前提是人际交往，人与人的交往是一个为了交流有关认识性、情绪性、评价性的信息而相互作用的过程，交往的双方在这一过程中实现着对观念、思想、兴趣、心境、情感、性格特征等方面的相互交流、相互影响。人的交往活动具有一种情绪互动功能，人们需要交往，需要人际温暖，如同植物需要氧气、阳光和水分一样。在人们的需要结构

中，交往与集群的需要是重要的组成部分。心理实验证明，如果将一个人与他人的交往完全阻断，那将是致命的，不但会使这个人感到非常孤独和恐惧，甚至会使其产生被整个世界遗弃的感觉。据说，美国对犯人最严厉的惩罚就是单独监禁，几个月甚至几年不让犯人与他人接触，这种折磨比死亡更加痛苦，人会因此而发疯。

个体心理因素及心理体验性特征，是导致人际关系复杂化的主要原因之一。人际关系既是一种外在的存在，也是一种内在的心理感受。人们常常用好和坏、亲和疏、远和近来评价一种人际关系，采取的就是一些心理标准。所以说，人际关系其实也就是一种在心理因素作用下的社会交往关系。

4. 从文化学角度看人际关系

不同的文化影响并制约着不同的社会行为，从而形成了不同的人际交往的行为特征，产生了不同的交际文化和人际关系。不同文化群体的不同思维方式、价值观念、民族心理、礼俗传统和审美趣味，最终会在人际交往及处理人际关系的方式、方法中体现出来。我们甚至可以这样形象地去理解人际关系：它就好像是一张以文化为道路而铺就的城市交通网，人们只有熟悉各条道路的基本情况，或者能够读懂路旁的各种示意牌，才能通过纵横交错的道路并顺利到达目的地，否则很有可能会迷失方向、处处碰壁，甚至走投无路。所以说，人际关系其实就是一种以文化为纽带的社会交往关系。

二、人际关系与成功

无论是一般生活，还是宏伟事业，人们都希望成功。任何成功都具有某种规律，人际关系占有很重要的地位。人际关系多，人际关系圈子大，那么事业成功的概率也就大。有人说，21世纪的成功之道在于：让人提拔与栽培、让人拥戴与推举。这也意味着，一个人的成功源于这个人是否具有良好的人际关系。在人生的道路上，成功离不开四大因素。

1. 背景

人们常说，成功的要诀在于"天时、地利、人和"。这里的"天时、地利"即"背景"。每一个成功者，总要在一定的背景条件下才能取得成功，正如"靠山者做个猎人，近海者当个渔夫"。因此，一个人的背景也就常常成为我们解释别人之所以能够成功的原因。从人际关系的角度而言，背景就是以往留下来的人际关系。

2. 人脉

人脉即人际关系、人际网络，能体现人的社会关系。根据辞典里的说法，人脉是"经由人际关系而形成的人际脉络"。在美国好莱坞，流行这样一句话："一个人能否成功，不在于你知道什么，而在于你认识谁。"人脉如同血脉，四通八达、错综复杂的血管脉络，是人的生命得以存在的基础。如果说血脉是人的生理生命支持系统的话，那么人脉则是人的社会生命支持系统。常言说"一个好汉三个帮，一个篱笆三个桩""一人成木，二人成林，三人成森林"，要想做成大事，必定要有做成大事的人脉网络和人脉支持系统。我们的祖先创造了"人"这个字，一撇一捺两个独立的个体，相互支撑、相互依存、相互帮助，构成了一个大写的"人"，"人"的象形构成，完美地诠释了人的生命意义之所在。

人是群居动物，人的成功只能来自他所处的人群及所在的社会，只有在人际交往中游刃有余、八面玲珑，才可能为成功开拓宽广的道路，而如果没有非凡的交际能力，就免不了四处碰壁。很多成功的商界人士都能深刻意识到人脉资源对自己事业成功的重要性。美国某铁路企业的总裁说："铁路的95%是人，5%是铁。"这里的"人"即"人脉"。美国钢铁大王及成功学大师戴尔·卡耐基（1888—1955）认为："专业知识在一个人成功中的作用只占15%，而其余的85%则取决于人际关系。"

3. 人缘

所谓人缘，即做人的基本态度。简单来说是一种让人喜欢的感觉，也就是"敬人者，人恒敬之"。我们说的人缘好坏，通常指的是他人对待你的态度如何。如果他人都围着你转，乐意跟你交往，就说明你的人缘比较好，反之则人缘较差。人缘是建立人脉的基础，人脉是建立关系的基石，关系是成就工作的开始。好人缘是人际关系的润滑剂，也是人们在纷繁复杂的社会环境中立于不败之地的支撑点。人要学会尊重别人、乐于助人、心存感恩、真诚赞美、大度宽容，并且能够诚恳道歉，这样才能有一个好人缘。

总而言之，心中常存善待别人的心，自然就能广结人缘，甚至可以"因缘果报"。有句话说"掌握前因，何惧后果"，只要因种得好，无须怨叹、无须苦等，自然会有好的果出现，如受到领导的重视或成就一番事业等。当"众缘成就"时，要懂得惜缘惜福，时时存着感恩的心。

齐桓公的宽容

在公元前685年，齐襄公被杀，俗话说"国不可一日无君"，这个时候的首要任务就是选出君王。当时齐襄公有两个兄弟，一个是公子纠，一个是公子小白，这两人各有一位师父，分别是管仲和鲍叔牙。

公子纠和公子小白想要争夺君位，因此，都打算第一时间赶到国都占据先机。但是在公子小白赶路的途中，遇到了管仲派来的刺客，公子小白很聪明，他假装中箭，骗过了刺客。管仲听说公子小白被刺杀后，一下子就放心了，不慌不忙地护送公子纠回齐国。但是他不知道的是，这其实是公子小白的计谋，等公子纠和管仲进入齐国国境时，小白和鲍叔牙早已抄小道抢先回到了国都临淄，小白当上了齐国国君，即齐桓公。

鲍叔牙一直追随齐桓公，自然是受到了重用，齐桓公任命鲍叔牙任齐国的军事统帅，掌管齐国军队。鲍叔牙和管仲曾经是好友，就在齐桓公面前求情："当时两位公子在争夺皇位继承权，管仲和我各为其主，管仲为了大公子而令人射伤你并没有错，您若想要成就一番大业，就必须有宏阔的胸怀，容纳曾经是敌人的杰出人才。"齐桓公听完之后，觉得很有道理，他想让齐国强大起来，就必须要聚纳人才，不能计较之前的仇恨。

就这样，齐桓公原谅了管仲，放下了一箭之仇，不但接受了管仲当他的臣子，还果断地任命管仲为相，而管仲也积极地辅佐齐桓公。齐国在齐桓公的治理之下，越来越强大，管仲与鲍叔牙一文一武，最终帮助齐桓公成就了一代霸业。后来，齐约集鲁、宋、陈、卫、郑、许、滑、滕等国进行"幽地会盟"，在会上齐桓公被推为盟主，确立了齐桓公在列国中的霸主地位。

4. 能力

凡是成功人士都有独特的个人能力和人格魅力，这是旁人所缺乏的。所谓能力，就是

由经验和知识所淬炼出来的一股可以实践的力量，也就是有智慧的意思。"智"就是具备的知识量广博，能像太阳一样散发出光芒来关照别人；"慧"就是有判断、抉择、执行、实践的力量。现代社会，一个人要想获得成功，就必须具备四大能力：做事的能力、做人的能力、抗压的能力和创新的能力。我们常说一个人的"品行"如何，"品"就是品德，是做人问题；"行"就是行为能力，是做事问题。"做人"就是一个人要具有良好的道德修养，并能按道德标准去处理好各种社会关系；"做事"就是在一定社会关系中充分发挥自己的才智，做好各方面的工作并获得社会的认可。抗压能力是指人在面对逆境时的处理能力，可以表明一个人对挫折的忍受力。抗压能力越高的人，越能在面对逆境时，积极接受困难的挑战、找出解决的方案，并能不屈不挠、愈挫愈勇。创新能力是指一个人运用知识和理论，在各种实践活动中不断提供具有价值的新思想、新理论、新方法和新发明的能力。

三、良好人际关系的要领

成功建立关系网的关键是和适当的人建立稳固的人际关系。良好的人际关系能拓宽生活的视野，可助人自我了解、自我肯定，并提高倾听和交流的能力。如何建立良好的人际关系？来看看民间流传的"十要"，由一至十分别为一表人才、两套西装、三杯酒量、四圈麻将、五方交友、六出祁山、七术打马、八口吹牛、九分努力和十分忍耐。

一表人才和两套西装，属于个人的基本修养；三杯酒量和四圈麻将，则是社交活动必要的媒介；五方交友，才能扩大人际关系的范围；六出祁山、七术打马和八口吹牛，都是人际关系的技巧；九分努力后还需要十分忍耐，人际关系才能良好。

1. 一表人才和两套西装

人际关系其实也包括自己跟自己的关系，不完全是自己跟别人的关系。一个人要先接受自己，才能使别人接受你。一表人才和两套西装是人际关系的起点，两者的目的都是为了给人留下良好的印象。心理学中有个首因效应，是指由于第一印象的形成导致在总体印象的形成上，最初获得的信息比后来获得的信息影响更大的现象。人们总是以对某一个人的第一印象为背景框架，去理解后来获得的有关此人的信息。在人际交往中，要注意给初次见面的人留下好的第一印象，这对建立和开拓人际关系，有巨大助力。

一表人才，主要来自一个人的内在修养。古语道："相由心生，相随心转。"相貌由父母的遗传来决定，但可以经由自己的学习和修养来加以改变。一个人的个性、心思与作为，可以通过面部特征表现出来，内心的精神状态决定了外在的容貌变化。两套西装，是指人的外在表现，涉及个人的着装风格、穿衣喜好等方面，其强调的重点是，在人际交往中，个人的穿衣打扮应令人赏心悦目，并能够为自己加分。俗话说"佛要金装，人要衣装"，穿衣得体代表着尊重别人，因为人要合群就必须先彼此尊重。在现实生活中，得体的穿衣打扮必不可少。

第一印象的重要性

1946年，美国心理学家所罗门·阿希（1907—1996）以大学生为研究对象做了一个实验。他让两组大学生评定对一个人的总体印象。他告诉第一组大学生，这个人的特点是"聪慧、勤奋、冲动、爱批评人、固执、妒忌"。很显然，这6个特征的排列顺序是从肯定到否定。阿希对第二组大学生所用的仍然是这 6 个特征，但排列顺序正好相反，是从否定到肯定。研究结果发现，大学生对被评价者形成的印象受到特征呈现顺序的严重影响。对于被评价者的印象，先接受了肯定信息的一组要远远优于先接受了否定信息的一组。这意味着，第一印象有着高度的稳定性，后继信息甚至不能使其发生根本性的改变。

2. 三杯酒量和四圈麻将

三杯酒量和四圈麻将，是指人际关系的媒介。"酒量"和"麻将"指代正常社交活动所需的聚餐和娱乐活动。"三杯"和"四圈"指适量，适可而止。建立人际关系，必须善用社交媥介，并且通过各种媒介和途径来结交朋友。运用人际关系媒介的目的在于消除人与人之间存在的掩饰、伪装及隔阂，从而促进彼此之间诚心诚意地接触和交往。合理运用人际关系媒介，可以使不同的人因共同兴趣而形成志同道合的默契。要充分发挥人际关系媒介的作用，有效地达到目的，应该遵循 3 项基本原则：①主动性原则，要发挥人际关系的媒介作用，首先应该明确人在其中的主宰地位。如聚会、派对等社交活动，这些都只是媒介工具而已，不能让它们反过来控制人，使人产生被动或不自在的感觉；②正当性原则，所有人际关系媒介都应该正常化或正当化；③适度性原则，凡事都应该把握一定的分寸，避免犯"过犹不及"的错误。

3. 五方交友

"五方"是指东、南、西、北、中，在这里是说，要结交各方面的朋友。在现实社会中，单打独斗是很难成功的，我们要保持一种开放的心态去接纳和结交朋友。人只有广交朋友，才能保证在需要时会有人施以援手。五方交友的意思是不要自我设限，要尽量扩大交友的范围，不但要结交与自己性格相似的人，还要结交与自己性格相反的人，并多结交不同行业的人，求同存异、互学互补、增广见闻。俗话说"在家靠父母，出门靠朋友"，友谊是人与人之间的一种美好而亲密的情感，它产生于积极的社会生活与交往中，既是一种人际关系的体现，也是人适应社会的良好反应，更是一种美好的社会性情感。人生存在社会上，只要与人为善、积极交往，就会结识许多的朋友。广交朋友对一个人的人格完善、道德修养及社会适应能力具有十分重要的意义，"财富不是永恒的朋友，而朋友却是永恒的财富"。

4. 六出祁山

六出祁山，意在说明人要明知不可为而为之。凡事难免遭遇困难，人若是遇到挫折便心灰意懒，何以成大事？人们在交友过程中，有时会引起误会，如果因此而垂头丧气，那么如何培养深厚的友谊？西方有句谚语"最大的冒险是不敢冒险"。许多人失败不是败在没有能力、没有经验，而是败在不敢尝试、不敢冒险。我们必须坚定信心，以愈挫愈勇的精神排除万难，并且表现在实际行动上，这样才能拉近彼此之间的关系。

六出祁山

"六出祁山"通常指三国时期蜀汉丞相诸葛亮（181—234）出兵北伐曹魏的军事行动。史书记载诸葛亮从祁山出兵伐魏仅有两次，而"六出祁山"的说法出现于小说《三国演义》，由于《三国演义》在民间的影响力较大，因此"六出祁山"也渐渐成为诸葛亮北伐的代名词。刘备死后，诸葛亮辅佐蜀后主刘禅，在安定内部、经营益州和平定南中后，又与吴恢复了联盟。自蜀建兴五年（公元 227 年）起，诸葛亮便开始率军北伐曹魏，至建兴十二年

（公元 234 年）共 6 次出师，俗称"六出祁山"。"六出祁山"的故事体现了诸葛亮的赤胆忠心，他虽然身居高位，却从来没有为自己考虑过，而是一心为公。诸葛亮具有伟大的人格魅力，这也是世人敬仰他的主要原因。我们要学习诸葛亮的奋斗精神，为了实现理想而持续努力，只有这样，理想在实际行动中才能够实现。人生风风雨雨，不可能总是一帆风顺，做人就应该坚强而有韧性，真正有本事的人，不管遇到什么样的逆境，都不会自暴自弃，也不会打退堂鼓。失败了，就从头再来；跌倒了，就咬牙坚持。在绝境中寻找出路，在逆境中坚持到底，人一旦能做到迎难而上、勇敢向前，就一定会获得成功！

5. 七术打马和八口吹牛

七术打马和八口吹牛是人际关系的处理技巧。七术打马是指应该在合情合理的情况下赞美别人，利用向人讨教的机会达到赞美别人的目的；八口吹牛是指在人际关系的处理中应该适当地抬高交往对象，同时适度地吹捧自己，营造一些表现自我的机会。人应该谦虚，却不可以看轻自己，这两者并不矛盾，可以相辅相成。看得起自己并对自己有一些期待，同时也给自己一些激励和鞭策。谦虚不自满，是一种态度，可以使他人乐于亲近并愿意帮助自己。

6. 九分努力和十分忍耐

九分努力就是要不断地进步。努力不一定成功，但不努力必定不会成功。人际关系在建立和维系过程中要用九分努力，其重点在于努力背后的"用心"。所谓"用心"就是在人际交往中，经常主动思考和反省，真正做到举一反三，不断整理自己的经历，从而获得丰富的经验。努力所代表的是对目标所持有的美好愿望，是对过程的重视，但努力有时候不一定能够达到目的，这就需要"十分忍耐"，其强调的是，成功永远属于忍耐力强的人，否则即便所有条件都具备最终也会毁于一旦。

第二节　人际沟通行为

人际关系是在人际沟通的过程中形成和发展起来的，离开了人际沟通行为，人际关系就无法建立和发展。事实上，任何性质、类型的人际关系都是人与人之间相互沟通的结果，人际关系的好转与恶化，同样也是人与人之间相互交往的结果。人际沟通是一切人际关系建立和发展的前提，是形成和巩固人际关系的根本途径。人际沟通是团队沟通、组织沟通的基础，从某种程度上说，组织沟通是人际沟通的一种表现和应用形式。通过人际沟通，人们可以收集到关于他人的个性及特征等信息，同时也对他人发出了关于自己的个性及特征等信息。

一、人际沟通的特点

人际沟通是一种特殊的信息沟通，是个人与他人之间的心理沟通，是人与人之间的情感、情绪、态度、兴趣及人格特点的相互交流、相互感应的过程。这种交流主要通过语言、表情、手势、体态及社会距离等表现出来。苏联社会心理学家加琳娜·安德烈耶娃指出，人际沟通具有以下特点。

（1）人际沟通不同于两套设备间简单的"信息传输"，其中每一个人都是积极参与的主体。也就是说，人际沟通中的每一个参与者都希望对方具有积极性，而不是一个毫无反馈的客体。因此，在沟通过程中，信息发出者必须判定对方的情况，分析对方的动机、目的、态度等，并预期从对方的回答中得到新的信息。因此，人际沟通的过程不是简单的"信息传输"，而是一种信息的积极交流。

（2）人们之间的信息交流不同于设备之间的信息交流，沟通双方借助符号系统相互影响。人与人的沟通是以改变对方的行为为目的，是一个沟通者对另一个沟通者的心理影响。

（3）沟通影响作为信息交流的结果，只有发送信息和接收信息的人在掌握统一的编码、解码系统的情况下才能实现。这个法则用一般的话说，就是要使用双方都熟悉的同一种语言说话。

（4）人际沟通可能会产生特殊的沟通障碍。这些障碍与某些沟通渠道的缺点或编码、解码的差错无关，而是社会性、心理性的障碍。

二、人际沟通理论

美国心理学家艾瑞克·伯恩（1910—1970）于1964年在《人们玩的游戏》一书中提出了著名的PAC人际交往理论。该理论认为，个体的个性由3种比重不同的心理状态构成，这就是"父母""成人""儿童"状态，取这3个词（Parent、Adult、Child）的第一个英文字母，简称PAC分析。PAC理论把"自我"划分为"父母""成人""儿童"3种状态，这3种状态在每个人身上都交互存在，构成了人类的多重天性。在正常情况下，一个人在某一时刻只会出现一种自我状态。

"父母状态"以权威感和优越感为标志，通常表现为家长制作风。当一个人的人格结构中"P"成分占优势时，这种人的行为就表现为凭主观印象办事、独断独行、滥用权威，这种人讲起话来总是"你应该……""你不能……""你必须……"。"父母状态"又分为："控制型父母状态"和"营养型父母状态"。顾名思义，处于"控制型父母状态"的人，在与人交往时，常常会表现出教育、批评、控制的一面，语调较高、语气较严峻，并且带有命令的口吻。而处于"营养型父母状态"的人，在人与人交往时，常常会表现出温暖、安慰、鼓励的一面，常说"要小心""要注意"等关心他人的话。在人际交往中，那种特别喜欢教训别人的人，常常处于"控制型父母状态"，而那些总是无微不至地关心别人的人，则常常处于"营养型父母状态"。

"成人状态"表现为注重事实根据和善于进行客观理智的分析。这种人能从过去的经验中，预估到各种可能性，然后做出决策。当一个人的人格结构中"A"成分占优势时，这种人的行为表现为待人接物冷静、慎思明断、尊重别人。这种人讲起话来总是"我个人的想法是……"。

"儿童状态"的表现特征比较复杂，反映了其童年经历所形成的情感。"儿童状态"又分为"适应型儿童状态"和"自由型儿童状态"。处于"适应型儿童状态"的人听话、服从、讨好、友爱，内心常常充满自责、担心和焦虑，以及由于缺乏自信而害羞、胆怯、退缩、沮丧等，常用语言有"我什么都不行""好吧，随你怎么样都行""我猜想""这是我的错""我不知道"等；而处于"自由型儿童状态"的人则往往表现为兴奋、好奇、富于想象力、表情丰富等自然状态，像以自我为中心的婴儿一样追求快感并能充分表达自己的感情，常用"真好玩""好漂亮啊"等语言，也可表现为愤怒、拒绝、攻击、叛逆等任性状态，常用"我就不""我偏要"等语言。

比较三者的形成过程，我们就会对 PAC 有进一步的理解。"P"是"教给的生活概念"，它记录了家长各种形式的沟通，诸如语音语调、面部表情、动作姿态、语言交流及父母告诫的各种规范。无论这些训诫正确与否，都被永久记录下来，内化为我们的行为准则，对我们的思想观念、言行举止产生了重大影响，并在人的一生中不断被"播放"。"C"是"感受到的生活概念"，是一种对父母言谈举止的情感体验，也是一种对看到、听到、感觉到和理解到的东西的内化，一切外来刺激的内化反应。"P"和"C"是同步产生的，它真实地记录着童年时期所体验的自然冲动、情感反应及态度、感觉、经验等。这种童年时期的情感体验被记录下来，就构成了"C"。而"A"是儿童发展出的一种"思索的生活概念"，是通过自己的思考和实践，对现实经验的归类和处理。概括地讲，"A"就像"P"和"C"的"守门人"，把其限定在特定的场合内，并把一些成功的经验归纳存档以备日后之用。

"儿童状态"和"父母状态"具有两面性，如果能吸取其精华和积极的一面，那么这时的"成人状态"就有了新的表现。当"儿童状态"的积极部分融进"成人状态"时，"成人状态"的主要表现是友好、乐观、有想象力和创造力等；当"父母状态"的积极部分融进"成人状态"时，"成人状态"的主要表现是有原则、道德情操高尚、关心爱护别人，具有服务精神和献身精神等。当"儿童状态"的消极部分融进"成人状态"时，"成人状态"的主要表现是不负责任、享乐主义、玩世不恭、依赖别人等；当"父母状态"的消极部分融进"成人状态"时，"成人状态"的主要表现是过分指责别人、对别人强求多、禁忌多、倾向于惩罚、特权观点、不能平等待人，以及看不起别人的同时又对别人过分保护等。

就一个健康、平衡的人格来说，这 3 种自我状态都是必备的，而且每个人都能够从一种自我状态转换为另一种自我状态，只是这种转换的容易程度各有差异。我们需要"成人状态"来处理生活中的问题，帮助我们在生活中少走弯路。要融入社会时，我们既需要"控制型父母状态"提供规范，以便遵守伦理底线，又需要"营养型父母状态"帮助我们去维护自己的人际关系。"适应型儿童状态"是我们遵守社会游戏规则的前提，而"自由型儿童状态"所包含的自发性、创造力和直觉能力则是我们事业成功的基础。

三、人际沟通形态

发生在两个人之间的任何事情都牵涉到他们自我状态的表现。当一个人对另一个人传达某种信息（某种刺激）时，他会期待对方有某种回应。这种一方传达某种刺激，另一方给予回应的过程便是一种最简单的沟通。简单的沟通只牵涉两个自我状态，而复杂的沟通则牵涉多个（3~4 个）自我状态。当一个人与他人沟通或反馈对方的刺激时，他可以选择一种自我状态来传达信息或刺激对方。这对于一个正常人来说是一种本能反应，并可随客观环境的改变而改变。根据 PAC 理论，沟通可分为 3 种形态。

1. 互补沟通

互补沟通是刺激与反应相互平行的沟通。即某个人从一种状态发出信息，对方顺应发信者的期待，还以发信者预期的反应。这个沟通一般会进行得自然顺畅，双方也会很配合彼此的期待。互补沟通时只要保持互补，就可以永远沟通下去，直到双方都不想再继续这个话题为止。例：

主管："小马，你怎么回事？连续3个月的业绩都不达标！你干什么去了？"
员工："最近家里有点事儿，真是对不起，我现在已经调整好了。"

在这种关系中，主管对员工说话就像家长对孩子一样，员工的回答就像孩子对家长一样。如果主管以家长对孩子的模式开始交流，员工往往会以儿童的心态做出反应。不幸的是，传统的"上级-下属式"关系往往会导致"家长-儿童式"的交互作用，特别是在发出指示或进行评价时。如果主管的沟通主要以这种状态进行，那么沟通效果将会大大降低。

2. 交错沟通

交错沟通是指沟通时发出信息后，却没有收到预料之中的反应，如果经常发生交错沟通，那么就会产生阻碍，导致无法继续沟通。当刺激和反应线不平行时，非互补式的交互作用，或者称为交错式的交互作用就会出现。例：

主管："小马，我看到你这几个月的业绩都没有达标，你现在有没有空？我们来看一看究竟出了什么问题？"
员工："我知道你想批评我，有话你就直说吧！"

在此例中，主管努力按照成人对成人的模式来对待员工，但是员工却按照儿童对家长的模式做出回答。当出现交错式交互作用时，沟通往往会被堵塞，因此不会得到令人满意的结果。除非其中一方或双方改变了自己的心理状态，再次回到互补沟通中，否则沟通就无法继续下去。

3. 暧昧沟通

暧昧沟通又被称为隐藏沟通，即话里有话，或者叫潜台词。这种沟通在表面上是发出合理的信息，实际上是发出别的信息，隐藏着不同的动机和目的。例：

主管对Z部门经理说："X把部门业绩完成得不错，Y把部门业绩完成得更好。"（内在暗含"你的部门业绩完成得最差，你的表现最差。"）

在此例中，主管在话语中暗含着对Z及其部门业绩的不满。这种沟通模式常常会令人感觉很不舒服。

四、生活定位与人际沟通

在童年时期，每个人都会形成一种与人交往的主要方式。这种人生观往往会伴随一生，除非经历了重大的变故才会改变，因此它叫作生活定位（Life Position）。生活定位产生于两种观点的结合。首先，人是如何看待自己的？其次，人是如何看待他人的？对这两个问题的肯定回答（好）或否定回答（不好），组合出了4种生活定位。

一是"我好，你也好"。这类人相信自己是好的，别人也是好的，换言之，就是对世界与人充满了信心。因此，这类人在现实生活中会与别人共同追求双赢。

二是"我好，你不好"。有这种生活定位的人会表现出一种防卫态度或很强的攻击性，并且常常处于偏执、愤怒的状态，这是一种输家的人生定位。

三是"我不好，你好"。有这种生活定位的人往往表现为自卑、依赖他人、自我否定、没有主见，并且习惯于极度服从别人的要求，期望得到赞许。此类人会在无意中选择持续扮演"受害者"。

四是"我不好，你也不好"。伯恩认为，有些母亲有创伤体验（如家庭暴力导致的躯体或心灵受伤，或者是孩子出生时难产甚至有生命危险），这种经历很可能影响孩子对世界的看法，使他感觉生活中充满了恐慌和威胁。这类人不敢信赖他人，有很深刻的被遗弃感和消极、绝望的情绪，认为自己没有价值，也不相信别人会帮助他，他们的整个人生都是在重复上演拒绝这出戏，拒绝自己、拒绝别人同时又被别人拒绝。

需要指出的是，生活中并不存在单一的生活定位，通常每个人都会拥有4种生活定位，人与人的区别只在于哪种定位的比例更高。后面3种定位基于感觉，而第一种定位则基于思考、信念和行动。理想的定位，同时也是在成人对成人的交互作用中最可能产生的定位是"我好，你也好"，它表现了有益的自我接受和对他人的尊重，会促成有建设性的沟通、有益的冲突和彼此满意的结果。而其他3种生活定位在心理上不够成熟、也不太有效。重要的是，无论一个人现在的生活定位是什么，"我好，你也好"的生活定位是可以学会的，并能由此改进自己的人际关系。

不难看出，在交流沟通中，恰当的自我状态是沟通成败的关键。一般来说，工作中最有效的交流沟通是"A-A"型（成人对成人的交互作用）。这种交互作用可以促使问题得到解决，视他人同自己一样有理性，降低了人们之间感情冲突的可能性。尽管互补式的沟通有时也能令人满意地发挥作用，例如，如果主管想要扮演家长的角色，员工也乐于扮演儿童的角色，那么他们之间就可以形成一种比较有效的工作关系。但是，在这种情况下，员工往往无法成长，并且不知如何表达自己的想法。因此，虽然互补式的沟通确实能发挥作用，但是在工作中能够得到最优结果，并且最不可能带来问题的还是"A-A"型交流沟通。

从严格意义上讲，"父母状态"、"儿童状态"和"成人状态"并没有好坏之分，而只有应用场合的分别。但有一点可以肯定，我们必须拥有一个强大的成人意识。如果交流的过程中任由自己的父母意识或儿童意识控制我们的情绪，冲突的发生就在所难免。要使冲突得到解决，做到有效地交流沟通，就要努力培养自己的成人意识。父母意识会导致强制策略的使用，儿童意识可能会缓和冲突或努力避免冲突，而成人意识会正视冲突，秉持"我好，你也好"的立场，更容易获得双赢的结果。成人意识是用理智而不是用情感面对问题，它是父母意识和儿童意识的"守门人"，告诉它们什么时候可以出现，什么时候不该出现。人们只有具有强大的成人意识，才能在与人沟通中有效地控制自己的情绪，把握好自己的状态。

五、人际沟通的艺术

人际沟通艺术，通俗地说就是如何说话、如何处事、如何为人。成功学大师戴尔·卡内基这样说："所谓沟通就是同步。每个人都有他独特的地方，而与人交际则要求他与别人一致。"

1. 人际沟通要以情为先

中国有句俗语叫"入情入理"，情在前，理在后。这就告诉我们：给人说理，先要入情，站在合乎人之常情的角度来分辨道理，这个理才容易被人理解和接受。如果沟通者之间能够共情，那么就能获得理想的结果。

2. 人际沟通要言之有物

在人际沟通中要有事实、有证据。用事实和证据说话是最有说服力的，特别是在敏感的区域，言之有物更显其作用。对事不对人，双方都用事实说话，去除猜想、听说之类的内容，理性地传给对方正确的信息，让彼此知道自己该做什么、做到什么程度。否则空谈一大堆理论，只是在浪费时间。

3. 人际沟通要言之成理

言之成理包括文字通顺和叙述不互相矛盾两层意思，它使人感到某种言说有道理。沟通必须言之成理，让人从内心认同，或至少让人感觉有道理。若是所说的内容杂乱无章或似是而非，就难以让人信服。

4. 人际沟通要言行一致

人际沟通中，语言表达到哪里，行动就要准确地做到哪里，语言一定要和行动相一致。沟通的关键不在于你说了什么，而在于你做了什么，更在于你说的和做的是否一致。一致性的言行在沟通中具有很大的力量。只有说到做到，行动才最有说服力。

5. 人际沟通要设身处地。

西方有句谚语"把你的脚放在别人的鞋里"，只有亲自试试别人的鞋才能知道他的真实感觉。沟通要多为对方考虑一些，多站在对方的角度考虑和解决问题，如果能做到换位思考、以心换心，避免主观和成见，那么自然会获得双赢的结果。

情理三明治

心理学中有个沟通小技巧，叫作"情理三明治"，即"谈情、说爱、再说理"。也就是说，在沟通的过程中，要遵循"三步曲"：先谈自己的感受，再表达自己对对方的关心和爱，最后再讲道理或建议。

谈情，先看到对方的情绪和感受，并接纳对方的感受，告诉对方你能体会他的感受。只有当一个人感到被接纳了，才能渐渐打开心扉。

说爱，在了解对方的感受后，表达你自己的想法，并对他表示爱和关心。

讲理，有了"谈情说爱"的铺垫，此时再讲道理，对方就很容易接受了。

简单地说，这3个步骤就是"动之以情，晓之以理"。

第三节　性格与个性化沟通

不同的人在性格上的差异往往会对他们之间的沟通与交流造成相当大的影响，当然，这种影响有积极与消极之分，只有懂得经营性格上的差异，对各自的不同之处相互理解和宽容，才能促成良好的沟通。要想通过顺畅的沟通来改善人际关系，就必须根据对方的性格特征，使用特定的方式来进行。

一、四型性格

生活中很多冲突其实大都源自性格，不同的性格有不同的思维模式。大部分人只能够理解与自己性格模式相近的人，缺乏对不同性格特征的人的了解，因此对与自己不同性格的人的做事方法难以苟同，并在生活、工作、家庭等各方面与之产生摩擦。尝试了解不同性格的人就是在了解自己、了解别人，从而更好地提升自己的人际关系。美国性格心理学家弗洛伦斯·妮蒂雅根据对人类性格的多年分类测试研究得出，人的性格大体上可分为活跃型、完善型、能力型、平稳型，简称 SCMP 四型性格。四型性格的不同特点，如表 2-1 所示。在说明上述类型时，需要注意，没有人是完全符合某一种类型的，大多数人可能只是具有某种性格类型的大部分特点，而不是所有特点。没有一个性格类型完全优于其他性格类型，了解性格类型之间的不同，可以帮助你更好地与他人沟通，并达到理想的结果。

表 2-1 四型性格的不同特点

对比事项	SCMP 四型性格			
	活跃型	完善型	能力型	平稳型
寻求	被关注	精准度	控制感	被认可
强项	有说服力、热情、使人愉悦	计划性、系统性、统筹协调	工作效率、领导力、执行力	倾听、团队工作
弱项	不关注细节、注意力弱、缺乏韧性	太过完美主义、挑剔、不喜欢回应	缺乏耐心、不敏感、倾听能力不足	敏感、行动慢、格局小
烦躁来源	循规蹈矩、太过复杂	凡事无章法、不合理	无效率、无决断	他人不敏感、他人无耐心
面对压力	表现肤浅	撤回决定、刚愎自用	独断专行	顺从、无主见
决策方式	随心随性	深思熟虑	快刀斩乱麻	商议
恐惧来源	不被关注	对个人工作的批评	被占便宜	突然变化
安全感来源	好玩、有趣	充分准备	控制感	友谊
个人价值来源	他人关注、成就感	工作精准度、精确性	结果、影响力	团队契合度、个人贡献
内在动力	表演	工作过程	胜利	参与感

1. 活跃型（Sanguine）

如果一个人的童年是快乐、幸福的；经常逃避一些日常的家庭琐事；总能找到一些乐意帮助自己的朋友；拥有一些觉得离开了自己就不行的朋友；拥有一些认为自己所说的一切都非常有趣的朋友；生活的主要目标就是为了寻找乐趣等，那么这个人的主导性格就是活跃型。具体而言，活跃型性格的特点表现为以下几个方面。

（1）活泼、好动、爱说话。活跃型性格的人能很容易地从人群中被发现，因为这种人往往是人群中说话最多的人，旁人越表现得爱听，他们就越说得眉飞色舞。他们会来回走动、上蹿下跳、挥手致意、扭动身躯。而与此同时，活跃型性格的人注意力也很容易转移，喜欢新鲜的事物并乐于冒险，让他们静下来处理事情会比较难，而且偏好不断变化的环境。

（2）乐观且开朗，幽默感强。活跃型性格的人通常总是眉开眼笑的，脸庞如同一朵含苞待放的花儿一样，随时准备开放，这类人的周围总是充满着欢乐，有他们在的场合，气氛总会显得比较轻松且活跃。这种性格特点，造就了很多出色的迎宾者、主持人、接待员及娱乐行业的负责人等，他们能制造活跃的气氛，能激发其他人的激情。

（3）易于结识新朋友。活跃型性格的人是一种特别容易交到新朋友的人，他们与刚认识3分钟的朋友相处，就好像认识了3年似的。他们之所以易于结识新朋友，是由于他们注重人际交往"三宝"，即"点头"、"微笑"和"赞美"。对活跃型的人来说，没有陌生人，当别人在犹豫是否要打招呼的时候，活跃型性格的人已经跟初次见面的人交谈起来了。然而，虽然他们的朋友很多，但他们也容易把朋友忘记。

（4）口无遮拦，容易犯错。活跃型性格的人属于先张嘴后思考的类型，他们往往在话说出口之后才开始思考，所以很容易犯"言多必失"的禁忌。同时，他们的优点在于知道错了会立刻道歉。

（5）表现欲强，喜欢成为众人的焦点。活跃型性格的人在穿着打扮方面，总是喜欢比较明艳的色调，便于他们在人群中突显自己。同时，他们还喜欢在人数众多的公共场合大声说话以惹人注意。他们希望自己成为啦啦队队长，或在校园戏剧里担任主角。

（6）日常生活比较马虎，处事缺乏条理性。在日常的工作、生活中，活跃型性格的人往往不修边幅、马马虎虎，住所及办公桌上乱七八糟。不注重事物的细节，做事情也没有什么条理性，凡事完全根据自己的心情而定。

（7）重视享乐。活跃型性格的人通常生活在今天，不会把昨天发生事情放在心上。而对于明天会发生什么也不作考虑，只求今天快乐即可。

（8）儿童般的心态——天真、善变与好奇。活跃型性格的人，其心态永远会像一个长不大的孩子一样，内心始终充满着喜悦。他们小时候无论在家里还是在学校，都是家长和老师的"掌中宝"，是长辈们喜欢与呵护的对象。因此，他们往往不愿意长大，总愿意享受这种受宠的状态。总而言之，在活跃型性格的人身上总能反射出一些孩子般的天性。

（9）以人为重心，期待他人的夸奖与赞美。活跃型性格的人是以人为重心的，他们感兴趣的是人而不是事物本身。因此，他们通常都很需要赞扬和夸奖，例如，他们在工作中重视的并不是工作的本身，而是通过工作取悦他人，并得到好的评价。

（10）感性大于理性。活跃型性格的人通常是一群艺术爱好者，并且是很感性的情感表达型。在看一部十分感人的电影时，他们往往会因为其中的某个浪漫情节而感动到痛哭流涕，但是只要接触到欢快的东西，他们就能够很快地转换情绪。

综上所述，活跃型性格的人对别人无所谓，对自己也无所谓。他们属于外向、多言、乐观的群体，他们的存在给世界带来了无穷的欢乐。他们以乐观的心态对待每一件事，当他们对生命抱以宽容和接受的态度而不苛求什么时，生命所带给他们的意义就更加丰富。健康的活跃型性格的人认为他们自己是快乐且热情的，他们把幸福和快乐视为人生的目标。因此，很难想象如果在这个世界上没有了活跃型性格的人将会怎样，因为他们总是把欢乐带到人间。

2. 完善型（Melancholy）

如果一个人对周围的一切都很敏感，平时容易伤感和惆怅；总是注意随手关上别人没注意到的、开着的抽屉；小时候玩具摆放得非常整齐、准时做作业，并且非常喜欢整理学习资料；能够刻苦地练习钢琴直到满意为止，但却不愿意在公开的表演场合进行独奏；在任何情况下都会同情弱者，能够无私地帮助一些可怜的孩子；当事情不如自己所愿却没有被别人注意到时，会感到非常的沮丧等，那么这个人的主导性格就是完善型。具体而言，完善型性格的特点表现在以下几个方面。

（1）一生追求完美。完善型性格的人眼中没有完美的东西，因此他们在处理事务或与人交往中，总是抱着审慎的态度及挑剔的眼光，通常表情都会相对严肃或冷漠，不会像活跃型性格的人那样容易让人接近。另外，由于这个世界上没有完美的东西，所以他们活得总是很累。但也正因为他们对完美的不懈追求，所以他们通常都可以把事情做到最好。

（2）为人严谨，不愿意成为人群中的焦点。与活跃型性格的人不同，完善型性格的人随时都在监督自己，并与自己的思想进行对话，所以他们不能做出任何背离他们规范的事情。比如他们不会像活跃型性格的人那样穿得很艳丽，力图吸引他人的目光，而是根据时令和场合使着装显得非常得体。

不仅如此，完善型性格的人一般都是先思考后发言，往往善于分析并且剖析得非常深刻，通常表现为解决问题的能力特别强。与此同时，完善型性格的人对待工作也要求很高，凡事都要按照计划按部就班进行，要有组织、有条理、善始善终，并且在会过程中注意对细节的把握。

（3）想得多，做得少。对于完善型性格的人而言，"要么不做，要做就做到最好"是其座右铭，他们往往考虑事情会非常周全详细，凡事三思而后行。因此，谨言慎行的他们通常会觉得与活跃型性格的人在一起很别扭，比较反感他们那种马虎、缺乏条理及口无遮拦的处事态度和风格。

完善型性格的人在谨言慎行方面往往还会走到另一个极端，即总是停留在思考的阶段而迟迟不行动。他们可以把任何事情都做到最好，遗憾的是他们大多数时候都在反复地做着评估。他们也许可以成为这个世界上任何行业中的顶尖人物，但前提是他们需要将自己的行动力先提升起来，把计划与行动紧密地结合在一起。

（4）十分矛盾，容易紧张。在公开场合中，完善型性格的人既害怕别人太在意，又担心别人丝毫不在意，他们是一个非常矛盾的群体。如果在公开场合中，当所有人的目光都集中在他们身上时，他们就会很紧张，感觉自己太扎眼；而当没有人关注他们时，他们又会觉得很失落。

（5）过于消极和悲观。完善型性格的人不仅非常的矛盾，而且看待事物的视角通常都是悲观的，他们接收的信息也都是负面的、消极的。

（6）十分敏感，多愁善感。正所谓"说者无心，听者有意"就是这个道理，正因为这种特点，完善型性格的人往往也容易因"想多"而"愁多"，可能会突然间情绪失控。

（7）忠诚可靠。完善型性格的人通常是甘愿留在幕后的人，不愿意抛头露面，心甘情愿做配角。因此，他们往往可以结交到在关键时刻能够提供实际帮助的朋友，他们与朋友相处时，虚头巴脑的承诺很少，都是真诚相待、相互欣赏的。

（8）很少赞美人。完善型性格的人总在追求完美，看问题清晰透彻，所以他们往往会走到吹毛求疵的极端。因此，他们一般不会像活跃型性格的人那样轻易地赞美别人，如果能得到他们一句"还不错"的评价就已经相当难得了。

（9）标准太高。完善型性格的人通常会给事物设定非常高的标准，质量比数量更重要。在这种高标准下，凡事都要求非常认真，往往认真到让别人觉得有压力并让自己也觉得很累的地步。

（10）以事为重心。与活跃型性格的人不同，完善型性格的人以事为重心。他们在一些原则问题上绝对不会马虎，不会为了维系良好的人际关系而违背原则去追求一团和气，往往会尖锐地指出问题所在而根本不留情面。因此，完善型性格的人有时会感觉到人际关系比较紧张。

综上所述，完善型性格的人不但对别人要求严格，而且对自己也要求严格。总体来讲，他们是内向的思考者，属于悲观的一群人。但他们不会因为悲观就失去积极的动力，因为敏感，所以他们往往会提早发现一些危机并提前做好应对准备。对于完善型性格的人而言，其生命的意义就是奉献与牺牲，这是非常难能可贵的。

健康的完善型性格的人对每件事都很擅长，他们是所有人格形态中最具才能的，很多杰出的思想家、律师、医生、艺术家、工程师及科学家都具备这种性格特征。如果没有他们，这个世界不知道会乱成什么样子，因为完善型性格的人是很好的规范者和策划者，世界需要他们的力量。

3. 能力型（Choleric）

如果一个人在很小的时候就让父母觉得很头疼，凡事都很有主见；很早就能够认识到大人们只不过是年纪大一些而已，并不见得有多么聪明；比其他学生做作业都要快很多，而且不明白别人为什么那么慢；经常担任学校的班级或校级职务等，那么这个人的主导性格就是能力型。具体而言，能力型性格的特点表现在以下几个方面。

（1）热情奔放，精力充沛。能力型性格的人总是在实现目标、完成任务，一生都不能停下来，属于典型的工作狂。在工作的过程中，他们往往表现出热情奔放、精力充沛的特点。

（2）自信十足，天生的领导人。能力型性格的人无论是外表还是仪态，都显示出非同寻常的自信，并且通常喜欢穿较深颜色的衣服显示权威，具有与生俱来的领导素质。

（3）以事为重心，独立性非常强。与完善型性格的人一样，能力型性格的人也是以事为重心，由于他们坚持原则，所以往往会忽视一些人际关系。不仅如此，作为天生的领导者，他们的独立性非常强，对于与工作无关的社交，他们觉得是在浪费时间，常常会出于实际考虑而要求控制社交。他们做任何事情都感觉自己永远是对的，因此态度通常会很强硬，更别说主动道歉。然而，尽管他们从来不承认自己有什么明显的错误，口头上也不会有任何的表示，但是一旦发现问题，他们通常会用实际行动予以改善。

（4）凡事讲道理，喜欢争论。由于总是坚持己见，所以能力型性格的人通常喜欢与人争论、讲道理。有时容易陷入"为争论而争论，忽视结果"的陷阱之中，忘记了争论的目的究竟是什么。实际上，处理事情"有效果"比"有道理"更为重要，有效果的道理才是真正的道理。因此，对于能力型性格的人而言，一定要避免犯所谓的"比别人更正确"的错误。

（5）处事果敢，当机立断。能力型性格的人一般都非常有主见，能够在关键时刻当机立断地做出决定。由于其这样的特点，所以类似消防队的队长、指挥官及将军等职业岗位就非常适合能力型性格的人，不需要他们桎梏于细节和原因，只需要他们在关键时刻能够果断地指出方向、做出决定。

（6）永争第一，愈挫愈勇。能力型性格的人通常都具有很强的意志力，在各种事情中都以"第一"为目标。"人必须超越自己的极限，否则要天堂何用？"他们在过程中绝不轻言放弃，勇于接受来自对手的挑战，并能承受来自各个方面的压力和打击，善于运用极强的应变力，愈挫愈勇，永不言败。

（7）非情绪化。能力型性格的人是非情绪化的，一般不容易动真感情。面对困境，他们强调迎难而上，敢于冒险和挑战，绝不相信眼泪能够解决问题。因此，他们往往在亲情方面容易被人误解。

综上所述，能力型性格的人对别人要求严格，他们充沛的注意力与精力总是向外集中于这个世界。

健康的能力型性格的人不会被内省和默想所分心，因此不会在实际行动中退缩。相反，他们会神采奕奕地随时准备投入新的领域。他们对这个世界的喜爱总是把他们引导向前，使他们不断地获得新的兴趣和能力。如果没有他们，很难想象这个世界的文明进程和发达程度将会怎样。

4. 平稳型（Phlegmatic）

如果一个人在小时候不容易哭闹，是长辈眼中的乖孩子；不但会按时完成作业，还会自觉地多做一点；不在乎是否担任学校里的任何职务；没事就喜欢小睡一会儿；尽量让身边的每个人都感到高兴；会竭尽全力地避免一些麻烦或冲突等，那么这个人的主导性格就是"平稳型"。具体而言，"平稳型"性格的特点表现在以下几个方面。

（1）平和稳定，没有任何侵略性。平稳型性格的人，脸上总是带着微笑，既不矜持勉强，也不夸张虚浮。穿着打扮也十分随和，不会抢人风头，也不会落后于时尚。与人相处时相对害羞和腼腆，非常保守，不愿意引人注意。在工作和生活方面也不喜欢变化，工作岗位和电话号码很少更换。

（2）仁慈善良，善于关心和同情别人。与活跃型性格的人拥有大量欣赏他们的簇拥者不同，平稳型性格的人是全世界最好的倾听者，他们可以静下心来，面带微笑地听别人说任何事，并基于倾听的结果对别人表示关心和体谅。因此，他们非常容易结识到真心的朋友。

（3）以人为重心，无法拒绝别人。平稳型性格的人很难拒绝别人，他们最难说出口的一个字就是"不"，并且为了维护良好的人际关系，他们很少独自去做决定。平稳型性格的人并不是没有能力做出决定，而是不愿意或者害怕承担相应的责任。由此可见，平稳型性格的人以人为重心，十分在乎人际关系，并且会刻意地追求人与人之间的和谐。

（4）没有什么特别。能力型性格的人优缺点都很明显，一眼就能够看出来，急躁、火暴的脾气使他们对任何事情都直来直去。而平稳型性格的人则不这样，其最大、最明显的优点在于——没有任何缺点，也没有什么特点。

（5）面面俱到，和事佬。平稳型性格的人通常对人际关系处理得非常到位，一般情况下，尽管心里有自己的想法，但是出于避免破坏和谐的考虑，他们也会表现得任劳任怨、不找借口。这种隐忍顺从的个性特点，使他们容易成为能力型性格的人所支配的对象。同时，他们不但善于调节各种人之间的矛盾，还能够处理很多沉闷的、重复性的工作。

（6）能够笼络人心，成就大事。平稳型性格的人虽然表面上不怎么起眼、并不十分突出，但是当他们一旦愿意承担责任之后，就往往能够成为最了不起的领袖，很多杰出的社团领袖、企业家及国家元首都具有这样的性格特征。因为平稳型性格的人具备发掘并笼络有才能的人为之工作的能力，他们乐于为人才提供资源和空间，搭建他们施展才能的舞台，并在其中平衡好各种关系，促使大家同心同德、齐心协力地把事情做好。

（7）乐天知命，凡事泰然处之。平稳型性格的人在生活中通常很随和，乐于生活在平静的环境中，能够适应一成不变的生活，强调健康和低调，处事冷静且有耐心。

（8）提供并且需要安全感。与活跃型性格的人愿意探听秘密也容易泄露秘密不同，平稳型性格的人最能保守秘密，对别人来说他们往往非常有安全感，可以成为对方最忠实的好朋友。与此同时，他们也期望得到同样的安全感和信赖感。

（9）情感丰富但不露声色。平稳型性格的人不容易把情感表现出来，这就会令别人感觉到比较轻松。作为父母，他们通常是孩子眼中最好的父母，不会以任何标准来对孩子进行苛求；作为领导，他们会让员工觉得没有压力，反而容易让员工自觉去努力工作。

综上所述，平稳型性格的人对别人不要求，对自己不苛求。他们普遍内向，乐于做旁观者，属于悲观类型。平稳型性格的人的写照是：温和、乐观、自制、自律、实践、平静、满足、不忸怩、情绪稳定、让人安心；他们对事感受深刻且敏锐；他们支持别人，有耐性、好脾气、不自夸、是个真好人。也正因为他们的存在，这个世界才称得上"和平"。

性格理论介绍

六型性格，由美国心理学家约翰·霍兰德（1919—2008）提出，他认为人的人格类型、兴趣与职业密切相关，兴趣是人们活动的巨大动力，凡是具有职业兴趣的职业，都可以提高人们的积极性，促使人们积极、愉快地从事该职业，且职业兴趣与人格之间存在很高的相关性。霍兰德把人格分为6类：现实型、研究型、艺术型、社会型、企业型和常规型。工作性质也分为6种：现实性的、调查研究性的、艺术性的、社会性的、开拓性的、常规性的。

九型性格（Enneagram），按照人们习惯性的思维模式，情绪反应和行为习惯等性格特质，将人的性格分为9种：第一种，完美型（The Reformer）——完美型、改进型、捍卫原则型、秩序大使；第二种，助人型（The Helper）——成就他人型、助人型、博爱型、爱心大使；第三种，成就型（The Achiever）——成就型、实践型、实干型；第四种，艺术型（The Individualist）——浪漫型、艺术型、自我型；第五种，智慧型（The Investigator）——观察型、思考型、理智型；第六种，忠诚型（The Loyalist）——谨慎型、忠诚型、寻求安全者；第七种，快乐主义型（The Enthusiast）——活跃型、享乐型、创造可能者；第八种，领袖型（The Challenger）——挑战型、权威型、领袖型；第九种，和平型（The Peacemaker）——和谐型、平淡型、维持和谐者。

十六型性格，又称迈尔斯-布里格斯类型指标（Myers‐Briggs Type Indicator，MBTI），这是由美国心理学家伊莎贝尔·布里格斯·迈尔斯（1897—1980）和她的母亲凯瑟琳·库克·布里格斯共同制定的一种性格类型理论模型，是国际最为流行的职业人格评估工具。MBTI是根据心理学家卡尔·荣格（1875—1961）的心理类型理论著成，主要应用于职业发展、职业咨询、团队建议、婚姻教育等方面。MBTI通过了解人们在做事、获取信息、决策等方面的偏好，从4个维度对人进行分析，并且用8个字母来表示：精力支配（外向E-内向I）、认识世界（实感S-直觉N）、判断事物（思维T-情感F）、生活态度（判断J-知觉P）。其中两两组合，可以组合成16种人格类型。

二、个性化沟通

沟通就如同调频电台一样，需要频率一致才能进行。这个社会是以人为本的，万事万物都离不开人，要想解决问题，就必须先学会理解人，这是问题的根源所在。一把钥匙开一把锁，对不同的人应该用不同的沟通方式来对待。

1. 与活跃型员工的沟通

活跃型性格的人的核心价值观是被人关注、认可、欣赏和欢迎，这是他们最高的目标和追求。活跃型性格的人外向开朗、热情似火，他们随时待命，喜欢站在行动的第一线，痛恨整天被困在办公室里。他们喜欢与他人一起工作，擅长社交且朋友无数。在工作中，他们喜欢繁花似锦的工作目标，能想出很多主意，但往往不能真的把每个目标都执行到位。

在与活跃型员工一对一会面时，要知道他们倾向于非正式沟通的形式。你需要向活跃型员工表现出自己关心他们这个人，而不是仅仅关心他们的工作；活跃型员工喜欢公开且有回应的互动，要让他们在会面开场时多说说自己的情况；在进行工作指导的时候，不要一次性向活跃型员工灌输太多内容，他们会无法接受；要帮他们理清工作的先后顺序，组织推进各项工作；要支持他们的想法和梦想，同时告诉他们必须付诸行动。当与他们达成共识后，一定要敲定具体细节（内容、时间、责任人、怎么做等），并将其落实在纸面上，因为活跃型员工很容易忘记这些细节。

在表达反对意见时，强调活跃型员工崇拜或尊敬的人对他们工作的建议。活跃型员工在实现工作目标时往往不太依赖特别的物质奖励，他们更偏爱在工作推进过程中不断获得鼓励，而且更倾向于选择那些能在较短时间内完成但回报相对较少的项目。活跃型员工喜欢被他人认可，所以你要对他们的付出表示感激，如果你能在公开场合表达自己的感激和肯定，那就更好了。

2. 与完善型员工的沟通

完善型性格的人的最高需求是品质，是高标准，他们内心的话语是："不要给我随便的答案，我要准确的、最佳的、实质性的回答，客观、理性、准确最重要。"完善型性格的人在与人相处时，往往说话、做事都显得比较冷漠，不太关心别人，并且通常很认真和严格。与完善型性格的人沟通，你必须以理性、合乎逻辑并且严肃的态度和他们沟通。他们十分敏感，并且拥有准确的判断力，所以，你说话要真诚、直截了当，如果玩弄伎俩、背后耍花样，他们都会了然于心，拐弯抹角只会令他们产生不屑与厌恶情绪。

在工作中，他们要问很多关于现有状况或手头工作的细节问题。你可以用准确和富有逻辑的回复来满足他们的需求，给他们需要的任何材料或文件，然后告知其截止日期及工作要点，他们就会据此把工作纳入日程规划之中。完善型员工更倾向于私下交流，喜欢有针对性的反馈。他们一般对自己很苛刻，所以你对他们工作的反馈应保持精练简短，要提及他们的效率、思路过程、组织性、坚持度和工作成果。

面对固执的完善型性格的人，如果你想表达自己的观点，请尽量选用有逻辑的方式而不是感觉来阐述你的想法。只要符合逻辑，他们就会接纳你的意见。与完善型性格的人适当地争执是必要的，否则他的要求会把你累垮。你要保持一致性，不要言行不一、变来变去，这样才会让他们对你产生信任。他们是多疑的，所以很难相信你对他们的赞美，唯有不断地倾听，并愿意支持他们、和他们站在一起，才是取得他们信任的最好方法。

3. 与能力型员工的沟通

能力型性格的人的核心价值观是挑战，对他们来说最高的要求就是挑战，只要不断地给他们提出富有挑战性的目标，他们就会为达目标而奋力向前。能力型性格的人往往具备很多领导者的素质，他们是天生的领导者，想控制一切的人和事，不喜欢顺从，渴望独立和自由。玩弄权谋、操纵、利用、说谎等，都是他们讨厌的行为。他们讲究效率、积极务实，与其沟通的最好方式是开门见山、直奔主题。在工作中，让他们产生负责项目的主人翁的感觉，但首先要就范围和性质进行说明，在划清界限的基础上对他们进行充分授权。

能力型员工喜欢自己拿主意，因此，给他们几个可选方向，加上文件、材料或示例，以及足以帮助他们评估不同结果的信息，他们就可以把工作做得很好。能力型员工无论怎么样都会涉及工作计划，他们希望你能给出简单、直白、导向明确的行为指南。他们以传达自己将要做的事情（即将完成的工作标准、工作计划和预算）为傲，你需要定期与他们就已经实施的情况做简短的意见交换。

管理能力型员工绝非易事，因为他们更希望管理你！他们对改变和创新的偏好，让他们自然而然地选择"前线"项目或可以尝试新点子的试验性项目。胜利比任何其他东西都能更好地激励能力型员工。你需要记住关注他们的工作成果和历次工作成绩，尝试将能力型员工的个人成绩与团队贡献联系起来，或将团队成绩与能力型员工的个人贡献联系起来。

4. 与平稳型员工的沟通

平稳型性格的人的核心价值观是安全感，他们要的是安全和信赖，核心需求是被认可和信任。平稳型性格的人抵触不稳定的环境，需要的是平静的环境和安全感。他们担心受到伤害和遭遇挫折，恐惧接受挑战和规定目标。你应当了解他们情绪的敏感性，要有耐心并愿意花时间与其建立关系。当解释自己的想法时，你应当主动邀请平稳型员工参与对话，确保平稳型员工能够理解并接受你说的话，例如，"这点符不符合你的思路？""我很希望你能对我刚刚所说的话发表点意见。"当出现了麻烦或需要做决定的时候，要确定每次只解决一个事项，一次一步。在讨论下一个事项之前，确保平稳型员工已经准备好，愿意也能够进行下一项了。平稳型员工喜欢把公事私事化，在进行一项纠正、调整现有工作的讨论时，你要确保他们了解纠正和调整只是针对特定工作的行为，并不是针对其个人，要用没有威胁性的方式指出他们哪部分做得很好，再指出哪些部分需要改变。

对平稳型员工来说吸引力来自加强与他人的关系。平稳型员工一般特别乐于助人，他们经常放下手头工作去帮助遇到困难的同事。当他们自己面对压力时，会很感激你能伸出援手帮助他们。平稳型员工极具团队精神，能为团队带来和谐与稳定的氛围。因此，你需要承认他们对团队的贡献、他们的团队合作精神，以及他们的可靠性。

内容小结

人际关系存在于人际认知、人际情感和交往行为之中，它是人与人相处时，所发生的一切活动，双方通过互动联结来影响彼此的行为，进而达到双方的最佳状态。一个人的成功首先源于这个人是否具有良好的人际关系，建立良好的人际关系需要掌握"十要"，由一至十分别为一表人才、两套西装、三杯酒量、四圈麻将、五方交友、六出祁山、七术打马、八口吹牛、九分努力和十分忍耐。

人际沟通是一切人际关系赖以建立和发展的前提，是形成和巩固人际关系的根本途径。

人际沟通是一种特殊的信息沟通，是个人与周围人之间的心理沟通，是人与人之间情感、情绪、态度、兴趣及人格特点的相互交流、相互感应的过程。根据 PAC 自我状态理论，人际沟通可分为互补沟通、交错沟通和暧昧沟通 3 种形态。人与人之间有"我好，你也好""我好，你不好""我不好，你好""我不好，你也不好" 4 种生活定位。理想的定位是"我好，你也好"，它表现了有益的自我接受和对他人的尊重，会促成有建设性的沟通、有益的冲突和彼此满意的结果。人际沟通要做到以情为先、言之有物、言之成理、言行一致、设身处地。由于人的性格轮廓大体上分为活跃型、能力型、完善型、平稳型 4 种类型，因此在具体沟通方式的选择上，需要根据他人的性格类型，采取个性化的沟通方式。

问题讨论

1. 如何理解人际关系对成功的重要意义？
2. 如何理解良好人际关系的要领？
3. 通过录音机，录下自己平时无意间与他人的对话，找出需要改进自己沟通方式的地方。
4. 举例说明与不同性格的人如何进行个性化沟通。

小 故 事

两个富人

在一个犹太小镇上，有一个荒淫无耻的富人死了。

全镇的人都为他哀悼，并将他的棺材送到墓地。当他的棺材被放进坟墓时，四处都是哭泣、哀叹声。据镇上最老的居民回忆，就连教士和圣人死去时，人们都没有如此悲哀。

正巧第二天镇上的另一个富人也死了。他的性格和生活方式正好与前一个富人相反。他节俭、禁欲，只吃干面包和萝卜。他一生对宗教都很虔诚，成天在豪华的研究室内学习法典。可是，在他死后，除了他的家人外，没有人为他哀悼。他的葬礼冷冷清清，只有几个人在场。

镇上恰好来了个陌生人，他对此迷惑不解，就问道："请向我解释一下这个城镇奇怪的行为吧。他们尊敬一个无耻的人，而忽略一个高尚的人。"

一个镇上的居民回答说："昨天的那个富人，虽然他的生活比较荒淫，但却是镇上最大的施益者。他性格随和、开朗，喜欢生活中一切美好的东西。实际上，镇上的每一个人都曾从他那儿获益。他向第一个人买酒，向第二个人买鸡，向第三个人买鹅，向第四个人买奶酪，并且出手十分大方。这就是为什么我们每个人都想念他、哀悼他。可今天死去的那个富人又有什么用呢？他每天只吃面包和萝卜，没有人能从他身上赚到一分钱。相信我吧，没有人会想念他的。"

启示

当个人财富无法带给周围的人好处时，那这个人就是失败的。许多犹太富豪，他们的身份不但是企业家，也是慈善家。

第二章 人际沟通

沟通游戏

人际沟通能力测试

测试说明：

对下面的测试题做出"对"或"错"的选择，"对"给 1 分，"错"给 0 分。

1. 我明明知道做事的方法不对，还要别人按照我的意见行事。
2. 我不愿意同争强好胜的人在一起工作或生活。
3. 我不喜欢单向沟通的上级，他们独断专行。
4. 有些人随随便便，做事不拘小节，我真看不惯。
5. 当我辛苦地做完一件事时却得不到别人的赞扬或夸奖，我会大发雷霆。
6. 我有时喜欢对别人的工作百般挑剔，而不顾及别人的感受。
7. 我不喜欢同爱埋怨的人在一起工作或生活。
8. 我认为有的人整天埋怨，他的生活质量一定很差。
9. 在团队中，我不愿意因为一个人的落后而使整个团队落后，要么让他离开，要么让他不要参与团队的这次活动。
10. 与朋友发生矛盾时我经常会想到他的优点。
11. 我喜欢同反应快的人打交道。
12. 我不理解为什么自以为是的人总能得到领导的器重。
13. 我认为有时嘲笑别人是一种幽默。
14. 我认为同目中无人的人共事是一种折磨。
15. 我不喜欢跟庸俗乏味的人交流。
16. 我认为幽默是交流的润滑剂。
17. 我讨厌同沉默寡言的人在一起工作或生活。
18. 当我向朋友打招呼而他视若无睹时，最让我难堪。
19. 现实生活中总有些人跟我过不去。

测试分析：

0～8 分的人：你很善于处理人际关系，你的修养已经达到一定高度。

9～13 分的人：你可以容忍难以相处的人并能与他们和谐相处。

14～19 分的人：你不大会处理人际关系，建议你加强宽容度和处事灵活性的培养。

——资料来源：悦心理网

第三章 组织沟通

● 学习目标

1. 了解组织沟通的目的
2. 列举并讨论组织沟通的障碍因素
3. 明确组织内部的角色关系
4. 掌握与下属、上司和平级沟通的策略

● 开章引例

营造紧张感

"戈恩式经营管理模式"的发端，始于1978年我第一次进入北美米其林公司的生产现场。从那时起，我正式步入了竞争激烈的商界，开始从事各种管理工作。我遇到过无数的难题，在解决这些难题的过程中，逐渐形成了"戈恩式经营管理模式"。要把公司建成一个高效益的企业，管理者必须具备抓住关键问题的能力，这是我学到的一条非常重要的经验。

令人吃惊的是，现在还有很大一部分管理者抓不住问题的关键，或者由于被传统和习惯所束缚而找不到解决问题的对策。一叶障目而不见泰山，抓不住问题的关键就会制定出很多与实际问题无关的、没有实际意义的方案；一旦被传统和习惯所束缚，就会裹足不前，延误问题的解决，结果往往会使问题变得越来越复杂，更加难以解决。

我不是那种只在公司应付几个小时，其余大部分时间都在高尔夫球场上度过的管理者，紧张感是"戈恩式经营管理模式"的必备条件。我会通过制定更高的目标、制造向新事物挑战的机会等方法来营造紧张的工作氛围。一个公司如果不能持续地保持危机意识的话，员工们的斗志就会明显下降，在考虑问题时会很容易忽视重要的环节。

我刚步入职业生涯的时候，只是一个不起眼的小角色，自己也不懂得怎样增强紧张感。那时我虽然只是个小人物，但作为公司的一员，我曾多次感觉到公司应该有更多提高竞争力的方法，同时也发现上级领导和同事当中有一些人根本没有发展公司的意识，甚至最高层领导人也缺乏促使员工奋进的领导方法。

紧张感必须由最高领导人营造，这是我的经验之谈。

资料来源：《中国企业家》2004年第3期

第一节　组织沟通与组织角色

沟通是组织活动的核心，它关系到组织目标的实现和组织文化的塑造。无论员工的技术水平与产品的价值多么令人瞩目，一旦缺乏有效的沟通，组织就不可能圆满实现其目标。大多数企业都会在组织沟通中存在许多问题，虽然有些问题所导致的不良现象已有所反映，但是企业管理者们却不能正确认识问题的起源和本质。因此，重视组织沟通，并且采取有效措施改善组织沟通是实现组织目标的关键。

一、组织沟通的目的

组织是由许多不同的部门和成员所构成的一个整体，这个整体有其特定的目标和任务。组织沟通的目的，就是把组织中的成员紧密联系起来，以更好地完成组织目标。为了实现组织目标，各部门及成员必须密切配合与协调，只有各部门、成员之间存在着良好的沟通意识和行为，各部门及成员之间才能彼此了解、相互协作，进而促进团队意识的形成，增强组织目标的导向性与凝聚力，使整个组织系统能围绕终极目标而进行良性运作。具体而言，组织沟通的目的主要体现在以下几个方面。

1. 共享信息

组织中的人非常重视建立信任关系，而建立信任关系的关键，就是能否获得对称的信息。每一个组织成员在内心深处都渴望获得对称的信息，并且希望可以进行坦诚的交流，真正分享到组织内部的一切。良好的组织沟通能够为成员提供足够的信息交流机会，促使成员完全融入组织，更好地激发组织活力。

2. 交流情感

组织之间、员工之间的交流有助于满足员工的心理需要。在沟通中，双方会产生情感共鸣，不但能促进彼此的了解，还能改善相互之间的关系，对组织产生强烈的归属感。

3. 协调行动

组织沟通是员工之间、部门之间联系与协调的基本途径和方法，有效的沟通可使组织内部与外部各要素之间协调一致，形成一个有机的整体。

4. 有效决策

管理决策需要一个有效的沟通过程才能施行，而沟通过程就是对决策的理解、传达的过程。决策表达得准确、清晰、简洁是进行有效沟通的前提，而对决策的正确理解是进行有效沟通的目的。在决策下达时，决策者要和执行者进行必要的沟通，以对决策达成共识，使执行者准确无误地按照决策执行，避免因为对决策的曲解而造成执行失误。

二、组织沟通的障碍

美国加利福尼亚州立大学研究发现：来自领导层的信息只有20%～30%被下级知道并正确理解；从下级到上级反馈的信息不超过10%被知道和正确理解；而平行交流的效率则

可达90%以上。组织机构臃肿，结构设置不合理，以及各部门之间职责不清、分工不明等，都会给沟通双方造成一定的心理压力，引起传递信息的失真和歪曲，从而失去信息沟通的有效性。组织的内部结构及组织长期形成的传统、气氛，会对组织内部的沟通效果产生直接影响。组织沟通的障碍主要体现在以下几个方面。

1. 角色错位

角色决定了你的位置、行为、职责及你的各种关系。沟通角色错位是指角色扮演者在实际沟通中产生与他人的期待、要求不相符的行为。在实际工作中，经常会出现角色的错位，例如，高层事必躬亲；中层上传下达，不承担责任，不得罪人；基层要么死执行，要么不执行。一旦出现角色的错位，整个团队的执行力就会大幅下降。一项调查表明，因角色错位而导致80%的管理者超过50%的工作毫无价值或者价值缩水。组织中的角色错位通常包括以下两个方面。

第一，向下错位。管理者习惯站在下属的角度考虑问题，思考下级应该思考的问题，做本该是下级应该做的工作，导致管理者决策或策划工作做得太少，而执行工作做得太多。典型表现为以下几个方面。①事必躬亲。管理者习惯于自己做事，不信任团队成员的能力，也不愿意去培养他们，害怕员工犯错。甚至会出现"有跟他们费口舌的工夫，我自己早就干完了""我都可以预见，交给他们做，我还得重来一遍"等类似想法。②民意代表。管理者把自己看作是民意代表，反映基层员工的呼声，反映下面的意见，向自己的上级领导反映和强调困难。显然，这是一种错误的角色定位。每个团队的任务目标都是在企业整体战略目标的基础上一步一步分解下来的，除非从一开始就有充分的依据可以不接受目标，请企业做出调整并与企业整体战略达成一致。否则，就要无条件地完成任务目标，并且分解任务目标到每一个岗位及每一个员工身上。管理者应在员工有需要的时候给予指导和帮助；在员工灰心丧气的时候给予激励和鞭策；在员工做出成绩的时候给予赞扬和鼓励。③当下属之间是非的判官。由于性格不同，每个人对他人语言、行为的敏感度，对自己情绪的控制力和对他人情绪的承受力都不一样，同事之间难免会有摩擦。如果管理者陷入这些是非的调节和处理当中，就会发现这种事情每天都在发生，而且层出不穷，根本处理不完。所以，办公室里只问工作，不处理情绪。

第二，向上错位。员工不去执行上级领导所交付的任务，而是整天替上级领导操心，对企业的安排和决定评头论足。管理者在企业运行当中应该体现企业的意志，但在实际工作当中，某些部门管理者由于对本部门的工作比上级领导清楚，可能会认为上级领导的决定是错误的，或者认为决定与实际情况不符。在这种情况之下，管理者可能就会产生抵触情绪，甚至想要改变上级领导的决定，使之符合自己的想法。

2. 态度轻视

如果一个企业不重视沟通管理，大家都消极地对待沟通，忽视沟通文化的话，那么这个企业长期下去就会形成一种"无所谓"的企业文化。这种"无所谓"的企业文化主要表现为：员工对什么都无所谓，既不想方设法去解决问题，也不主动去找上级领导寻求解决方法，而是抱着事不关己、高高挂起的态度，任由问题存在或发展；管理者也对什么都无所谓，不去仔细观察和了解，不去主动地发现问题和解决问题，或对出现的问题推诿拖延，导致问题越来越严重，直到付出沉重的代价。在"无所谓"的企业文化中，员工更注重行动而不是结果,管理者更注重布置任务而不是发现、解决问题。员工没有进取心,工作中缺乏激情和积极性,工作效率必然无法得到提高。同时,缺乏沟通还将导致员工之间、管理者与员工之间人际关系冷漠,相互协作意识淡薄。长此以往,企业将会成为一盘散沙。

3. 方式不当

沟通方式选择恰当与否直接影响沟通的效果和质量。企业的员工人数少则几个人,多则上万人,无论有多少人,他们彼此之间并非"一个模子"制造出来的,因而有许多差异。管理者面对不同性格的员工,如果采用不恰当的沟通方式,就会使员工在心理上产生排斥感,甚至挫伤员工的积极性。沟通方式恰当的重要条件是,要使员工在心理上能够承受,这是一个非常重要的先决条件,只有这样才能达到良好的沟通效果,调动起员工的积极性。

4. 地位差异

沟通双方地位的差异会造成沟通的心理障碍,特别是组织中上、下级之间的沟通。下级在向上级汇报工作或主动沟通中,常常担心说错话、害怕承担责任、伴有焦虑情绪等,导致沟通不能在宽松、流畅的氛围中进行,从而形成沟通障碍;而在向下沟通的过程中,主动沟通的是上级,虽会受到下级的欢迎和拥护,但上级有时会居高临下,使下级有压迫感和紧张感,这也会形成沟通障碍;平级之间的沟通虽然地位的差距不大,但职务位置的重要与否、资历深浅、组织中成员的认可度等,都会使员工形成地位的优越感或低下感,从而引发心理障碍,造成沟通的不畅。总而言之,在管理者与员工之间进行的双向沟通中,其关键在于管理者,越是高级的管理者越需要注意与员工直接沟通。

三、组织角色的认知

管理者在进行沟通前首先要明确自己的角色。在面对上级时你是下级,在面对下级时你是上级。作为下级或作为上级沟通时,应该注意自己的角色和身份,选择合适的沟通方式。组织角色是相对于组织而言的,是组织成员在组织中所扮演的角色或发挥的作用。管理者在企业里到底是什么角色呢?以下将从两个方面进行分析。

首先,企业外部。主要是针对"客户"的关系处理,这里的客户可能涉及上游的供应商、下游的代理或经销商,以及终端客户。越来越多的企业领导将强化员工的"客户意识"放到非常高的位置。因此,作为管理者必须提高自己的客户意识,以对客户负责的心态去处理相应的事务。

其次,企业内部。主要包括三大关系的处理,以管理者本人为中心,往上是上司(更高一级的管理者),往下是下属(自己的团队成员),中间是自己的同僚及其所代表的部门或科室。

管理者是上级、下级,以及平级之间进行沟通的枢纽,管理者的沟通对于企业的作用就像血液对于人体的作用一样,管理者必须要能做到"承上启下、纵横捭阖",否则一定会有一个地方出现问题,而只要局部出现问题,就必将引起整体的异常。例如,管理者无法取得平级部门的支持,那么他的下属推进相关工作就有诸多不便;管理者无法取得上级的信任,那么他的下属很可能会心灰意冷,团队的凝聚力与战斗力势必低下;管理者无法取得下属的支持,那么他将无法带领团队去战斗,更谈不上取得好的成绩。

1. 作为下属的承上

承上是指承担岗位职责、达成组织目标、执行上级指示，在自己职责范围之内，尽力去处理一切问题。作为下属的承上角色，可以简单概括为"贯彻执行"，贯彻上级的思想，执行上级的决策，在贯彻执行的过程中接受上级的考核。美国 ABB 公司前董事长巴尼维克曾说过："一位管理者的成功，5%在战略，95%在执行。"企业里的员工，无论居于哪一个位置，首先都是贯彻执行者的角色，在任何情况下都要先做好自己的本职工作，对自己的职务、职权、职责负责。北宋名相韩琦（1008—1075）认为"在其位谋其政，任其职尽其责"，意思是既然你处于这个位置，就要履行这个位置应尽的职责，承担这个位置应尽的责任。在企业中，不同层级的员工对企业的贡献不同：高层员工为企业的成长和长期发展做出贡献；中层员工为企业的稳定和效率做出贡献；而基层员工为企业的成本、质量和短期效益做出贡献。那么相应地各个层级的员工职责也不同，只有每个层级的员工都做好分内的事，整个组织才能高效运作，企业的发展才会更加平稳、迅速。

下属的执行角色强调主动执行，主动执行就是无条件执行，而无条件执行就是没有任何借口地去执行，并达到令人满意的结果。作为一个称职的下属，需要两方面的素养：一是专业素养；二是职业素养。大多数职场人士，非常看重专业素养的提升，但在职业素养方面却所知甚少。在绝大多数情况下，一旦出现问题，往往都是职业素养方面的问题。因此，优秀下属的第一准则就是服从。没有下属的服从，任何绝佳的战略和设想都是不可能被执行的；没有下属的服从，任何一种先进的管理制度和理念都是无法建立并推广的；没有下属的服从，任何一个精明能干的领导都无法施展其才略。

下属与上级沟通不畅，出现分歧与偏差，在大多数情况下，只是出发点和角度不同而已，其实目标还是一致的。作为下属，需要有融合意识，就是把焦点重新汇聚到期望的目标上，方式可以不同，但目标必须一致。有分歧也一定是方式上的，而非目标上的，那么为了达成这个目标，下属需要选择最有效的方式进行，同时要多理解上级关注什么。尽管上级的决策也有错误的时候，但是下属仍应该遵从并执行。你既不能事先加以批评或指责，也不要事后加以抱怨或轻视。因为上级在做决定时，肯定认为自己是正确的才会这样做，作为下属很难断定决策是对的还是错的，因为很多事在没有最终答案之前无法确定对错。虽然下属可以大胆地提出想法，但要谨记一点，你是协助上级完成经营决策，而不是制定决策。所以，上级的决定哪怕不尽如你意，甚至与你的意见完全相反，当你建议无效时，就应该完全放弃自己的意见，全心全力去执行上级的决定。在执行时，如果发现这项决策的确是错误的，那么尽可能地使这种错误造成的损失降到最低，这才是你应有的态度。伟大的航海家克利斯托弗·哥伦布（1451—1506）说过："即使决定是错的，那我们也可以通过执行来把事情做对，而不是再回头讨论。"

第一执行者

在中国企业界，杨绵绵无疑具有符号一般的意义。在 20 多年时光的用心经营下，她和张瑞敏一起用神奇的创造力和奇迹般的速度，把一个濒临倒闭的集体小厂，打造成了一个中国民族工业的世界品牌。但是，多年以来她却不为外人所知，她总是隐藏在张瑞敏的光环之后，直到最近几年，才渐渐被人们所注意。

杨绵绵虽然担任海尔集团总裁的职位，但是她却无比平易朴实，心甘情愿充当"第一执行者"的角色，她坚定而又不折不扣地执行着张瑞敏的战略思想，指挥千军万马冲锋陷阵、抢关夺隘，在海尔集团的各个发展阶段打赢了一场又一场战役，为海尔集团的发展壮大立下了汗马功劳。

杨绵绵虽然贵为海尔集团"二把手"，却始终以一个普通人的情怀实践着自己的人生理想。她曾两度登上著名的美国《财富》杂志"全球商界50女强人榜"，《财富》杂志这样评价她："海尔集团从青岛的一家电冰箱厂成长为价值122亿美元的全球家电巨头。她在执行海尔集团'一低三高'战略方面功不可没。"她获得过许多荣誉，但无论获得什么样的荣誉，她总是将其看作是海尔集团的荣誉、是"海尔人"的荣誉。因此，她毫不关心自己在中国十大女老板中的排名，甚至连上不上排行榜都不在意。

杨绵绵善于配合张瑞敏的工作，她与张瑞敏珠联璧合、相得益彰，获得了张瑞敏极高的评价和肯定，也被人誉为张瑞敏的"黄金搭档"。

资料来源：程书博，第一执行者，中华工商联合出版社，2007

2. 作为上司的启下

启下是指做好组织的管理，带领团队达成任务，使各项资源能够被充分、有效地利用。上司又可以称为管理者，但是前者比后者更为通俗。事实上，成为一名上司意味着从今以后你要肩负更多的责任，不仅要对自己负责，更要对整个你所管辖的领域及你的下属负责。在你成为管理者以前，成功只和自己的成长有关；当你成为管理者以后，成功也和别人的成长有关。管理大师德鲁克明确表示，管理的第一层含义就是"责任"。这个"责任"是以追求卓有成效为目标，致力于带领整个组织或者团队穿过未知的海洋走向成功的彼岸。

杰克·韦尔奇的8条领导力准则

准则1：坚持不懈地提升自己的团队，把同员工的每一次会面都作为评估、指导和帮助他们树立自信心的机会。

准则2：不但要让员工怀有梦想，而且还要拥抱梦想、实践梦想。

准则3：深入到员工中间，向他们传递积极的能量和乐观的精神。

准则4：以坦诚、透明度和声望，赢得别人对自己的信赖感。

准则5：有勇气，敢于做出不受欢迎的决定，说出得罪人的话。

准则6：以好奇心，甚至怀疑精神来监督和推进业务，要保证自己提出的问题能引导员工的实际行动。

准则7：勇于承担风险，能够勤奋学习，成为团队的表率。

准则8：学会庆祝。

资料来源：【美】杰克·韦尔奇，赢，中信出版社，2017

作为上司，首先是管理者。所谓管理者，就是"通过他人达成目标"的人。企业对管理者的要求，就是要他们管理好员工。管理者的首要任务是如何让下属去工作。管理者应该做的是制定目标，支持、激励下属并与他们沟通，为下属创造良好的工作环境，进而带动团队去完成工作目标。要做到这些，管理者需要处理好两大关系。

第一，正确处理业务与管理的关系。在企业里，高层管理者几乎不涉及具体的业务。中层管理者则不同，既涉及管理，又涉及具体业务。高层管理者可以不懂业务，中层管理

者却必须是一个业务高手。中层管理者必须面对大量的业务问题，并对这些问题予以回答和解决。除了业务问题，中层管理者还必须面对比高层管理者多得多的管理问题，如制订计划、与下属沟通、对下属实施激励、对下属的工作进行追踪及评估、与其他部门协作，以及解决部门之间、部门内部的人际冲突问题等。

大部分管理者在被提拔之前，通常都绩效出众，在"执行力"和"专业力"上具备一定优势。一方面，管理团队需要依赖这些优势。因为管理团队不是逐一告诉下属每个步骤具体要做什么，而是要在方向和策略上给予团队指引，不仅要能一针见血地点出关键问题所在，还要能预判风险，这就要求管理者对业务有精准的判断，以及具有高于团队眼光的洞察力。如果管理者对业务的理解不够，管理团队就是"无本之木，无源之水"，也就无法落到实际并产生效果。另一方面，如果管理者过于依赖自己的专业力和执行力，总是采用自己喜欢的方式来解决问题，一直做自己最擅长的事，又会制约自身的发展。如果管理者分不出时间和精力去尝试不擅长的事，就永远学不会用新的方法解决问题。我们经常会看到一些管理者习惯自己上手做事，或者手把手地指导员工每一步应该怎么做，这时他们通常会有很多理由，例如，时间紧迫、任务具有挑战性；等不及下属反复修改；承担不起事情做不完或结果不理想的后果等。但如果管理者一直以这种方式工作，会很容易成为团队的"保姆"，团队的大事、小事都需要过问，并不得不亲自处理一些鸡毛蒜皮的琐事。但管理者的精力和时间有限，如果管理者只依靠个人的专业力和执行力，即使能把自己变成一个精力无限的"工作狂"，也是难以兼顾和持续的。必须承认的是，"时间紧迫"或"任务具有挑战性"其实都是管理者的借口。管理者总是用自己擅长的方式解决问题，一是因为有思维惰性，二是因为只喜欢做自己擅长的事。因此，改变自己的习惯，摆脱能力陷阱，不只做自己擅长的事，而是去探索和建立新的成功路径，是管理者在上任管理岗位之时需要做好的准备。

第二，正确处理管理者和领导的关系。管理者又是领导者，不仅要有计划、组织、协调和控制的能力，还需要有影响员工的能力，能够激励和引导员工共同为企业的目标而努力。因此，管理者要成为"带队伍"的教练，管理者与管理教练的区别就在于：①管理者倾向于指挥、命令、控制，而管理教练更倾向于引发、支持、鼓励；②管理者倾向于正确地做事，而管理教练更倾向于做正确的事；③管理者关注事，而管理教练关注人；④管理者倾向于给对方提供答案，而管理教练更倾向于让对方发现答案。管理者要对下属的成长负责，要让下属和自己一起成长，形成水涨船高的局面。

领头羊和牧羊犬

领头羊，本身也是羊，和他所带领的羊群是同种动物。羊群走在领头羊之后，是充满信任地、心甘情愿地跟着它向前走。牧羊犬，本身是狗不是羊，羊群在它的驱赶下，以落伍为耻，会争先恐后地往前涌。

领头羊发挥领导作用主要是靠道德、信任和信用，它会身先士卒：路上有陷阱，它会第一个掉下去；前面有岔路，它会凭经验做选择。牧羊犬发挥领导作用主要是靠法律、法规和规矩：前面慢了，它赶到前面催；旁边散了，它追上去赶回来；方向错了，它拦在前面迫使羊群转向。

领头羊是靠"拉动"来带动羊群往前走的，它只管往前，后面的羊是否掉队它是不管的。领头羊跑得多快，羊群就跑得多快；牧羊犬是靠"推动"促使羊群往前走的，它不仅要管跑得快的，也要管跑得慢的，不能让一只羊掉队，否则无法向主人交代。羊群跑得多快，和牧羊犬有关系，但又不全有关系。

领头羊侧重于战略：要去什么地方？该怎么走？自己想明白了，就赶紧启程。所以，领头羊一般可被称为"战略型"管理者。牧羊犬侧重于过程：要领会清楚羊群主人的意图，要保证每只羊都能到达目的地。牧羊犬在羊群奔跑过程中，队形乱了，要管；速度慢了，也要管；方向错了，更要管。所以，牧羊犬一般可被视为"运营型"管理者。

作为一个企业的管理者，如果想要深刻地了解自己何时担任领头羊的角色，何时担任牧羊犬的角色，就必须和企业的发展阶段结合起来。

在企业的创业期，需要的是100%的领头羊。管理者要和大家融为一体，是群体的核心，要不顾一切地往前跑，使团队生存下来、发展起来，早日达到目标。

在企业的发展期，管理者要马上清醒地认识到角色的转换，做75%的领头羊和25%的牧羊犬。管理者不仅要保持创业初期的那种"革命干劲"，而且要注意这种"革命干劲"在团队中的传播；不仅要在前面跑得快，而且要关注团队的状况。由于企业此时处于发展期，所以管理者主要的角色依然是领头羊。

在企业的成熟期，管理者要做50%的领头羊和50%的牧羊犬。此时，管理者既要有精神感召力，又要有道德约束力和法制约束力。由于企业处于成熟期，所以管理者不仅要"拉"，也要"推"；不仅要"带"，也要"催"。

在企业的转型期，管理者要做25%的领头羊和75%的牧羊犬。股东的目的了然于胸，董事会的授权为何不用？晓之以理在前，动之以律在后。"拉"不动，就多"推"；"带"不动，就多"催"；方向偏了，就是生拉硬拽也要回到正轨。

资料来源：《中国经济周刊》2004年第5期

3. 作为平级的"纵横捭阖"

"纵横捭阖"这个词是从战国时期的"合纵连横"这个著名的历史典故而来。当年战国纷乱，秦国独大，各国为了自保合纵抗秦，却被秦国连横而逐一击破。"捭阖"的本义是开阖，"捭"就是拨动，"阖"就是闭藏。《鬼谷子》认为，一开一合是事物发展变化的普遍规律，是掌握事物的关键。"纵横捭阖"中的"纵"，从以前的"合众弱以抗强"变为"合众强以更强"，就是现代意义上的强强联合；"纵横捭阖"中的"横"，从以前的"事一强而攻众弱"变为"事一强而避众弱"，这个"众弱"就是自身的一些资源和专业不足。也就是说，在合纵的大框架下，让专业的机构从事专业的部分。不同部门的人会由于自己所处位置的不同，而对同一件事得出不同的结论，但我们必须认识到，企业是一个统一的整体，要使效率真正得到提高，就必须使整体的行动协调起来。作为平级的"纵横捭阖"角色，就是要强调合作共赢，在工作中应充分树立相互配合、互相支持的团队精神和整体意识，增强跨部门合作和沟通意识，全面提升团队运营能力。

在组织当中，不论高层对中层还是中层对基层，都有直属领导在里面，这个通常都比较好管理。只有平级部门管理较为困难，因为大家都是平级，所以只能是协调和协作。而跨部门的协作往往会有配合度的问题，例如，不同部门对目标理解的不一致性，导致执行层面步调不同，从而影响部门间的协作效果；项目组成员之间是平级关系，无法用行政命

令来要求项目组成员；项目组成员更倾向于将所在部门、岗位的工作进行优先考虑，毕竟其考核结果是由部门经理给出的，而不是项目经理。因此，平级部门的配合度不好，部门之间的工作就没办法衔接。作为平级，各部门有责任提升配合度、主动负起责任、积极检讨问题，要把自己部门的利益摆在后面，主动与其他部门沟通与协作。

第二节 与下属沟通

作为一名管理者，除了要为部门的经营策略、业务数量、客户关系等问题殚精竭虑，还需要关注怎样处理好与下属的关系。能否建立一个关系融洽、积极进取的团队，在很大程度上取决于管理者是否善于与下属进行沟通，以及是否善于运用沟通技巧。

一、与下属沟通的原则

沟通不是简单的你说我听，而是一个交流信息、统一思想、增强认同感、加强凝聚力的过程，要想取得良好的沟通效果，管理者需在实施过程中掌握以下原则。

1. 谈行为不谈个性

"谈行为"就是讨论某个人所做的某件事情或说过的某句话，"谈个性"就是讨论大家对某个人的看法，即我们通常说的，这个人是好人还是坏人。"谈行为不谈个性"通俗地说就是对事不对人，它不仅是沟通的一个基本原则，也是管理学中强调的一个管理原则。当出现一件事时，只针对这件事分析原因，找出解决办法，而不去评价事情执行者这个人怎么样。

"对事不对人"有助于管理者正确思考。毕竟人都有做错的时候，当出现问题时，管理者可以从以下角度去分析，即我们需要的是发现问题和解决问题的策略，而不是一位只会训导别人的上级。这时，"对事"的观念可以帮助我们把思考的焦点集中在"应该怎样以正确的策略和最快的速度解决当前问题"。但当角度是"对人"而非"对事"时，这时的言论往往是不理智的，除了对人的指责、训斥，对事情的解决是没有帮助的。只有方向正确了，才有可能提高管理者与下属之间的沟通效率，并养成迅速思考的习惯。简单地说，"对事"的思考角度，是理性的；"对人"的思考角度，容易导致管理者情绪化地做出一些错误的决策。此外，"对事不对人"强调的是宽容、体谅、关心、帮助及鼓励，而不是一味地训斥或责怪。"对事不对人"不仅能引导下属以良好的心态寻找及应用解决问题的方法，培养他们独立的工作能力，更有助于提升管理者的个人涵养。试问，谁愿意信服一个不能宽容别人犯错的上级呢？

实际上，"对事不对人"不仅对下属有效，还适用于与上级或与平级之间的沟通，更适用于不同场合和更多角色之间的沟通。这是因为，"对事不对人"的出发点是"对事"，这可以避免许多无谓的争执和不恰当的、过激的言论。因此，作为沟通之道，"谈行为不谈个性"是最基本的原则。

2. 明确沟通

"明确"就是在沟通的过程中，你说的话一定要非常明确，让对方有一个准确的、唯一的理解。中国人的表达是内敛、含蓄的，常常会把自己的想法寄托在别人对自己的理解上，但是这种沟通内容的不明确性往往会使结果适得其反。例如，上级交给下属一项任务，因上级说话较快，导致下属有些方面听得不是很明白，下属在执行任务的过程中遇到了难题，而又不去与上级说明，直到问题暴露出来，才知道是因为没有及时沟通。又如，在沟通过程中有人经常会说一些模棱两可的话，就像上级拍着下属的肩膀说："某某，你今年的成绩非常好，工作非常努力。"这句话是在表扬下属，但是接下去上级又说："明年希望你要更加地努力。"这句话好像又在鞭策下属，说下属不够努力。这就使下属不太明白上级说的话到底是什么意思？所以，沟通一定要明确，努力了就是努力了，缺乏努力就是缺乏努力。要做到明确沟通，就要深度地分析沟通内容，让自己的思路清晰、观点明确、语言精练，并且不会使对方产生误解。

管理是一种决策，就是让下属明白应该做什么和应该怎么做。现实中，很多管理者常常抱怨下属的悟性太差，总是不能领会上级的讲话精神，甚至认为作为下属必须努力揣摩上级的意图。这是对管理沟通的理解偏差，"悟性""领会""揣摩"3个词在管理当中都是废话，它会导致管理成本的增加。管理就是要直接、清晰地表达，明确告知下属应该做什么，确保下属明白后可以一层一层地传递下去，实现管理的有效性。下属的执行力够不够，在很多情况下并不取决于下属，而是取决于管理者能不能让下属明白自己的指令，以及这些指令是否具有可操作性。所以管理者必须经常反思自己：我讲的话方便下属理解吗？我讲的是精神还是指令？要知道，管理者所做的决策并不都是所谓的重大决策，而更关注细节的安排，只有清楚地让下属明白你的指令，将具体的规定和要求讲清楚，管理才能有效率。你不需要在管理的岗位上给大家谈精神、思想和观点，而是要谈方案、要求和行动。

管理者做出决策之后，要确保决策能够真正执行。管理把决策过程分解为8个步骤：识别问题、确定标准、分配权重、拟订方案、分析方案、选择方案、执行方案及评价方案。从"识别问题"到"选择方案"，这个过程是决策过程。决策本身就是选择，但是如果把决策落地执行的话，就是解决问题，而不是做出选择。也就是说，决策是要解决问题的，而不是简单做出选择。如果简单做出选择，只是完成了决策的过程，而只有把问题解决了，决策才会获得结果并被检验。如果要获得决策结果，就必须保证执行决策的人从"识别问题"阶段就开始参与决策，也许他们没有决策的选择权，但是必须处于决策的全过程中。只有这样，决策才会得到落实，也才会获得结果。然而，大多数决策无法获得实施的原因就在于做出决策选择的是一组人，而执行决策的是另外一组人。

明确沟通还要注意一个误区，就是多头领导。多头领导是指一个人的工作由多个领导来安排，他们所安排的明明是同样的工作，但做法却各有差别。由于这些领导之间往往并不沟通，所以经常让下属左右为难，这么做不对，那么做也不对，下属夹在领导中间，费力不讨好。多头领导的结果就是下属无所适从，许多情况不好处理。

一位教授的裤子

一位教授正在精心准备一场重要的会议演讲，会议的规格之高、规模之大，都是他平

生第一次遇到的。全家人都为教授的这次演讲而激动。为此，妻子专门为他选购了一套西装。吃晚饭时，妻子问他："西装合身吗？"教授说："上身很好，就是裤腿长了那么两厘米，倒是能穿！"

晚上，教授早早就睡了，但他妈妈却睡不着了，她琢磨着儿子这么隆重的演讲，西裤长了怎么能行，就翻身下床，把西裤剪掉了两厘米，缝好熨平，然后安心地入睡了。

第二天早上五点半，妻子醒了，想起丈夫西裤的事，心想时间还来得及，便拿来西裤又剪掉了两厘米，缝好熨平，然后惬意地去做早餐了。

过了一会儿，女儿也起床了，看见早餐还没有做好，就想起爸爸西裤的事情，寻思自己也能为爸爸做点事情了，便拿来西裤，又一次剪掉了两厘米，结果……

3. 积极聆听

沟通首先是倾听的艺术。许多管理者在发言时，总是习惯提高音量以使自己的声音听起来掷地有声，并且总会习惯性地打断下属的讲话，从而让自己滔滔不绝地说下去。事实上，对于管理者而言，聆听的能力尤为重要。一位擅长聆听的管理者可以从下属那里获得信息并对此进行思考。下属的意见是决策者首要考虑的信息，收集这些信息可以使管理者了解下属的心理和想法。有效、准确地聆听信息，将直接影响管理者的决策水平和管理成效，并由此影响企业的经营业绩。如果管理者懂得聆听，不仅可以了解企业内部成员的需求和愿望，帮助内部成员理解管理者的意图和要求；还可以了解企业外部环境的需求和动向，使企业的发展更适应市场环境。

沟通是双向的行为，要使沟通有效，双方就都应当积极投入交流。但很多时候管理者都是被动地听，没有主动地对信息进行搜索和理解。"积极聆听"要求管理者把自己置于员工的角色，想象他们的思路，体会他们的世界，以便正确理解他们的意图，而不是自己想理解的意思，避免落入"和自己说话"的陷阱。管理者应尽量多给员工时间让他们相互交谈，并且在聆听的过程中用肢体语言表现对他们的谈话有浓厚的兴趣，让员工感觉到上级领导是在诚心诚意地聆听自己的见解。这样员工就会毫无保留地把真实想法说出来，管理者的决策也会顺利地进入员工的心里。

二、沟通应因人而异

管理是不能一视同仁的，必须因人而异。同样，沟通也不能一视同仁，也必须因人而异。

管理者对员工及需要沟通的问题应该有了比较深入的了解，但是要真正解开员工心中的结，使员工和管理者达成共识，就必须要了解员工的差异，包括员工的价值观、态度、性格、认知、能力，以及员工的学习能力对其行为的塑造等。有的员工性格豁达，喜欢开门见山；有的员工比较爱面子，喜欢含蓄的方式；有的员工在压力下才会有动力；有的员工则需要鼓励才能发挥干劲……所以，在沟通的过程中，管理者需"随机应变"，根据员工的差异采取不同的沟通方式。

对于企业的员工，可以按照工作能力和工作意愿这两个维度来将其分成四大类：低能力低意愿型、低能力高意愿型、高能力低意愿型、高能力高意愿型。能力是完成任务的条件，意愿是愿意投入工作的态度。工作能力——工作意愿矩阵，如图3-1所示。

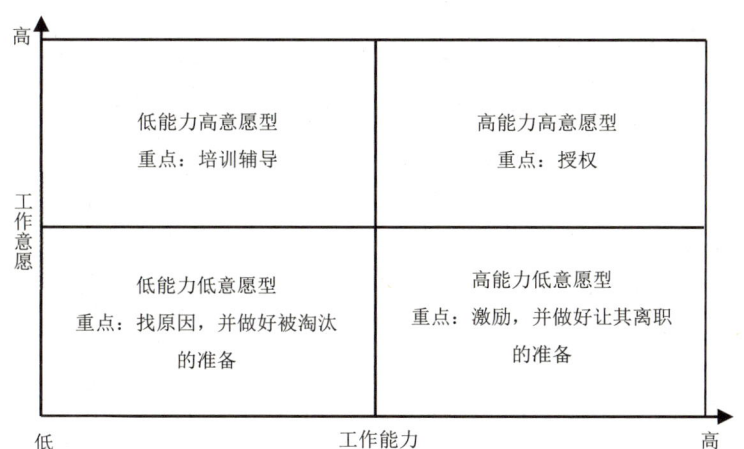

图3-1　工作能力——工作意愿矩阵

1. 低能力低意愿型

这类员工的特点是当一天和尚撞一天钟，不能受一点儿委屈，也不能吃一点儿亏，每天单位点名都在，但往往是人在心不在。这类员工好像是所有企业都不太欢迎的人，每个部门都不愿意吸纳他成为其中一员，觉得他是拖累团队绩效的负能量。对于这类员工，管理者首先要把他从岗位上挪开，然后分析原因，看看是否可以找到转变的方法。管理者如何为员工提供资源，打造让员工获得绩效的平台，在企业发展中至关重要。管理者要为员工提供一个能够获得绩效的岗位，只有把员工放在合适的岗位上，他才有可能产生绩效。如果一个人在某个岗位上无法获得好的绩效，管理者就要考虑是否为他安排的岗位不合适。

"低能力低意愿型"员工比较喜欢安于现状，管理者可以在工作任务的分配上，适当地为这类员工增加工作标准和要求，引导其树立更高的工作目标，以帮助他们摆脱"舒适圈"。同时，这类员工通常极度缺乏自信，管理者可以多关注这类员工的内在优势，安排他们做自己擅长的事情，从而帮助他们找回自信。一旦员工有了自信心，就会激发自身潜能，在以后的工作中敢于尝试困难的事情。

2. 低能力高意愿型

这类员工的特点是态度积极、工作认真，对企业忠诚度高，有很强的主观能动性和自我激励机能，不需要管理者做太多的激励。但非常遗憾的是，他们的能力有限，工作经常做不好。他们要么不能胜任工作中的变化，要么能胜任原来的工作，但是跟不上时代的发展，只能从事一些简单的、辅助性的工作，最终的结果可能是有苦劳却没有功劳。由于他们最可贵的是其良好的工作态度，所以如果对这类员工进行培养和辅导，他们可能也会成为企业的栋梁。不可否认，员工的能力有高有低，是否具备培养员工的能力，是判断管理者是否优秀的一个重要环节，管理者需要反思自己花了多长时间来培养员工。在现实中，企业中越是能干的人，越是经常被安排接受培训；越是不能干的人，越是没有机会接受培训。于是强者愈强、弱者愈弱。但最后留在企业里的却只有后者。因为能干的员工被培养得更加能干，上级如果不给他更多的资源与机会，他就会去寻找其他能发挥自己能力的地方。

辅导员工的 6 个重点

第一，不是辅导一项工作，而是辅导一项技术。工作只是一个项目的名称或一个任务的名称，而技术是一种操作方法。

第二，不是从外面找个老师来辅导，而是资深的干部或员工要肩负辅导的责任。

第三，不是辅导一个理论，而是辅导理论+实务+操作+人格，这包括学科、术科、道德3个方面。

第四，不是用街上卖的参考书或其他公司的案例，也不是用学校里的课本，而是用自己公司过去的经验、案例、问题甚至是错误总结成"秘籍"辅导员工。

第五，不是只辅导一次，而是一个连续辅导的行为，从观察、沟通、提方法、示范，到陪同作业，再到一旁的监督和追踪。

第六，不是时有时无、时断时续，而是一个长期辅导的行为，从年初到年末，分成不同的阶段和课程，做成一个年度计划。

资料来源：余世维，职业经理人的五项修炼，北京联合出版公司，2019

3. 高能力低意愿型

可能由于某种原因，此类员工不太愿意发挥自己的长处和表现自己的能力。对于这类员工，管理者需要及时地给予肯定与表扬，发掘他们身上的潜在优势，鼓励他们更好地将优势发挥出来。同时，要时刻关注他们工作的积极性。根据弗雷德里克·赫茨伯格（1923—2000）的双因素理论，即著名的"激励-保健因素理论"，影响员工工作积极性的因素可分为激励因素和保健因素。激励因素指的是那些能带来积极、努力等作用的因素，如晋升、奖金、价值的肯定、额外的工作条件等。保健因素是一个人展开工作所必需的条件，如工资、岗位、培训、福利、工作设备等。当保健因素缺乏的时候，人们会不满；当保健因素存在的时候，人们的不满只是减轻了，但是不会有满足感，保健因素没有激励作用，只有激励因素才真正具有激励作用。

一个人的工作绩效由3个关键因素所决定：个人能力、工作环境、激励。由此可见，激励的重要性非常突出，其直接关乎一个人的价值创造。只有人的需要潜能被激发出来，人才会创造价值。美国哈佛大学教授威廉·詹姆士研究发现，在缺乏科学、有效的激励下，员工只能发挥出 20%～30%的潜能，科学、有效的激励机制能够让员工把另外 70%～80%的潜能也发挥出来。只有科学合理的激励机制，才能激发员工的工作激情和强烈斗志。人要生存、要发展，精神是支撑，物质是保障。所以，兼顾员工精神和物质的双重激励，才是最有效的激励方式。有效的激励可以让员工明白，工作不仅是一种谋生手段，还能满足自身的价值感。

4. 高能力高意愿型

这种类型的员工，是企业中最理想的人选。但是，正因为他们的高能力和高意愿，所以很容易在员工中脱颖而出，也容易给管理者带来难题：他们需要更多的成长空间，而企业能保证吗？所以，管理者在对他们进行适当表扬的同时，还要尽量多激励，最重要的是，在表扬与激励之后，要尽量给他们提供空间，给予合理授权。只有合理授权，才会让这类员工有足够的发挥空间，进而做出创造性的成绩，而不能只是一味"过度管理"让他们失去积极性。重要的岗位一定要有接班人，而合理授权是管理者培养潜在管理者的重要抓手。授权与授责互为整体，授权的根本目的不是为了自己轻松，而是为了使人才能力更强、团队后劲更足。管理者在授权之后不要干预员工，不要让员工事事都汇报，但基本的工作汇报还是要有的。作为管理者，应该关注员工的工作进展，在发现不对劲的苗头时及时干预，帮他们纠正错误。

三、运用赞美的技巧

戴尔·卡耐基说："当我们想改变别人的时候，为什么不用赞美来代替责备呢？"人人都渴望掌声与赞美，哪怕只是一句简单的称赞，也会令人欢欣鼓舞。有位企业家曾经说过："人都是活在掌声中的。当员工被上级肯定、受到嘉奖的时候，他才会更加卖力地工作。"纵然下属只有一点点的进步，作为管理者也应该赞美他，这样才能激励他不断地前进。管理就是要激活人的主动精神，激发人的责任感，从而实现相应的工作目标。赞美能够使员工对自己更加自信、对工作更加热爱，从而发挥出自己最大的价值。

优秀的管理者特别懂得运用赞美之道：一方面用语言来表达赞美之情；另一方面用行动来给予鼓励。当员工取得优异的绩效时，企业应给予相应的激励，比如安排适当的学习机会与良好的工作环境，以及为其提供晋升机会等，这些都是肯定和欣赏的表达方式。真正有效的管理，就是要让年轻人有机会成长。当管理者用欣赏和信任的态度让员工去做事情时，结果往往会出乎意料地好。尤其是面对需要协同众多利益相关者的任务时，管理者对员工的授权和信任，会真正激发员工的潜能。管理者要善于借助任何机会来表达对员工付出的尊重。尤其是对于一线员工，他们虽然很少接触高层管理者，但是经常接触客户，如果高层管理者不能及时肯定他们的贡献，就会影响员工的情绪和工作结果。也许管理者认为这不是什么重要的事情，但对于那些经常被遗忘的人来说，认同的意义却是非常深远的。

1. 赞美要具体、深入、细致

抽象的东西往往不具体，难以给人留下深刻印象。管理者首先要找到值得赞美的事情，然后就具体的事情表示对下属的欣赏。例如，"你每次和客户说话时，都能让客户觉得自己很重要""你这个月的财务报表做得很清楚，一点差错都没有"等。这样具体的赞美会更有力量。相反，赞美得越广泛、越抽象，它的力量也就越弱。

2. 尽量赞美下属的行为

赞美一个人的行为或贡献比赞美他本人好。当管理者赞美下属的行为或贡献时，会使赞美之词显得更加真诚。而且，如果下属意识到自己的确值得被赞美，就会获得非常好的效果。赞美下属的行为或贡献比赞美他本人更能避免出现功利主义或偏见。

3. 赞美多用于鼓励

鼓励能让人树立起自信，自信是成功的一半，用赞美来鼓励下属，能使其信心倍增，尤其是"第一次"。无论任何人干任何事情，都有第一次，如果下属第一次做得不好，管理者应该真诚地说："你第一次做，有这样的表现已经很不容易了！"下属会因为管理者的赞美而树立起自信，下次自然就会做得更好。

4. 赞美最微小的进步

卡耐基的赞美原则是"赞美最细小的成绩，而且是赞扬每一次进步，要诚恳地认同和慷慨地赞美。"对于事业刚刚起步的新员工来说，其内心往往会感到异常的艰难和孤独，在失意时听不到鼓励的话语，在成功时也没有人向他们祝贺。在这个时候，如果新员工得到了管理者的赞美，即使只是只言片语，那也会令其兴奋不已，并且会坚定信心，努力把事情做好。有些人以为，只有成功才值得赞美，小成绩无足轻重。其实这种理解是片面的，没有考虑人的内心需求，特别是新员工在最初工作时的孤独与艰难。当新员工初次走上一个工作岗位时，他在陌生的环境中会敏感且紧张，如果在做出一点小成绩时得到了管理者的表扬，那么其很快就会树立起自信。

四、运用批评的技巧

"人非圣贤，孰能无过"，下属犯错误是正常的。同样，作为管理者，批评下属也是应该的。批评可以是一种工具，批评的最终目的是让下属认识到自己的错误并加以改正。批评绝不是上级对下级撇清责任与划清界限，抑或长辈对晚辈的强权控制与严厉打压。在批评之前，管理者先要弄清楚批评的目的，然后思考为了达到这个目的要采取怎样的步骤，而不是毫无计划地想起一句说一句。比利时宇宙学家乔治·勒梅特（1894—1966）说："对同时代的人的批评不叫批评，叫交谈。"当管理者发现下属有做得不对的地方，往往一上来就大发脾气，例如，"你怎么又迟到了""你怎么又没有按时交报告"大部分时候管理者容易犯一个错误，情绪一上来就带着不满的语气大声发表自己的观点，甚至是当着其他人的面批评，那么被批评的人当然就会很不高兴，更别谈接受了。管理者批评下属的正确做法应该按照以下5个步骤进行。

第一步，单独交谈，直接提出问题。管理者应直奔主题、开门见山地向下属提出要谈的问题，让下属清楚地意识到，自己出现的问题已被管理者了然于心。

第二步，提出事实。管理者应准确地提出下属所犯错误的具体事实。例如，"小唐，你在本周三以前没有按时交给客户报价及问卷答复。"由于客观事实并不带感情色彩，所以更容易被对方接受。如果有必要，时间、地点、人物、事件等要素都要准确地说出来。在整个批评过程中，管理者千万不要说"你没有责任心""你不重视这个问题""你的精力都用在工作以外了""你不思进取"等语句。没有一个下属会对这种质疑和评价感到服气，就算暂时承认错误也只是敷衍。

第三步，告诉下属这样做会给企业带来不良影响。批评的重要目的之一就是让下属认识到问题的存在，这个错误是否会影响公司的名誉，是否会给公司带来损失等。例如，"由于你没有按时给出报价和问卷答复，客户在这段时间内已经收到了其他竞争对手的报价和问卷答复，客户对我们无故延迟答复表示非常不满，引起了客诉。"管理者在说完这句话之后，下属就会明白由于自己的失误给公司和客户造成了哪些影响，同时也会认识到自己的错误。

第四步，提出后果。管理者在批评下属时，应指出下属的行为可能会带来的后果，并站在下属的立场去表达他的哪些核心利益会受影响。例如，"小唐，我担心你如果长期这样下去，客户很有可能会减少和我们的业务订单量，这样不仅给对公司带来直接的经济损失，也会影响你个人在公司和客户面前的形象，对你将来的职业发展很不利。"管理者要将这个后果告诉下属，让他自己主动去改。

第五步，帮助下属找到解决问题的方法。管理者应站在下属的立场帮他出主意，同他一起找到解决问题的方法，并跟踪问题的解决过程。

另外，管理者在批评下属时，要注意场合，最好能够在私下进行。曾国藩（1811—1872）曾说："扬善于公庭，规过于私室。"意思是说，下属做得好的地方，要在大庭广众之下去表扬他，下属若有做得不对的地方，要悄悄地在私下批评他、规劝他。

第三节　与上司沟通

不是人人都是管理者，但每个人都一定有做下属的经历。很多情况下，管理者都在扮演着上司与下属的双重角色。做下属其实也有很大学问，一般来说，做一个好下属，比做一个好上司更有讲究。有人说"要当好管理者，就要先当好被管理者"。作为下属，要时刻保持主动与上司沟通的意识，上司往往工作比较繁忙，无法面面俱到，下属保持主动与上司沟通的意识十分重要，不要只埋头于工作而忽视与上司的主动沟通。下属要有效展示自我，让自己的能力和努力得到上司的高度肯定。只有与上司保持有效沟通，方能获得上司的器重，进而得到更多的机会和成长空间。

一、与上司沟通的原则

《财富》杂志的专栏作家斯坦利·宾在其著作《与象共舞》中做了一个精妙的比喻：工作场所是一片丛林，你的上司是丛林里的大象。事实上，同事或者下属也可能成为你面前难以战胜的"大象"，这些"大象"可以轻易地将你踢死，它们可能是有意为之，也可能是无意之举。由此可见，如何处理与上司的关系，将直接影响你的工作绩效、职业前景，以及你在该企业内的生死存亡。

1. 积极主动

有些员工不喜欢主动和上司打交道，见到上司来，要么躲躲藏藏，要么转身就走；还有些员工在上司面前唯唯诺诺、小心翼翼，不但不敢靠近，更不敢说出自己的想法。这样的员工，很难有提升的机会。站在上司的角度来看：你有能力但不在我面前表现，我怎么知道你有这个能力呢？所以，下属要学会主动、坦诚地找上司沟通，不要埋头苦干，而要抬头实干，让上司知道你的能力。根据德国心理学家伯特·海灵格（1925—2019）的"谁痛苦谁改变"法则，可以知道，谁资源匮乏谁主动沟通，谁比较痛苦谁主动沟通。上司虽然时间少，但信息多、资源多，而下属虽然时间多，但信息少、资源少。所以，和上司的沟通一定是由下属发起，因为和上司相比，下属拥有的东西是匮乏的。下属要主动告诉上司目前的项目进度、需要上司做的决断、下一个工作重点、下一个沟通时间节点等。总之，下属要让上司知道你在做什么、为什么做这个事情、做到哪一步了。因为上司和下属之间是一个委托授权的关系，上司授权或者委托下属代表他去做一件事、承担一个任务，下属有义务让上司对这个授权有掌控感。所以，定期报告进度、保持沟通习惯，是下属的既定功课。保持沟通的规律性特别重要，哪怕是最近都没有什么特别要说的，下属也要汇报一

下"一切按原计划进行",这既是一种有效的沟通,也是为了让上司拥有更多的掌控感。做下属,要学会向上调用资源,而不是等待被调用。

有一种观念叫"自动自发",就是在没有人要求、没有人强迫的情况下,自觉并出色地做好自己的工作。成功取决于"自动自发"的主动态度。所谓的主动,指的是随时准备把握机会,展现超乎他人要求的工作表现,以及拥有"为了完成任务,必要时不惜打破常规"的智慧和判断力。"自动自发"不仅是区别你和其他员工的唯一方法,也是上司评判你是否值得继续栽培的标尺。当你这样做的时候,你的自信和主动精神会给上司留下深刻的印象,你会由于"自动自发"的工作态度而得到上司的赏识。养成"自动自发"的习惯,并且在工作中始终如一地保持"自动自发"的工作态度,一定会让你离自己的理想目标越来越近。

2. 适度赞美

赞美是人性中共同的需要,不仅下属需要,上司也同样需要。中国有一句古话:"伸手不打笑脸人。"犹太人有一句谚语:"唯有赞美别人的人,才是真正值得赞美的人。"赞美是一种美德。下属面对上司,要像面对客户一样,不要吝惜对上司的赞美。不赞美、不祝贺上司的成功,在上司看来,就是下属不愿意分享他的快乐。进一步说,是不愿意分享公司的快乐,这势必会引起上司的不满,从而影响工作上的沟通,以及彼此之间的感情。当然,赞美上司要适可而止,要讲究语言艺术。对一位有才干的上司,如果空洞地说他经验丰富、高尚英明,还不如说某件事中他的建议对解决问题起到了什么实际作用。长期处于领导地位的人,他听到的恭维话自然会有很多,如果下属只是泛泛地赞美他能力超群、德高望重、伟大正确等,就如同把水倒进海中,不但毫无意义,甚至可能会惹来上司的厌恶和反感。无理由的绝对的赞美就意味着"阿谀奉承""拍马屁",这些只对那些过于自尊的人或虚荣心极强的人起作用,而一个明智的上司对胡吹乱捧的溢美之言总是很警觉的。

3. 敬而有节

下属尊重上司不仅是上司的需求,更是处理人际关系的基本原则。下属对上司应当尊重,但需要掌握一个"度"。第一,关系适度。处理上下级之间的关系时,不要"不及",也不要"过分",让双方的关系保持在一个正常的工作关系限度内。第二,交往适度。交往积极性要适度,不要过分地有意接触或阿谀奉承。第三,角色与非角色的交往适度。角色交往是指下属以工作角色与上司交往,这种交往中个人情感成分较少,工作成分较大;非角色交往是指双方以个人身份交往,满足的是情感交流。下属与上司的交往中,应该既有工作角色也有朋友角色,但要把握好分寸,公事就要公办,私事才能私办,公私界限要分明,不能以感情代替原则。

边界感是对人最高级的尊重。人在职场,最核心的关系是工作关系,不管上下级之间,还是平级的同事之间,工作关系之外的任何关系,都不应该被刻意凸显和放大,否则就很容易失去职场边界。所谓边界,就是指一个人在其所处的环境中,创造的界限、规矩和准则,并以此区分哪些是合理、合适的,哪些又是过分、逾矩、不可接受的。这就好比"刺猬法则",说的是两只刺猬在寒冷的冬天里要相依取暖,一开始由于距离太近,身上的刺将对方刺得鲜血淋漓,后来它们调整了姿势,拉开了适当的距离,不但互相之间能够取暖,而且还不会伤害对方。"刺猬法则"强调的就是人际交往中的"心理距离效应"。运用到管理实践中,就是下属与上司要保持亲密关系,但这是"亲密有间"的关系,是一种不远不近的、恰当的合作关系。

4. 忠诚原则

忠诚是中华民族的传统精神，也是中国人非常看重的品德。我们从小到大一直都在接受"人无忠信，不可立于世""天下兴亡，匹夫有责""鞠躬尽瘁，死而后已"和"人生自古谁无死，留取丹心照汗青"这样的教育。我们可以深刻地领悟到，无论身处什么时代，从事什么职业，都要坚守忠诚。何谓忠诚？古人谓之"严守分际、善尽职责"。大意是说，对外要严格遵守等级秩序，万不可盲目造次，自认为与上司私下交情不错而忽略了客观上业已存在的上下级关系，会让人感觉不伦不类、有失分寸；对内要服从上司或遵守本岗位职责，尽心尽力地把事情做好、办妥。在其位而谋其政，不在其位而不谋其政，下属要努力扮演好属于自己的角色。职业经理人的职业操守有3点最重要：一是忠诚度，二是责任感和使命感，三是自律精神。忠诚度方面有两层含义：一是对所服务的企业和上司忠诚；二是对职业经理人这个职业忠诚。不要错误地认为下属一起把上司从管理岗位上轰下来，就有机会取代上司的位置，其实从管理的角度看，如果上司表现不行，那么一般会被认为整个部门都不行，并不会使人认为这个部门的下级员工非常优秀。企业宁可从其他部门再调一位上司过来，也不会从一群表现欠佳的员工中提拔干部。

作为下属的你，要时刻记住，只有积极地配合上司开展工作，把本部门的工作一起做好，你的上司有了获得提拔的机会，那么你才有机会上升。还有一种可能，你的能力被你的上司推荐，或直接被上司的上级发掘，那么你的机会就来了。所以说，作为下属的你，要随时帮助你的上司，因为只有做好合格的下属，你才有机会做领导。就算你的上司偶尔会犯一些低级的错误或有一些不足，你也应积极地补位并帮助他，因为只有帮助他成功，你才会有机会获得进一步发展。所以说，"要做优秀的领导者，先做杰出的追随者"。

千古忠烈文天祥

在我国古代，受传统儒家思想熏陶影响的知识分子和官员不计其数。其中，不乏像诸葛亮、魏征、包拯、文天祥、海瑞等忠君爱民和廉洁奉公者，其中写下"人生自古谁无死，留取丹心照汗青"的文天祥为杰出代表。其为了实现自己的理想抱负，凭借自己的一腔热血和赤胆忠心，在历史的长河中谱写了一曲催人奋进、可歌可泣的壮丽篇章，成为世人传颂和顶礼膜拜的千古忠烈。

文天祥（1236—1283）生活在一个被民族危机阴影笼罩的时代，一生都与南宋壮烈的民族存亡抗击战争相伴，也由此造就了他忧国忧民的博大情怀。每当与宾客、僚属谈到国家时事，他就痛哭流涕，还曾伏案说道："乐人之乐者忧人之忧，食人之食者死人之事。"正是由于有了这样的情怀，他才无时无刻不把国家民族利益看作最高的利益。在国土沦陷、生灵涂炭的危急时刻，他把家里的资产全部充作军费，并奋不顾身地组织义军，举兵抗击入侵的强敌。纵然在不幸被俘后，文天祥在狱中3年以"愿以一死足矣！"的信念断然拒绝各种威逼利诱，并且在狱中写下了与《过零丁洋》一样名垂千古的《正气歌》。

文天祥用一生的所作所为向世人证明，自己是一个不折不扣的忠烈之臣。正如他在《绝命词》中所言："孔曰成仁，孟曰取义，唯其义尽，所以仁至。读圣贤书，所学何事，而今而后，庶几无愧。"文天祥一生忠于国家和民族，丹心正气，坚贞不屈，视死如归。他的名字彪炳史册，永垂不朽。

二、主动向上司汇报工作

一件工作是以上司的命令开始,以下属的报告结束的。下属的工作是否能顺利进行,是上司最为担心的。及时汇报工作可以缓解上司的这种担心,同时也可以让上司认为下属很重视他的工作安排。汇报工作是下属与上司最基本的沟通,也是做好工作的前提。出色地完成任务仅是一个前提,下属只有把工作成果主动展示给上司,才会提升自身竞争力,才会获得上司的赏识。下属如果完成的是一件特别棘手的任务,那么更应该及时向上司汇报,让上司在分享自己喜悦的同时,了解自己的工作能力和聪明才智,给上司留下深刻的印象。

有时候,一项决策在执行过程中,会因为局势发生变化而不得不进行必要的调整。上司一般都会及时把调整后的方案告知负责执行的下属,但上司也有疏忽的时候,如果下属经常向上司汇报工作进度,那么就会及时得知调整后的方案。反之,下属得知调整方案的时间就会延迟,在这段时间里所做的工作不但白费,甚至还会给公司造成损失。下属主动向上司汇报工作进度,不但会获得上司的支持和帮助,还会获得上司对工作的指导,比如上司会提醒下属哪些环节容易出现差错。这样,就会使下属减少失误、避免犯错。管理学有句名言"下属对我们的报告永远少于我们的期望"。因此,下属要懂得以下几点。

(1)下属在做好工作计划时应立即汇报,这样可以让上司了解计划的内容,提出合理的建议或意见。而且上司可以审时度势,从大局出发指出计划的问题所在,做出有益且有效的修改,避免下属在工作中做无用功,费力不讨好。

(2)当工作进展到一定程度,特别是完成时间需要两天以上的工作,下属在工作期间一定要向上司汇报,保证让上司对工作进展、遇到的难题或取得的成果有所了解,这样上司才会心中有数并及时给予下属帮助和支持。

(3)当工作进行中出现意外时,下属应及时汇报,寻求上司的支持和帮助。因为一般情况下,上司的能力和素质总是比下属要更胜一筹,所以寻求上司帮助,胜算更大一些。

(4)下属在工作完成后,要及时向上司汇报;预计工作会拖延时,也要及时向上司汇报。尽管下属知道上司有更紧急的事情忙碌着,下属也应该主动汇报并与上司协商预计完成的时间。

向上司汇报工作,并不是想象中那么简单——只管找到上司陈述就可以。流程以内的事情有些需要汇报,有些可不汇报;流程以外的事情则一定要汇报。下属不仅要分清轻重缓急,还要因事而异。下属在汇报时,要注意以下几方面。

1. 选择口头汇报还是书面汇报

汇报工作分为口头汇报和书面汇报。什么时候适合口头汇报?什么时候适合书面汇报?要注意区分这两种汇报方式的效果。①时效性。口头汇报的优点是及时、便捷,适用于紧急事件或临时性事件的批复处理。例如,下属送货到客户处时,客户以质量不合格为由拒绝收货,这时下属就应该立即致电上司并口头汇报情况。但口头汇报的缺点是不利于留存,有"说过就忘"的可能,上司的事情一般都比较多,对于一些不大不小的事情,听完汇报后可能马上会忘记,如果事后有什么问题,那么作为下属也不好与上司"对质"。所以有时采用书面汇报就比较合适,既不会让上司由于忙碌而忘记自己曾回复过什么,又留给上司充分的考虑时间。所以,书面汇报的好处是时效性长、便于留存和审阅。②准确性。很显然，口头汇报不如书面汇报准确，所以口头汇报适合一些简短明了的事件，以及一些上司已经了解的事件，下属只需请示其处理意见即可。对于那些不是三言两语能说清楚的事情，或者需要系统性详细汇报的工作，最好用书面汇报。例如，某项工作的进展实施情况、项目方案的审批、工作总结报告等。③正式性。采用书面报告的形式会显得正式和庄重，更有逻辑和条理性，容易把问题讲透、讲明白。当然，口头汇报如果能选择合适的时间和场合与上司进行深入的交流、探讨，也能达到书面汇报所不能比拟的效果，尤其是在一些争取上司同情、理解和支持自己某项工作方案或者政策资源的扶持上，面对面的交流汇报就会非常必要且效果显著。

2. 汇报工作要直奔主题，简明扼要

一项针对高管的调研显示，他们期待下属汇报的内容符合 KISS（Keep It Short and Simple，保持简短和精要）原则。简短，是指汇报过程简单明了；精要，是指汇报要点明主题。因此，汇报要突出重点和中心、直奔主题、简明扼要，切忌拖泥带水。上司一般很忙，没有时间听长篇大论，如果下属的汇报过于冗长，很可能会引起上司的反感。快速、简洁、直达核心的汇报是上司对每一位下属的期待。

3. 汇报工作要结论先行

在汇报时，采用结论先行的原则，即首先陈述结论。这意味着先提出结论再解释原因，先揭示结果再阐述过程，先给出总结再展开细节。这个结论好比迷宫终点飘扬的胜利旗帜，当你准备用一系列话语引导对方走向成功终点时，先让对方望见那面胜利的旗帜，他便能拥有一个明确的方向来倾听你的阐述，准确捕捉你的要点，进而实现更加高效的沟通效果。很多下属在汇报时习惯先说细节，特别是先把自己做事的过程全都事无巨细地描述出来。但他们常常忽略了一点，那就是上司通常事务繁忙，最关心的是结果。即使下属汇报的过程再精彩，如果没有结果，上司也不会太在意。结论先行，能让上司快速了解下属准备汇报的内容，从而提高沟通效率。

4. 数据有分析，问题有方案

作为下属，在汇报中如果提到了数据，最好分析一下异常数据是怎么回事，并且提示上司可能会出现的问题。汇报中如果提到了问题，即使你现在还很难给出一个完全成熟的应对方案，也要尽可能地对问题进行深入分析。例如，可能的原因什么？针对可能的原因，你能做什么？也许这些方案都不够成熟，但通过积极的思考，不但会让你提高对业务的思考能力，还会让上司在这个过程中给予你更多的指导，这是一个难得的成长过程。

三、向上司请示时要有备选答案

在日常工作中，下属经常就有关事项向上司请示或者寻求帮助。在这个过程中，有些下属的做法很令上司欣赏，而有些下属的做法却得不到上司的认可，甚至令上司反感。为何会这样？原因有很多，但主要与下属能不能让上司的决策简单化有关。

1. 对是否需要请示的事项，下属应有一个基本的判断

事情要不要请示，下属应根据工作内容、职责权限和事情的重要程度，以及上司的工

作风格来决定。不要什么事都去请示，相信上司不会喜欢下属经常来向自己请示本该属于下属自己做决定的事情。通常情况下，上司都会比较忙，如果下属不论何事都来请示，既干扰了上司的工作，又会使上司认为下属无能。所以，哪些事需要请示？哪些事不需要请示？哪些事必须先请示才可做？哪些事可以边做边请示？哪些事可以先去做然后再请示？下属最好和上司共同明确一下，对没有明确的事项，下属要学会先自己判断。当然，上下级之间也需要一定的磨合。

2. 下属应站在上司的思维高度与角度，来考虑所请示的问题

对于应该请示的事项，在请示上司前，下属不妨站在上司的角度想一下：假如我是上司，对这个问题应该怎么决策？如果你发现决策的信息和依据不充分，那就去搜集和补充，也许当你这样做后就会有新的视角和思路显现出来，说不定问题的答案也会随之产生。

3. 下属请示时不能只提问题而不给解决方案

下属在反映问题或提出请示事项时，如果只提问题而不提解决问题的方案，就容易被上司以反问的方式问倒，例如，"对这个问题你难道没有什么解决办法吗？"如果下属经常这样，上司就会以为下属不愿思考或能力有限。反之，如果下属在提出问题的同时能给出自己的解决方案，那么上司从心里就会认为这是一个有主见的人，即使最终该方案没有被上司认可。作为下属，你也许没办法做问题的终结者，但不能没方案，这可以说明你不是在旁观，而是积极参与其中，就算你的方案很糟糕，但你在提出方案的同时也告诉了上司自己是一个想要解决问题的人。

4. 请示时要让上司做"选择题"而不是"问答题"

企业界有这样一句话：老板是资源的提供者，不是问题的解决者。下属在给出解决意见的时候，最好能提出两三个方案供上司选择，而不是只提出一个方案，更不能什么方案都不准备而只会提问题，用"问答题"让上司来解答。下属在给上司提供备选方案时，对每个方案的利弊要做好详细的分析，并提出自己的倾向性意见，这样不仅有利于下属的成长，还会使上司的决策变得相对容易一些。

5. 为上司提供充分和翔实的决策信息与依据

如果下属对请示的事项经过思考后，仍然感到十分迷茫而拿不出解决方案，那么就应做好所请示事项的信息搜集和提供工作，信息越翔实、越充分，决策依据越明确，上司的决策就越简单、越容易。

6. 提前考虑好上司决策时所担心的风险、问题及对策

上司在对下属所提交的事项进行决策时，会考虑实施后所出现的风险或产生的新问题，这些因素可能不为下属所知，甚至有些下属还会抱怨，责备上司的不理解、不支持。上司没有批示或没有做出明确的意见，自然有他的理由。作为下属要能够谅解并提前考虑好上司决策时所担心的风险、问题及对策。如果上司知道下属把这些都考虑到了，那么他的决策速度就会变快。会不会做下属或者是下属做得好不好，很大程度上就看下属能不能使上司的决策变得简单、容易。如果上司的决策工作变得简单了，相信下属的工作也会因此而变得顺利。

四、准确领会上司的意图

上司有时不会轻易地将他的意图直截了当地表达出来，很多时候，上司的真正意图需要下属经过仔细揣摩才能领会，其中的原因是多方面的。有一种情况是，上司碍于地位，不便随意表态，但倾向性意见已不难揣摩；另一种情况是，上司想要人配合帮腔，一个唱红脸，一个唱白脸，一台戏才能演好；还有一种情况是，上司没有拿定主意，但迫于形势只好模棱两可地敷衍。因此，作为下属也一定要聪明，清楚上司真正想要的是什么，这样才能把工作做好，让上司认可并信任你。

1. 向前辈打听，增加对上司的了解

刚进入职场时，如果下属不了解上司的语言艺术，就要向前辈询问，以增加对上司的了解，熟悉上司的管理风格和管理艺术。比如，有的上司在分配任务时，虽然言辞委婉曲折，仿佛山路十八弯，可一旦下属未达到预期的工作标准，他就会对下属进行严厉批评。这说明，尽管有的上司表达方式并不直接，但其实对工作有着严格的要求。又如，有的上司并未明确分配任务，那么往往意味着当前的工作并不紧急。再如，有的上司作风多变，布置工作不说清楚，可能他们也没有想清楚，只是想和下属多讨论一些方案，然后自己再决定用哪一种。面对这样的上司，作为下属需要准备几个方案并列出优缺点，然后让上司选择。所以，当你刚刚进入一家公司，不明白如何处理上司讲话模棱两可的问题时，不妨向职场前辈打听一下上司的管理风格，从而增加对上司的了解，促进与上司的和谐沟通。

2. 上司说话多倾听，明白语言背后的弦外之音

在工作中，有些上司很注重语言的艺术，他们在与下属沟通时，故意不说明白。然而，很多时候，下属并不懂得倾听，上司还没说完，下属就马上猜出上司的意思。正确的做法是，上司对下属布置工作、开会提议时，下属要认真观察上司说话时的动作和他的微表情，学会从中看出端倪，明白上司说话的外延。在不同的情绪下，一个人的眼神、眉毛、嘴角、肢体等动作都会有不同的表现，如果仔细观察，就能略知一二。所谓"察言观色、听话听声"，眼神、表情及肢体语言总会在不经意间暴露一个人的内心变化。人的用词、声音、语调、口吻、节奏等，其实都在传递一种特定的信息。下属的倾听能力和辨别能力，就是要能在上司的各种语言状态中抓住要点，抓住其中的潜台词，因为有些时候，上司说出来的话并非完全是他的真实想法。

五、维护上司的权威

上司与下属，是上下级的关系，是领导与被领导的关系，地位有高低之别。作为下属应该懂得尊重上司，这不仅是对上司个人的尊敬，而且是顾全大局、支持工作的表现。特别是在正式的工作场合中，下属要讲究礼节，维护上司的威信，这也是最基本的职业素养。即便在工作中与上司的意见相左，也要务必保持清醒、避免冲突。下属在维护上司的权威时，要注意做到以下几点。

1. 上司永远是对的

下属在执行任务时，不要怀疑你的上司，即使他有错，那也是有限的。军队在执行命令的时候，也没有说上司的命令是100%的正确。如果说上司的决策有90%是对的，10%可

能是错的，那么让下属来指挥，可能连30%都对不了。所以，下属不能因为上司有一部分错误或决策有一些风险就不执行。如果不执行，风险就是100%；而执行，风险就只有10%。因此，两害相权取其轻，要明白没有绝对正确的决策。

很多人说工作干不好，是因为上司不好、环境不好、老板不好，这是典型的借口。你是你，上司是上司，虽然你有看法，但绝对不能不执行上司的命令。你有好的建议要及时提出，在上司没采纳你的建议之前，你还是要执行原有的命令。如果上司明知你的意见是正确的而故意不采纳，最后又造成了企业的损失，那么你只需做一件事，离开这家企业。

此外，当上司批评你时，要虚心接受，不要为自己做过多辩解，更不要强词夺理，错了就错了，改正就是了。一个聪明的下属不会在大庭广众之下纠正上司的错误。中国人酷爱面子，视尊严为珍宝，尤其做上司的更爱面子，他们有自己的权威。若上司不慎做错了什么决定或说错了什么话，下属直接指出或揭露上司的错误，那无疑是向他的权威挑战，会让上司很没有面子。如果上司的决策明显有误，的确有纠正的必要，下属不妨找一个合适的时间和地点，在没有其他人在场的时候，把自己的想法传达给上司。这样既达到了目的，又没有伤及上司的尊严。下属在与上司沟通的过程中，一定要谨记沟通的目的，不要把重点放在纠错上，最好在准备好解决方案之后，再说出上司的不妥之处。

2. 不要议论上司的是非

古人云"无道人之短，无说己之长"。在人际交往中，我们总是很容易发现别人身上的缺点或错误，而对自己的不足浑然不知，如果发现别人有什么过错，就在背后指指点点、议论是非，是自己修养的缺失。曾国藩在日记里说："凡事后悔己之隙，与事后而议人之隙，皆阅历浅耳。"由此可知，只有思想不成熟、阅历浅、尚不经人事之人，才会做出非议他人之事。事实上，不当的言论会引发阴谋诡计，导致针锋相对，稍有不慎，就会掀起轩然大波。对于那些存心议论是非、诋毁别人的人，我们应该做出相应的反击。

世上没有十全十美的人，上司也是人，无论在工作中还是在生活中，下属都不要议论上司。很多人习惯拿自己优点和上司的缺点对比，就算上司真的有一些缺点，但是当这些缺点并不影响其工作时，那么这些缺点就不能作为上司的缺点。而且，下属是没有资格评价上司的，上司的岗位是上司的上级确定的，是按照岗位职责匹配的合适的管理人员，作为上司的上级领导，他的判断能力应该远胜过作为下属的你。作为上司，如果他每年都能够出色完成自己的绩效管理指标，那么无论下属怎么评价他，他都是优秀的。所以，下属要尽量回避对上司的议论，如果不得已要做评价或说明，那么就点到为止，以免引起不必要的猜测和误解。

3. 将荣耀归于上司

古人云"上不与下争利，下不与上争名"。在职场上，任何一名员工所取得的成绩，都离不开他人的协作，更离不开上司的正确领导和支持。如果下属在取得成绩后就居功自傲，忽视上司的领导和支持，那么这样的下属怎么可能获得上司的信任和重用呢？身为下属，要想获得上司的信任，的确需要展示自己的才华，但千万不要过度展示，尤其是当你取得突出成就时，更不要忽视了上司的存在，一定要想办法淡化自己的功劳，把成绩的取得归功于大家的帮助，特别是上司的正确领导和支持。一个人取得成功不会只取决于个人努力，在这个世界上必须借助他人的力量才能成功。所以，当你成功的时候，不要忘了自己的上司。工作单位对于我们来说是一个大家庭，我们是这个家庭中的一员。我们要有一颗感恩的心,将荣耀留给上司、同事和支持过自己的人,而自己则要更加努力地工作,继续保持不骄不躁的作风,与大家共同创造美好的未来!

六、做好时间管理

彼得·德鲁克曾说过:所谓"管理",其核心是"自我管理";所谓"自我管理",其核心是"时间管理"。真正自律的人,都具有把"时间颗粒感"做到极致的能力,他们对时间具有很强的控制力。"时间颗粒感"指一个人安排时间的基本单位,就是说一个人把时间切成颗粒的意思,代表着一个人的职业化。下属一定要调整、提升自己的"时间颗粒感"。在和上司沟通之前,最好给他发个微信、短信等信息,告诉上司具体想请教什么、需要多长时间,以及为什么选择在这个时间沟通。因为上司的时间往往会被分摊得很零散和不确定,上司可能逮着空子就说一句,但下属不可能时时刻刻保持和上司沟通的状态,因为每天都有大量的工作需要处理。所以,下属要在不断调整自己"时间颗粒感"的同时,尽量帮上司养成固定对话的习惯。

史蒂芬·柯维提出的时间管理四象限(见图3-2),实现了将"时间管理"和"工作任务"的充分匹配。简单来讲,时间管理四象限是按照紧急程度和重要程度,将需要完成的事情划分到四个象限中去:①紧急又重要,如上司喊你谈事、处理客户投诉等;②重要但不紧急,如提升技能、增长见识等;③紧急但不重要,如一些突然来的电话、不速之客等;④不重要也不紧急,如纯粹消磨时间的事情,像追剧、刷抖音。在"紧急又重要""不重要也不紧急"这两个象限中,大家的差别其实没有那么大。而花多少时间在"重要但不紧急"的事上,直接拉开了人与人之间的差距。经验表明,成功者和失败者的界限在于怎样分配时间和怎样安排时间。一般人会把大部分的时间安排在紧急但不重要的事情上,而高效人士则会把大部分的时间安排在重要但不紧急的事情上。所以,当有一天这件事变得很重要、很紧急的时候,做好准备的人就可以脱颖而出。我们要学会掌控时间的分配,别被眼下貌似非做不可、实则却并不重要的事情牵制,而要腾出更多时间,去做影响长远的、真正的大事,比如读书、锻炼身体、规划未来、提升技能等。如此,你的人生才会越来越美好、越来越轻松。

图 3-2 时间管理四象限

管理沟通

第四节　与平级沟通

管理者除了要与上司和下属沟通，还要与平级同事沟通。团队的成功，除团队本身的努力之外，与组织内其他部门的协调合作息息相关。如何与平级合作，获得其他部门的配合与支持？这要求管理者具备良好的平级沟通技巧。同事之间毕竟存在个人性格、职位特征、工作侧重点等差别。因此，我们在沟通的时候，如果能先考虑到对方的利益所在，那么沟通自然就可以变得顺畅起来。

一、彼此尊重，平等待人

我们在与人合作时，经常容易产生一种高高在上的心态，这种心态是与平级同事沟通的大忌。在职场中，只要是与你平级工作的伙伴或者同事，尤其是在不同业务单元工作多年的同事，绝大多数都在某些方面比你优秀。每个人都有弱点和不足，正是因为同事之间能够相互弥补不足之处，团队的目标才能达成。因此，我们要用平等的心态对待与自己平级的工作伙伴，这是非常重要的一点。

二、易地而处，换位思考

平级之间沟通不良，很多时候都是"语言不通"所引起的。举例来说，营销部人员平常讲的是"相同语言"，他们非常清楚自己部门的规则、目标与期望。同样地，财务、生产、人力资源等部门，也有自己的语言与观点。因此，想要沟通顺畅，前提就是要"听懂对方的语言"。只有站在对方的立场思考问题，才能将误解的概率降到最低。另外，在平级沟通时如果一味强调"公司利益高于一切"，那么就有以势压人之嫌，会使沟通效果适得其反。在通常情况下，平级之间的沟通是"提供帮助"，平级部门之间的沟通特别需要注意，如果我们想找别人帮助解决问题，就应该先想到别人的难处，再帮对方解除后顾之忧。如果做不到这点，对方很可能会嫌麻烦而把你的事给推掉。

三、平等互惠，合作双赢

"双赢"就是对沟通双方都有利，如果一件事情能达到双赢的效果，那么相信对方会很愿意协助你完成。在平级沟通中，要充分权衡事情的利弊，把自己和对方的利益进行充分的评估，并设法找到彼此利益的交叉点，只要能证明结果会是双赢的，那么沟通起来自然就容易达到目的。

四、日常互动，沟通情感

平级之间的沟通更需要保持互动，频繁的互动有助于建立彼此的熟识度。因此，除了因工作而产生的互动外，平时也要注重感情培养。例如，在对方需要帮助时主动支援；在对方取得成绩时表达赞美等。

内容小结

组织沟通的目的是把组织中的成员紧密联系起来，以更好地完成组织的目标，具体包括共享信息、交流情感、协调行动和有效决策。组织沟通的障碍主要表现为角色错位、态度轻视、方式不当、地位差异。组织角色是相对于组织而言的，是组织成员在组织中所扮演的角色或发挥的作用。在企业外部，主要是针对"客户"的关系处理；在企业内部，主要包括三大关系的处理。以管理者本人为中心，往上是上司（更高一级的管理者），往下是下属（你的团队成员），左右是同僚及其所代表的部门或科室。管理者必须做到"承上启下、纵横捭阖"。承上是指承担岗位职责，达成组织目标，执行上司指示；启下是指做好组织的管理，带领团队达成任务，使各项资源得到充分有效利用。"纵横捭阖"是要强调合作共赢，在工作中应充分树立互相配合、互相支持的团队精神和整体意识。因此，作为平级，各部门有责任提升配合度、主动负起责任、积极检讨问题、主动与其他部门沟通协作。

与下属沟通时，要遵循谈行为不谈个性、明确沟通、积极倾听的沟通原则。管理者需"随机应变"，根据员工的差异，因人而异的沟通，并且适当运用赞美或批评等技巧。与上司沟通要遵循积极主动、适度赞美、敬而有节、忠诚的沟通原则。下属要主动向上司汇报工作，向上司请示时要有备选答案，能够准确领会上司的意图，维护上司的权威以及做好时间管理。与平级沟通要做到彼此尊重，平等待人；易地而处，换位思考；平等互惠，合作双赢；日常互动，沟通情感。

问题讨论

1. 从沟通的角度理解"将在外军令有所不受"是否正确。
2. 为什么"沟通不能一视同仁"？
3. 什么样的下属最让上司伤脑筋，如何成为上司心目中的优秀下属？
4. 如何进行平级汇报？
5. 如果有坏消息要告诉你的上司，你会怎么做？
6. 如果你的下级的下属来向你汇报，你会怎么做？
7. 作为上司，如何有效地给下属布置任务？
8. 如果上司的决策有误，你会怎么做？

小故事

猴子与表

森林里生活着一群猴子，每天太阳升起的时候它们会外出觅食，太阳落山的时候它们会回去休息，日子过得平淡而幸福。

一名游客穿越森林时，把手表落在了树下的岩石上，被猴子"猛可"捡到了，聪明的"猛可"很快就搞清了手表的用途。于是，"猛可"成了整个猴群的明星，每只猴子都向"猛可"请教确切的时间，整个猴群的作息时间也由"猛可"来规划。"猛可"逐渐建立起了威望，当上了猴王。

做了猴王的"猛可"认为是手表给自己带来了好运，于是它每天在森林里巡查，希望

 管理沟通

能够捡到更多的手表。功夫不负有心人，"猛可"又拥有了第二块、第三块手表。

但"猛可"却有了新的麻烦：每只手表的时间指示都不尽相同，哪一个才是准确的时间呢？"猛可"被这个问题难住了。当有下属再来问时间时，"猛可"支支吾吾回答不上来，整个猴群的作息时间也因此而变得混乱。过了一段时间，猴子们群起造反，把"猛可"推下了猴王的宝座，"猛可"的收藏品也被新任猴王据为己有。但很快，新任猴王也遭遇了"猛可"同样的困惑。

这就是著名的"手表定律"：只有一只手表，可以知道时间；拥有两只或更多的手表，却无法确定时间。更多的手表并不能告诉人们更准确的时间，反而会让看手表的人失去对准确时间的信心。

启示：

一个人不能由两个以上的人来指挥，否则将使这个人无所适从。拿破仑曾说过："宁愿要一个平庸的将军带领一支军队，也不要两个天才同时领导一支军队。"

沟通游戏

同心协力

规则：

1. 将学员分成几个小组，每组 5 人以上为佳。
2. 每组先派出两名学员，背靠背坐在地上。
3. 两人双臂相互交叉，合力使双方一同站起。
4. 以此类推，每组每次增加一人，如果尝试失败需再来一次，直到成功才可再加一人。
5. 培训者在旁观看，选出人数最多且用时最少的一组为胜。

相关讨论：

1. 你能仅靠一个人的力量就完成起立的动作吗？
2. 如果参加游戏的学员能够保持动作协调一致，这个任务是不是更容易完成？为什么？
3. 你们是否想过一些办法来保证本组成员之间的动作协调一致？

游戏说明的道理：

1. 别看这个游戏简单，但是依靠一个人或几个人的力量是不可能完成的。因为在这个游戏中，大家组成了一个整体，需要全力配合才可能达到目标。这个游戏可以帮助学员体会团队相互激励的含义，帮助他们培养团队合作精神。
2. 这个游戏还考验了每个小组的领导者，看他怎么指挥和调动本组成员。因为这个游戏不但需要大家通力合作，还需要每个参与者的密切配合，如果步调不一致，就算力气再大也不可能顺利完成。在这种情况下，作为小组的领导者，应该想一些办法来解决这个问题。比如，可以让大家都听从他的指令，跟随他的动作；又如，想出一个口号，既可以鼓舞士气又能统一大家的节奏。

第四章 团队沟通

学习目标

1. 区别团队与群体的差异
2. 理解高效团队的六大特征和团队的陷阱
3. 分析团队发展的阶段及特点，掌握相应的领导方式
4. 了解冲突的解决方法
5. 识别会议失效的因素
6. 列出并详细阐释提高会议质量的原则

开章引例

这是你的船

1997年6月，我开始接管"本福尔德号"，并且在这艘导弹驱逐舰上度过了整整两年时光。第一次担任舰长就指挥一艘如此先进的舰艇，这对我来说是一件非常刺激的事情，同时也给我带来了巨大的挑战。尽管机会来了，可摆在我面前的问题却有很多。美国军方在军械装备方面可谓不遗余力，而我们在战略技术及军事管理方面却仍沿用以前的老方法。

接管"本福尔德号"以后，我发现船上的水兵士气消沉，很多人都讨厌待在这艘船上，他们甚至想赶紧退役。但让我感到骄傲的是，两年之后这种情况发生了彻底转变，"本福尔德号"上的全体官兵上下一心，整个团队运作通畅、士气高昂。确切地说，很多人都认为"本福尔德号"变成了美国海军的一艘王牌驱逐舰。

对于任何组织的领导者来说，他们面临着一个共同的问题：如何从组织成员身上获得最大限度的回报。显然，领导者不会允许任何人把自己的组织当作一个收容所。作为导弹驱逐舰的舰长，我的任务是赢得战斗；而作为企业的经理人，你的责任则是为企业获得利润。但无论处于何种机构当中，单纯依靠命令的领导方式都是行不通的。即使这种做法可能会带来一些短期的收益，但它的长远后果也会是灾难性的。经验告诉我，只有帮助人们发挥他们的潜力，实现他们的价值，我才能完成那些在传统的"命令-控制"体制下看似不可能的任务。

我发现我给予下属的自由空间越大，他们就会越严格地执行我的命令。刚开始的时候，人们总是会在做一件事情之前征求我的同意，后来我告诉他们："这是你的船，所以你也要负起责任。你自己决定吧，让我们看看结果如何。"从那以后，"这是你的船"就成了"本福尔德号"的口号。所有的水兵都觉得照管好"本福尔德号"就是自己的职责所在。我相

 管理沟通

信，只要你的组织能够让员工确立一种"这是我的企业"的信念，你就一定能够打败其他所有的竞争对手。

这是你的船！This is Your Ship！

资料来源：【美】迈克尔·阿伯拉肖夫，这是你的船，机械工业出版社，2017

第一节 团队与群体

一个和尚挑水喝，两个和尚抬水喝，三个和尚没水喝。这则古老的寓言告诉我们一个道理，即团队的重要性。在当今经济高速发展的社会，团队已经成为企业的核心竞争力。一个优秀的企业，必定有优秀的团队。在专业化分工越来越细、竞争越来越激烈的今天，一个人的力量难以应对千头万绪的工作。虽然一个人凭着自己的能力可以取得一定的成就，但是如果把个人的能力与别人的能力结合起来，就会取得令人意想不到的更大的成就。阿里巴巴的创始人马云曾说过："我不懂电脑，对软件、硬件更是一窍不通，但是，我却通过建立一个团队成就了阿里巴巴的辉煌业绩。"

一、团队与群体的区别

美国管理学家斯蒂芬·P.罗宾斯提出：团队就是由两个或者两个以上相互作用、相互依赖的个体，为了特定目标而按照一定规则结合在一起的组织。由这个定义可以看出，团队是由不同成员组成的一个共同体，该共同体合理利用每一个成员的知识和技能协同工作、解决问题，以达到共同的目标。群体是指两个或两个以上的人，为了达到共同的目标，以一定的方式联系在一起进行活动的人群。团队和群体经常容易被人们混为一谈，事实上，它们存在一些根本性的区别。

1. 领导方面

作为群体，应该有明确的领导人，而且成员几乎要绝对服从领导人；而团队可能就不一样，尤其是当团队发展到成熟阶段时，团队成员可以共享决策权。

2. 目标认同方面

群体成员对目标的认同程度较低；而团队成员不仅有清晰的目标，并且对目标的认同程度也较高。

3. 协作方面

协作性是群体和团队最根本的差异，群体的协作性往往一般，有时群体成员还会出现消极、对立的情绪；但在团队中会有一种齐心协力的氛围。

4. 责任方面

群体的领导者要负很大的责任；而在团队中，除领导者要负责之外，每一个团队成员也要负责，甚至要相互分担、共同负责。

5. 技能方面

群体成员的技能可能是不同的,也可能是相同的;而团队成员的技能则是相互补充的,就是把不同知识、技能和经验的人综合在一起,形成角色互补,从而实现整个团队的有效组合。

6. 结果方面

群体的绩效是每一个个体的绩效相加之和,团队的绩效则是大家共同合作完成的结果。

团队与群体最大的差距就在于,团队具有创造性。通过团队成员间的合作互补,每个人同时具备了自己的优势和别人的优势,因此能产生"核裂变"式的爆发性力量。而群体只有制造性,最多也只能达到"1+1=2"的效果,即使群体中有个别人具备创造性,但由于无法和其他人合作互补,也就无法产生"1+1＞2"的效果。释迦牟尼曾问他的弟子:"一滴水怎样才能不干涸?"弟子们面面相觑,无法回答,于是释迦牟尼给了他们答案:"把它放到大海里去。"一个人再完美,也只是一滴水,而团队就是大海,一个人只有融入团队才能最大限度地发挥潜能、实现价值。

阿里巴巴的团队文化

阿里巴巴的创始人马云认为:团队就是不要让另外一个人失败,不要让团队中的任何一个人失败。用价值观来统一思想,通过统一思想来影响每一个人的行为,最后形成合力。团队合作就是共享共担,平凡人做非凡事;乐于分享经验和知识,教学相长;以开放的心态听取他人的意见;在表达观点时,直言有讳;在工作中,群策群力,拾遗补阙;即使不是自己分内的工作,也不推诿;决策前充分发表意见,决策后坚决执行;有主人翁意识,积极参与并促进团队建设。

二、高效团队的特征

如果有一车散沙从大厦顶上倒下来,对地面的冲击是不太大的,如果把一车凝固成整块的混凝土从大厦顶上倒下来,其结果会大不一样。团队管理就是要把一车散沙变成凝固成整块的混凝土,将一个一个独立的团队成员变成一个坚强有力的团体,从而顺利完成组织的既定目标。沙子需要搭配石子、钢筋和水泥等材料才能形成混凝土,在团队建设中同样如此。每个成员的知识结构、技术技能、工作经验和年龄性别等都要按比例来配置,以达到合理的互补,这决定了整个团队的基本要素。有了沙子等基本要素,是否一定能成为混凝土呢?如果没有水,没有搅拌,还是不行。混凝土中的水就如同一种良好的团队氛围,是一种团结、信任、积极向上的工作气氛。如果具备了这种气氛,就意味着成功了一半。管理者在团队管理中相当于搅拌机的作用,他们负责组织会议、讨论、学习、公关和休闲等活动,通过与成员之间良好的沟通来做出明智的决策,最终形成高效的团队。高效团队一般具备以下6个特征。

1. 清晰的目标

美国心理学家亚伯拉罕·马斯洛(1908—1970)说:"杰出团队的显著特征,便是具有共同的愿景与目的。"高效的团队对于目标有清晰的了解,并坚信这一目标包含着重大的意义和价值。而且，这种目标的重要性还激励着团队成员把个人目标升华到团队目标中去。在高效的团队中，成员愿意为团队目标的实现做出贡献，并清楚地知道自己应该做什么工作，以及怎样工作才能完成任务。

2. 相关的技能

高效的团队是由一群有能力的成员组成的，他们具备实现理想目标所必需的技术和能力，并且具备能够良好合作的个性品质，进而能够出色地完成任务。尺有所短，寸有所长，每个成员都有各自的特长。团队把不同知识、技能和经验的人综合在一起，形成角色、技能互补，从而实现整个团队的高效组合。

3. 相互的信任

信任是架设在人心中的桥梁，是沟通人心的纽带。可以说成员间的团结和信任是所有高效团队的共有特性。只有这样，团队成员才能在分派任务、制订计划、职权划分、相互沟通和协同工作时，保持足够的尊重和信任；团队成员才能认真思考其他成员提出的问题和看法，并认真反思自己可能存在的问题和缺点。相互信任可以充分提高团队成员的工作积极性和技术水平，可以尊重和体现每个成员的自我价值，并且使每个成员都拥有幸福感和归属感。

4. 良好的沟通

团队成员通过畅通的渠道交换信息，这些信息包括各种语言和非语言信息。此外，管理者与团队成员之间及时有效的信息反馈也是良好沟通的重要特征，这有助于管理者指导团队成员高效协作，同时消除可能存在的误解。就像一对已经共同生活多年、感情深厚的夫妇那样，高效团队中的成员能够迅速、准确地了解彼此的想法和情感。

5. 恰当的领导

一个出色的管理者，不但能够为团队指定方向，设定短期目标和长期目标，还能够组织、协调、监督和控制团队内外的所有关系、任务和资源。当团队陷入困境时，管理者不但能带领成员走出困境，还能为团队成员带来丰厚的利益。一只"羊"带领一群"狼"的团队，依然是"羊团队"；而一只"狼"带领一群"羊"的团队，却是"狼团队"。正所谓"兵熊熊一个，将熊熊一窝"。优秀的管理者不一定非得指示或控制团队成员，高效团队的管理者往往担任的是教练和后盾的角色，他们为团队提供指导和支持，但并不试图去控制它。

6. 有效的制度

古人云"没有规矩，不成方圆"。团队的理念属于精神范畴，看不见、摸不到。有效的制度不仅能使团队成员理解并体会到理念的存在，还能以理念规范团队成员的行为。有效的制度包括有形的制度和无形的制度。有形的制度就是各种规章制度；无形的制度则是一种组织氛围。团队内形成无形制度的过程比较长，其形成的主要因素有两点：一是社会文化基础；二是团队领袖的愿望和努力。

三、团队的陷阱

如果团队的成员关系过于紧密，那么对团队的决策判断并不见得是好事。因为"集体精神"的强势话语权,有时候会铲除个人讲出真理的外在环境。如果每个人都站在团队整体的立场去判断一项决策,那么得到的答案几乎都是相同的;如果每个人都站在自身的立场去判断一项决策,那么得到的答案是有所差异的,甚至是截然相反的。因此,我们需要警惕团队决策中容易掉入陷阱的几个因素。

1. 群体思维

群体决策是科学决策的基本方式,但不等于科学决策。在集体决策时,即使是由经验丰富的管理者组成的团队,也有可能会犯下幼稚的错误,如共同选择了一个失败的方案,并带来灾难性的后果,这就是群体思维的陷阱。群体思维(Groupthink)是群体决策中一个非常普遍的现象,群体对于从众的压力使不寻常的、少数人的或不受欢迎的观点得不到客观的评价,即人们对寻求一致的需要超过了合理评价备选方案的需要。群体思维是伤害团队的一种"疾病",它会严重损害团队绩效。也就是说:在团队就某一问题或事宜的提议发表意见时,有时会长时间处于集体沉默状态,没有人发表见解,而后人们又会一致通过。通常是团队中那些拥有权威、说话自信、喜欢发表意见的主要成员的想法更容易被接受,但其实大多数人并不赞成这一提议。之所以会这样,是因为团队成员感受到群体要求共识的压力,而不愿表达不同的见解,这时个体的观察力、思考力、辨别力及道德判断力都会受到影响而下降。在这种情形下做出的决策往往都是不合理的、失败的决策。当一个团队过分注重整体性,而不能持一种批评的态度来评价群体决策时,这种情况就会发生。

在团队制定决策时,当所有成员都同意某一项决策时,管理者就要意识到,这个决策里面可能存在着巨大的风险。要知道,完美的决策是不存在的,所有成员都同意的决策是令人怀疑的。在做群体决策的时候,作为团队的管理者,应该更稳重、更理智、更清醒,而不要掉入群体思维的陷阱中去。

哥伦比亚号机翼上的大洞

2003年1月16日上午7点,哥伦比亚号进入太空。这是美国国家航空航天局航天计划中的第113次飞行。就在哥伦比亚号结束为期16天的太空任务,返回地球着陆的前16分钟,不幸发生了。航天飞机失去了控制,在得克萨斯州上空解体,7名宇航员全部遇难。整个世界为之震惊,这已是美国17年来的第二次航天飞机事故。

哥伦比亚号爆炸发生后不到3小时,美国国家航空航天局的副局长就委任退休4星海军上将哈尔·格曼主持调查工作。格曼召集12名专家组成了哥伦比亚号事故调查委员会。他们很快注意到,就在控制中心与航天飞机失去联系的前几分钟,由机载温度传感器传回的数据有些异常。原来,一些传感器在航天飞机发生故障前,就已经测到了高温读数。而且最重要的是,所有这些数据都来自航天飞机的同一区域。

调查人员怀疑,热气透过航天飞机的隔热层进入轮舱,或许是由于起落架舱门的封口破裂引起的。但要找到确切原因,他们需要更多的数据,而这些数据都在哥伦比亚号上。后来,调查人员找到了航天飞机的飞行数据记录仪。资料证实,哥伦比亚号的外壳上的确有个洞,因此在重返大气层时进入了热气。此外,调查小组还推算出了破洞形成的时间,得知它早在航天飞机重返大气层之前就出现了。

现在,调查人员只剩下最后一个疑问了。为什么航空航天局会对哥伦比亚号机翼上的大洞一无所知?航空航天局在哥伦比亚号升空后的第一天,就知道了泡沫撞击事件,可为什么没有人发现机翼上的大洞?调查人员的发现令人不安。原来,航空航天局的工程师们

很担心泡沫撞击会造成影响，曾请求主管部门为在轨道上运行的航天飞机拍摄卫星照片，以查看机翼受损情况，但却遭到了拒绝。

主管部门强烈要求工程师们不要再有这样的想法，他们认为泡沫撞击非常普遍，以前也从未出现过重大事故。但格曼发现，航空航天局的管理者不愿意将事闹大，还有另一个原因。原来，全面调查可能会延误航天飞机飞往国际空间站执行任务，进而危及整个工程。

格曼说："按照国会颁布的法令，如果不能按时完成国际空间站的任务，他们就会削减预算，终止这项计划。因此，在进度和经费的压力下，主管部门只能说'没错，航天飞机的机翼上是有一个洞，但不会有任何影响。'他们假装听不到。"

2. 群体偏移

群体偏移（Group Shift）是指在群体进行决策时，往往会比个体决策更倾向于冒险或保守。在某些情况下，群体决策偏向于保守；而在更多的情况下，群体决策偏向于冒险。因此，这种现象又叫作"极化现象"或"冒险性转移"。

为什么会出现极化倾向呢？首先，群体在讨论中发生了相互作用。团队成员在群体决策中变得更加熟悉，更容易接受核心人物的观点，核心人物的冒险或保守倾向影响了整个团队的倾向。其次，群体决策分散了责任。群体决策使得任何一个人都用不着单独对决策失败的后果负责任。最后，也许是某些团队更崇尚冒险，而另一些团队更加谨慎，仅此而已。有学者认为，群体决策容易夸大每个团队成员的最初观点，群体决策究竟是转移到更保守还是更冒险，取决于团队成员在讨论前的倾向。

3. 团队规模

一个团队的战斗力，并不是和团队成员的数量完全成正比的。人多力量不一定大，这是被无数的历史事实证明过的。经过实验，我们进一步发现，当团队成员的数量超过一定比例的时候，团队的战斗力反而会呈下降趋势。正如林格尔曼的拔河实验，尽管总体拉力增加，但每个成员施加的平均拉力减小，这与团队合作时成员更卖力的传统理论相悖。团队成员的数量越大，团队内部就越容易出现"南郭先生"。那么，究竟多少人组成的团队才能发挥出最大的战斗力呢？沃顿商学院珍妮弗·缪勒教授认为，在组建一支有效的团队时，规模并不一定是首要考虑的事情，具体原因有以下几点。

第一，问清楚团队即将承担何种任务很重要。对此问题的回复将揭示你想聘用什么样的员工及寻求何种类型的技能，其中有一项是"所需的协调程度"。如果是销售团队，那只有在最后才能实现真正的协调，因为团队成员之间不存在相互依赖，并且全是个体的行为。其实相互依赖很重要，它是衡量人际关系是否融洽的标准之一。

第二，团队将如何构成？团队成员在行动中需要运用哪些技能？包括工作方式、个人风格、知识基础等，要确保这一切与任务相适合。

第三，要考虑团队规模。在团队规模大于5个人后，团队就会发生收益递减。除非缺乏动力或承担强制性任务，否则人们不会愿意显露"社会惰性"。如果你问管理者这个问题，他们会说："我正在为偷懒和搭便车的现象烦恼。"偷懒指的是在群体背景下个人努力的减少，而搭便车则是理性的利己主义行为。如果一个人得不到什么激励，他就会搭便车，即不会积极参与。

在企业中，管理者需要注意自己的团队里面是否进入了太多的"南郭先生"。事实上，只要团队的规模过大，不管量化考核有多细，都会有人浑水摸鱼、不劳而获。同时也应注意，最大的危害不是"南郭先生"没有为团队做出贡献，而是"南郭先生"的不劳而获影响了其他成员的情绪，从而影响了整个团队的战斗力。同时，团队规模过大还会造成沟通不畅。一般来说，一个管理者只能把自己的思路直接、清晰地传递给3～5个人，最多不会超过10个人，再多的话，就要付出极高的沟通成本。

林格尔曼效应

> 早在1861年，法国农业工程师马克西米利安·林格尔曼（1861—1931）在他著名的拔河实验中注意到，当拔河的人数从1个人逐渐增加到一群人时，集体的力量并不等于个体力量的总和。当拔河人数为3个人时，集体力量仅相当于2.5个人力量的总和。也就是说，在集合的过程中损失了半个人的力量（1+1+1≈2.5）。当拔河人数为8个人时，集体力量竟然仅相当于大约4个人力量的总和（1+1+1+1+1+1+1+1≈4）。林格尔曼的实验结果显然违背了加法的基本定律，个体的力量在集合的过程中流失，而且是人数越多流失越大！林格尔曼由此得出结论：当人们参加社会集体活动时，他们的个体贡献会因人数的增加而逐渐减少，林格尔曼将其称之为"社会惰性"，即一个群体或团队中往往会隐藏着偷懒或搭便车的现象。

4. 共同的敌人

一名优秀的团队领导要意识到，在团队里面，如果你和你的团队成员找不到共同的"敌人"，那么，你们彼此之间就是"敌人"。西方经济学的基本假设认为，人是"经济人"。在任何一个团队中，如果没有一个共同的"敌人"将所有的个体都凝聚起来，人们就会由于自身利益不同于他人利益而自行将他人树立为"敌人"，团队内人与人之间就会出现摩擦、对立和冲突，从而产生巨大的内耗成本。如果一个团队的管理者要领导或管理好这个团队，第一要务就是要找到所有成员的"共同敌人"。法国当代哲学家勒内·吉拉尔也持有同样的观点：一个社会共同体在其初始创建时，都需要有一次伟大的"替罪羊事件"，而每个民族和宗教的创世纪神话的核心，都是一个替罪羊神话。这是因为，一个社会共同体的建立，离不开社会共同体成员的认同（凝聚力、团结），而激发和维持共同体成员认同感的最佳手段莫过于"同仇敌忾"。因此，为了共同体能够存在，即使没有"敌人"也要找出一个"敌人"，如果找不到"敌人"就要想象出一个"敌人"，如果想象不出一个"敌人"也要假设一个"敌人"，共同体就是建立在对共同"敌人"的想象之上的。这就是为什么当一个共同体在共同的"敌人"被消灭之后，往往会陷入内部混乱的原因。当共同的"敌人"消失之际，往往也是共同体分裂之时。

因此，为了共同体的存在与发展，最好的办法不是把"敌人"赶尽杀绝，而是给它留一条生路，因为共同体的存在需要一个共同的"敌人"。如果在你的团队之外，还有另外的团队在和你竞争，那么他们就是激发你的团队战斗力的最佳外在驱动力。如果没有这样一个既形象又明确的"敌人"存在，团队的管理者就要思考，如何给团队找到一个假设的共同的"敌人"。团队的管理者要在不同时期给团队找不同的"敌人"，而且要去团队外部找"敌人"，而不是在团队内部找"敌人"。即使是两个存在利益冲突的竞争对手，也可以通过找到第3个竞争对手作为共同的"敌人"而互相凝聚起来。同理，如果团队内部成员之间存在利益冲突，团队的管理者也可以通过这种方式将他们团结起来。如果团队的管理者能够将这种技巧善加利用，就可以解除团队成员之间的各种小冲突，将他们的精力引导到对团队发展有利的方向上来。

第二节 团队建设与团队领导

团队管理强调的是组织的整体效应，追求的是创新、高效和卓越。从企业的发展角度来说，团队的精神和力量是企业可持续发展的内在动力，是一个现代企业生存发展必不可少的要素。拥有一个优秀的团队是每一位管理者的梦想，如何建立一个优秀的团队也是很多企业都在思考的问题。创建高效团队的窍门就在于足够了解团队工作是怎样运作的，这样才能使团队变成高效的团队。

一、团队发展阶段

团队的形成和发展以组织目标为参照可以分为4个阶段。这4个阶段各有特点，相当于团队的生命周期，是客观存在的。任何一个团队，都要经历这4个阶段的磨合过程，只有这样才能使团队更加稳健地发展。每一个团队管理者对此都有清醒的认识，在具体工作中不但要根据各个阶段的不同特点来安排工作，还要认识到各个阶段的侧重点，并且有的放矢地对团队施加影响，帮助成员日清日省、日新日高，从而更高效地实现既定目标。

1. 成立阶段

在团队成立初期，通常会有一个雄心勃勃的发展目标和发展计划，但随着成员队伍的逐渐扩大，目标和计划不可避免地会有相应的调整。这一方面是由于团队管理者的经验与实际运行存在差异，另一方面是由于外部因素的变化使团队不得不努力适应这种变化的节奏。一般来说，处于组织内部的基层团队，受到来自外部的干扰相对较少。但在形成自己的核心阵容之前，仍然具备团队创建初期的特点。而对于创业型团队来说，团队创建期的不确定性在相当程度上增加了团队管理者驾驭团队的难度。创业型团队更需要充分了解团队创建初期的特点，以最大限度地规避创业风险。

这一阶段的具体表现为：①新的合作、新的团队、新的目标令团队中的每一个人都既兴奋又激动，既定的目标可能是团队成员梦寐以求的期望，每个人对生活的价值都有全新的理解，对新的工作也充满激情；②由于互相之间的了解不足，人们更容易高估其他团队成员的能力，大家可能会对新生的团队寄予太高的希望；③每一个成员都在小心地试探其他人的相关情况，为自己在团队内的重新定位寻找支点。

2. 磨合阶段

动荡的磨合阶段是每一个团队都要经历的特殊时期，能否进行有效磨合并顺利地度过这段敏感的时期，对团队管理者的综合能力来说是一个严峻的考验。管理者必须区别对待新老队员的不同情况并适时地加以引导，使团队逐渐形成一种坦诚开放的积极气氛和紧张有序的工作状态，否则即使表面上相安无事，也会为日后团队的进一步发展留下隐患。团队达到有效磨合的标志，是团队成员之间坦诚相见、配合默契，每一个人都找到了自己在团队中的位置。在大家的心中，团队的整体目标和成员的个人目标相辅相成，团队凝聚力初具雏形，工作效率稳定提高。

这一阶段的具体表现为：①一系列的潜在问题逐渐暴露出来，期望与现实脱节；②持续的投入工作却几乎看不到进展，就像掉入了一个无底的深渊，大家发现面临的挑战比预期要困难得多，目标变得遥不可及；③人际关系变得紧张起来，个别新锐成员试图挑战管理者的权威，强大的工作压力使人焦虑不安，严重的时候甚至会引发内部冲突；④团队前景更显扑朔迷离，士气陷入低谷，人们把更多的注意力和焦点放在人际关系上，无暇顾及工作目标，工作效率在这个时候遭到了持续性的打击。

3. 稳定阶段

在度过动荡不安的磨合阶段之后，团队就步入了稳定阶段，并逐渐走向规范。团队成员彼此之间有了更深入的了解与配合，对团队的工作方式达成了共识，正常的工作秩序得以建立。

这一阶段的具体表现为：①人际关系开始解冻，成员之间由敌对走向合作，信任感加强，会公开发表不同意见，团队成员之间发展出了一些新的合作方式，合作加强；②工作技能开始慢慢地提升，新的技术慢慢被掌握；③工作规范和流程也已经建立，这种规范和流程代表的是团队的特色，开始逐渐形成团队文化。

4. 高产阶段

俗话说"养兵千日，用兵一时"。团队经过成立、磨合和规范后，开始变得成熟，能够应对复杂的挑战，使任务得以高效地完成。

这一阶段的具体表现为：①团队成员的角色都很明确，他们已掌握了如何处理内部冲突的技巧，学会了团队决策和团队会议的各种方法，并能集中大家的智慧做出高效决策；②成员内部以标准的流程分配资源、投入工作，团队成员之间无私地分享各种观点和各类信息，团队荣誉感很强；③团队成员分享领导权，团队的士气高涨，即使面对极富挑战性的工作，也会表现出很强的自信心，如果个人不足以独立完成工作，会自然地寻求合适的团队成员来帮助，甚至在特殊的情况下还能激发自我潜能。

二、团队领导方式

从某种意义上讲，员工的执行力等于管理者的领导力，只有好的领导人才能带出强大的执行团队。它来自明确的目标与责任人、及时的激励、严格的考核、顺畅的沟通、有效的辅导等方面，这些都属于领导力的重要范畴。执行力的落实不在于员工，而在于管理者。领导力越强，团队执行力就越强，可以说领导力决定了企业的执行力。根据团队发展的不同阶段，我们可以采取不同的领导方式。

运用二维分析法来看，领导风格分为指挥性行为和支持性行为，这两种行为的不同组合会得出4种不同的领导方式。任何一位管理者都不可能仅仅只有其中的一种行为，他们总是或多或少地存在着其他的行为。所以，指挥性行为和支持性行为在每一个管理者的身上都或多或少地存在，只是程度上有所不同而已。有的管理者指挥性行为偏强，有的管理者支持性行为偏强。把指挥性行为作为横轴，支持性行为作为纵轴，通过这样两个轴就可以得出4种不同的领导风格和方法，即命令型风格、教练型风格、支持型风格和授权型风格。

1. 命令型领导

命令型领导的指挥性行为偏强，支持性行为偏弱。

（1）行为方面：指挥得多，支持得少，他总是告诉你做什么，怎么做。

（2）决策权方面：命令多半由管理者自己提出。

（3）沟通方面：多半是单向的沟通方式，也就是管理者说，团队成员听，自上而下沟通。

（4）监督方面：因为团队的生产力不太高，所以监督的频率也比较密。

（5）解决问题方面：命令型的领导者通常会帮助团队成员解决大量的问题。

命令型领导风格适合团队发展的成立阶段，这时团队成员刚刚组合在一起，还不具备自己判断问题的能力，团队管理者要协助团队成员发现问题，设定团队成员的角色，提供明确的职责和目标，指导团队有计划地行动。在多数情形下团队采取单向沟通的方式，自上而下解决问题。管理者要明确地告诉团队成员他所期望的工作标准，并且要求团队成员及时跟踪反馈。

2. 教练型领导

教练型领导的指挥性行为偏高，支持性行为也偏高。

（1）行为方面：指挥和支持并重，管理者既能给予团队成员大量的指示，也能倾听团队成员的想法。

（2）决策权方面：决策权掌握在管理者手中，但决策前能积极听取团队成员的建议。

（3）沟通方面：能够双向交流，并且提供反馈。

（4）监督方面：因为团队的冲突频率不断上升，监督的频率还要维持在一定的范围内。

（5）解决问题方面：当团队成员认为问题比较困难时，管理者才会出面解决。

教练型领导风格适合团队发展的磨合阶段，这时团队成员可能慢慢会知道问题在哪里，但是不能确定主要问题所在。管理者要帮助团队成员确认问题所在，帮助团队设定一些目标，说清楚决策的理由。同时，管理者也要试图听一听团队成员的想法，促进新的意见和建议的提出，必要的时候要支持和赞美团队成员提出的意见和建议。但是在决策的过程中，管理者依然是最后的决策人。

3. 支持型领导

支持型领导的指挥性行为偏低，支持性行为偏高。

（1）行为方面：多支持，少指导，尽量激励团队成员自己去做，而不是告诉他们如何去做。

（2）决策权方面：决策权已经慢慢向团队成员过渡，让大家都参与进来，营造一种宽松的气氛，鼓励团队成员提问，与管理者共同做决定。

（3）沟通方面：管理者多问少说，并且经常反馈，多听大家的意见。

（4）监督方面：监督次数减少。

（5）解决问题方面：尽可能在团队成员无计可施的时候才出面，即使再复杂的问题也要让团队成员自己试着解决。

支持型领导风格适合团队发展的稳定阶段，这时团队成员的特点是自觉性较高，不需要被指挥，他们知道该做什么、怎么去做，但是由于能力不足，还需要管理者提供一些支持、帮助和鼓励。此阶段只要团队成员之间能够相互配合、协作行动，就能够完成任务。

4. 授权型领导

授权型领导的指挥性行为偏低，支持性行为也偏低。

（1）行为方面：支持少，指导少。

（2）决策权方面：决策的过程委托团队成员去完成，明确地告诉团队成员希望他们自己去发现问题并纠正工作中的错误。

（3）沟通方面：能进行双向的交流，并且能及时地提供反馈。

（4）监督方面：尽可能少监督。

（5）解决问题方面：允许下属进行变革，鼓励团队成员自己解决。

授权型领导风格适合团队发展的高产阶段，这时团队成员的能力很强，不需要管理者指挥，并且团队成员的意愿充足，也不需要管理者支持。团队实现了分享领导权，达到了真正的高绩效。

第三节　团队冲突

冲突是指人们由于某种抵触或对立状况而感知到的差异。没有人喜欢冲突，但有人的地方就会有冲突。值得说明的是，冲突不全是坏事，它能暴露团队中存在的问题，促进问题的公开讨论，进而激发团队活力，刺激良性竞争。从某种意义上讲，冲突是创新的重要源泉。孔子曰："君子和而不同，小人同而不和。"孟子曰："无敌国者，国恒亡也。"冲突只是发展、变化或创新带来的副产物。

一、冲突与绩效

冲突与绩效的关系（见图4-1）是复杂而变动的。冲突过低（或没有冲突）的团队如同物理中没有摩擦的世界，缺少接触和碰撞，充满冷漠和迟钝。如果能够被理解或解决，冲突是可以促进人际关系的变化和发展的，因为冲突体现了参与、承诺和关心。在没有冲突的情况下，人们可能很少意识到问题的存在并解决它们，以致问题累积过多而造成严重后果。

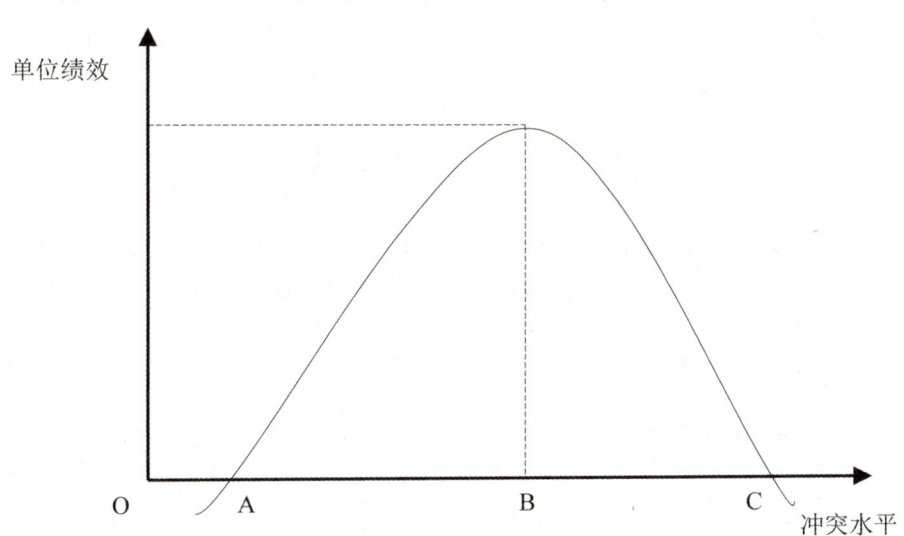

图4-1　冲突与绩效

冲突水平过高无疑对团队绩效有严重的破坏性。不加控制地对立会造成团队成员的不满，并且会导致共同关系的解除，最终使团队走向灭亡。冲突水平过高会降低团队的有效性，例如，团队成员沟通不畅；团队凝聚力降低；团队成员之间的明争暗斗成为首要任务，而团队目标降到次位。在极端情况下，冲突会导致团队功能的停顿，甚至可能威胁到团队的生存。

组织行为学把过高或过低水平的冲突称为功能失调的冲突，如上图中的 A 点或 C 点；而把支持团队目标、提高团队绩效，以及有建设性的冲突称为功能正常的冲突，如上图中的 B 点。功能正常的冲突不仅可以提高决策的质量，激发团队的革新与创造精神，还可以调动团队成员的兴趣，为团队成员提供公开讨论问题、消除紧张情绪的渠道。

二、缓解冲突的方法

美国学者玛丽·福列特（1868—1933）认为，冲突与差异是客观存在的，既然这一点不能避免，那么我们就应该对其加以利用，让它为我们工作，而非对它进行批判。她还提出了建设性冲突的概念。所谓建设性冲突，就是有价值的冲突，使双方能够通过良性互动解决问题或者带来成长。对于在中国文化背景下成长的管理者来说，最大的挑战就是如何面对冲突长期以来我们不愿意直接面对冲突，不愿意明确地表达自己的判断，甚至为了不产生冲突，而不做清晰的选择，为了表面的和谐而只做折中的选择，为了不让对方难堪而不表达自己真实的意见，这种做法将导致团队失去活力。我们应明确冲突本身是一个保持差异的现象，正是因为冲突的存在，才使得差异得以保持，又因为差异的存在，进而保持团队的活力。尤其在团队转型中，管理者首先要学会的就是如何管理冲突，如何让自己真正具有领导者的权责，如何把不同意愿的人联合起来成为团队发展的内在动力，如何让冲突成为建设性的冲突，而不是破坏性的冲突。

福列特告诫我们不要去追寻冲突中谁对谁错，甚至不要去问什么是对的。我们先假设双方都是对的，对于同一个冲突，双方都能给出正确的答案。对冲突的正确运用就是在认同双方利益的基础上，使冲突为双方所共用，让双方分别站在对方的立场上去理解对方的问题，同时寻求双方都认为正确的满意答案。冲突管理的最终结果并不是胜利，也不是妥协，而是利益的整合。

根据福列特的理论，我们知道缓解冲突的方法主要有 3 种：控制、妥协及整合。第一种方法是控制，就是一方战胜了另一方，这是处理冲突最容易的方式，但其效果是短暂的，长期来看并不成功。就第二种方法是妥协，它是解决大部分冲突的方式。各方为了和平都退让一步，或者准确地讲，就是保证让被冲突妨碍的活动能够继续进行。然而，没有人真正想去妥协，因为这意味着要放弃一些东西。第三种方法是整合，将双方的要求整合起来。既满足了双方的要求，又没有哪一方需要牺牲。因此，整合是处理冲突最富成效的方式。

三、冲突管理风格模型

托马斯-基尔曼模型（见图 4-2）为冲突管理提供了一个有效的行动框架。模型开发者肯尼斯·托马斯和拉尔夫·基尔曼教授认为："不同的人会使用不同的方法来解决冲突，大多数人都有一个或多个他们经常使用的、自然的、首选的冲突解决策略。科学地衡量一个人特有的冲突解决方式是可行的。"由此，他们从两个基本维度来描述一个人在冲突情景中的行为：一是坚持己见，即冲突一方试图满足自己诉求的程度；二是合作性，即冲突一方试图满足对方诉求的程度。托马斯-基尔曼模型分别以合作性和坚持己见为横纵坐标，构建了冲突管理的二维空间，并由此组合成 5 种冲突处理策略：竞争方式（不合作、坚持己见）、合作方式（合作、坚持己见）、妥协方式（中等程度的合作、中等程度的坚持己见）、回避方式（不合作、不坚持己见）、迁就方式（合作、不坚持己见）。

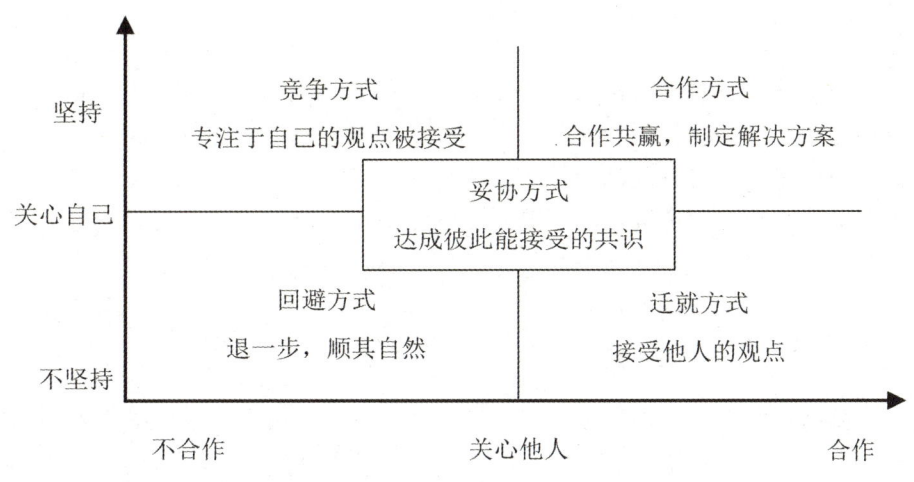

图 4-2　托马斯-基尔曼模型

1. 竞争方式

竞争方式又被称为强制方式，指为满足自身的利益而无视他人的利益，是一种"我赢你输"的策略，双方都会坚持自己的观点并试图通过施加压力而迫使另一方放弃。竞争方式很难使对方心悦诚服，不算一种解决冲突的好办法，但在应对危机或双方实力相差很大时往往很有效。

2. 回避方式

回避方式是指既不满足自己的利益也不满足对方的利益，试图置身于冲突之外，无视不一致的存在或保持中立，以退避三舍、难得糊涂的方式来处理冲突。回避方式在双方依赖性很低时采用，可以避免冲突升级及减少消极后果。但在双方依赖程度较高时，回避会对工作效率和绩效产生负面影响。

3. 迁就方式

迁就方式又被称为克制方式或迎合方式，指冲突中的一方主要考虑对方的利益或屈从于对方的意愿，从而压制或牺牲自己的利益及诉求。实行迁就方式者，要么是由于考虑长远利益而获取与对方的合作，要么是不得已而屈从于对方的实力。迁就方式在应对情绪冲突时比较有效，但如果冲突是实质合作、资源共享、责任共担时，那么迁就不但不能解决问题，反而会被视为软弱。

4. 妥协方式

妥协方式实际上是一种交易，因而也称被为谈判方式。指一种适度满足自己和他人诉

求的方式,是通过一系列的谈判、让步、讨价还价来满足双方部分要求和利益冲突的管理策略。为避免僵局,双方可能会做出一定让步,但为了避免给对方留下实力不强的印象,以及避免在之后的谈判中失去主动性,双方通常不会在一开始就同意让步。妥协方式在双方能够达成一致的愿望时会很有效,但让步的前提是,在满足对方最低期望的同时,双方都必须保持灵活应变且相互信任的态度。妥协方式的消极影响是,双方可能会因妥协而满足了短期利益,却牺牲了长期利益。

5. 合作方式

合作方式基于 4 个共识:①冲突是双方共同的问题造成的;②冲突双方是平等的,应有同等的待遇;③双方都应积极理解对方的诉求,以找到双方满意的方案;④双方应充分沟通,了解冲突情境。合作方式是一种为达成冲突各方的诉求,而以合作、协商的方式寻求新资源、新机会的冲突解决策略。其能否成功取决于冲突的具体情况及双方共同获利的可能性。

四、激发冲突的方法

冲突管理的另一层含义是在必要的时候激发一定水平的冲突。企业要获得持续发展,就需要人们的创造力。在没有充分表达和独立思考的团队里,是不可能有活力和执行力的。然而,当团队管理者不愿意正视问题,沉迷在"歌舞升平"的状态中时,员工就开始变得沉默起来,上面说什么就是什么,即使是存在明显问题的决策,团队里也鲜有人提出异议。员工沉默是一种危险的信号,它意味着积极性和创造性思考的丧失。其根本原因在于管理者没有懂得"接受冲突"的价值,他们没有意识到,从那些持不同意见的员工身上,能学到很多东西。只有接受不同的意见、反馈甚至是冲突,才能发掘隐藏在冲突背后的真正价值。大卫·萨维奇在《合作式思维》中指出:"团队就是其领导者的缩影,纵观世界,最佳团队都有一个共同点:他们接受冲突,仇视群体思维,欢迎并寻找那些勇于表达反对意见的人……那些接纳多样化视角和不同意见的领导者,其组织文化更加灵活、成功、富有活力。"

团队管理者在决定有所作为之前,应先问自己以下几个问题:我是否过于偏重折中方案以至于忽略了价值观、长远目标或组织福利;我是否过于注重不伤害他人的感情;我是否认为在奖励方面,得众望比有能力和高绩效更重要;我是否过分注重获得决策意见的一致。除此之外,团队管理者还要观察周围是否都是"点头称是的人";下属是否害怕向你承认自己的无知与疑问;员工是否对变革表现出异乎寻常的抵制。如果你对其中的一个或多个问题的回答是肯定时,就表明需要激发冲突。

1. 制度保障

激发冲突的关键是,管理者应确认冲突的合法地位,并在团队内建立允许冲突存在的制度。要激发冲突,就必须营造冲突的氛围,形成一种"畅所欲言"的气氛。管理者需要率先示范,坦然接受冲突,对那些敢于向现状挑战、倡议新观念、提出不同看法和进行独创思考的个体,给予丰厚的奖励,如表扬、晋升、加薪等。

"争议决策"理论

> 阿尔费雷德·斯隆（Alfred Sloan），通用汽车公司第八任总裁，被称为世界第一位成功的职业经理人、20 世纪最伟大的 CEO。MIT 的斯隆商学院，就是因他命名。彼得·德鲁克称他是"第一个研究如何系统地组织一家大公司的人"。有一次，斯隆主持召开了一次重要会议，并且对一项重要的决策进行讨论。会上没有发生任何争议，与会者表示完全同意并一致拥护决策层提出的方案。就在马上要表决的时候，斯隆却突然宣布："既然没有反对意见，这个事情就暂时不做决策了，直到我们可以听到不同意见的时候，再开会决策。" 斯隆很高明，他知道如果没有不同意见，这个决策就是有问题的。据说这则故事就是"争议决策"理论的起源。
>
> 所谓"争议决策"，就是鼓励"唱反调"，即在决策过程中必须要有激烈的争论和意见分歧。如果出现百分之百的赞成的情况，就应该暂时搁置，等到进行详细调查研究和充分讨论之后，再进行决策。换句话说，就是在弄清楚决策情况和意图的基础上，广泛听取意见、平衡利弊，选择最佳方案制定出最终决策。

2. 角色扮演

东方传统观念强调"和"，凡事以"和"为先，以"和"为贵。因此，中国人注重人际关系且尊重权威，忍让、退避等消极态度成为中国人主要的冲突价值取向。在这样的文化背景下，要在团队中激发冲突，除了制度保障外，管理者还需要借助一些技术性的手段，比如在团队中设置"唱反调者"的角色，即指定一个人或几个人，让其在讨论中专门提出反对意见。这种"唱反调者"更像是直言不讳的"刺儿头"，在团队中发挥着"鲶鱼"作用，他们要在团队中有意识地加大竞争力度，制造"鲶鱼效应"。冲突的重要诱因就是竞争，一个没有内部竞争的团队要想诱发冲突，特别是良性冲突，几乎是不可能的。如果一个团队长期听不到不同的声音和反对的意见，就有必要安排一些成员扮演"鲶鱼"的角色，引导其与其他成员产生良性冲突。

3. 适时干预

激发冲突的目的是把团队内的良性冲突维持在一定水平之内，所谓的良性冲突就是认知性冲突。但在特定条件下，认知性冲突有可能转化为情感性冲突，即建设性冲突有可能转化为破坏性冲突。认知性冲突演变为情感性冲突的过程，与价值观差异、信任感不足有关。价值观不同的团队成员可能在信仰、知识结构、理解力等方面都十分迥异，哪怕是对于同一个问题提出的不同解决方案，他们也不能很好地理解，甚至不愿意去理解。互不信任的团队成员在面对不同意见时，会因为怀疑彼此动机而引发破坏性冲突，如果这种状况不断恶化，团队的凝聚力就会越来越差。

为了避免认知性冲突演变为情感性冲突，管理者需要在激发冲突后，适时进行干预。在团队中，当良性冲突被激发后，持不同观点的各方需要深入思考自己的方案并收集更多的证据来说服对方。因此，良性冲突是创造力的源泉，可以让团队勤于自省，保持应有的活力，避免出现"万马齐喑"的状态。"日本的爱迪生"盛田昭夫认为"不同的意见越多越好，因为最后的结论必然更为高明""企业犯错的风险才会减少"。

第四节 会议沟通

会议的主要目的就是解决问题，若开会技巧不佳或过于频繁，不但无益于解决问题，反而会使问题越来越复杂。频繁的会议与领导层的随意决策，常常是员工的梦魇，员工花太多时间在无效率的会议上，不仅浪费公司成本，也会造成工作效率低下。美国学者迈克尔·多伊尔和大卫·施特劳斯在《开会的革命》一书中提道："如果你是一个中层管理者，每周可能有大约 35%的工作时间用来开会，而如果你是高层管理者，则可能会有超过 50%的工作时间用来开会。这就意味着，你可能要把一半以上的工作时间用于组织会议和参加会议。"因此，做好会议管理尤其是会议时间管理，对于提升个人工作绩效与组织绩效十分重要。

一、会议的目的

在绝大多数情况下，开会是一种群体沟通，很少是一对一的沟通。随着科技的迅猛发展，人们的沟通方式也越来越多。人们可以通过电子邮件、多媒体等多种形式进行沟通。但是，群体沟通，即会议这种方式，是其他任何沟通方式都无法替代的。因为这种方式最直接、最直观，这种方式最符合人类原本的沟通习惯。会议的时间一般比较长，并且常用于解决较重大、较复杂的问题。一般而言，会议的目的大致包括以下 5 点。

1. 交流信息

会议是一种多项交流，可以集思广益。管理者可以通过会议向员工通报一些决定及新的决策，还可以向员工传达来自上级或其他部门的相关资讯。团队可以利用会议来汇集资源并实现资源共享，以期相互帮助、共同进步。

2. 监督员工、协调矛盾

许多企业或部门会召开常规会议，其主要目的是监督、检查员工对工作的执行情况，了解员工的工作进度。同时，借助会议这种"集合"的、"面对面"的形式，来有效协调上下级之间或员工之间的矛盾。

3. 开发创意

开发创意作为会议目的，常见于广告公司或媒体公司。他们通过举行会议来产生新构思，并且论证新构思，使其具有可行性。

4. 解决问题、制定决策

针对团队或项目中遇到的问题，通过会议的形式进行集中讨论，找出问题的根源并制定解决方案。同时，会议也是制定重要决策的重要形式。

5. 激励士气

年初或年底的会议通常具有这一目的性。这种会议是为了使企业上下团结一心，朝着一个方向共同努力。

二、会议成效的影响因素

时下有一句流行的话是"开会比较烦"。开会之所以烦，就是因为会议常在毫无章法的状况下进行，甚至毫无意义地延长时间，即使有决议，质量也很低。简而言之，会议成效不高。那么什么样的会议才算富于成效？严格来说，符合以下3个要求的会议才算富于成效。

第一，目标能被实现。既然会议是一种用以发挥特定功能的方法，或更确切地说，会议是用以实现特定目标的手段，那么评测会议是否具有实效，其首要的标准便是审视开会之前为会议所设定的目标有无实现的可能。

第二，目标能在最短时间内被实现。这个要求本身就颇具争议性，有些人认为开会过程中的讨论甚至争议，是一件必然的事情。因此，对这些人来说，尽管是冗长的讨论或争辩，也并不违背"在最短时间内实现目标"的要求。但是，另一些人则认为，会议中的讨论或争辩并无实际的意义可言。因此，对这些人来说，就算短暂的讨论或争辩，也会被认为是浪费时间。但不管怎样，绝大多数人都同意——越能在短时间内实现会议目标越好。

第三，与会者对会议感到满意。所谓满意，并不意味与会者对会议的主题或决策感到高兴。例如，当会议的主题是探讨裁员时，与会者对这样的会议一定不会感到高兴。但若能设法使与会者了解裁员的理由，并让他们有机会发表意见或提出实施办法，那么这种做法多少会使他们感到满意。所以，想使与会者对会议感到满意，则应尽量提供机会让他们吐露心声并参与讨论。

在以上3个要求中，第二条和第三条在相当大的范围内是相互冲突的。这是因为若想使与会者感到满意，就不能不花时间讨论，但是若想在短时间内实现目标，就必须剥夺与会者自由讨论的机会。总之，真正富于成效的会议所应具备的条件是：在与会者均感到满意的情况下，以最短的时间实现会议目标。当然，要使会议全部符合这些要求实在不容易，但这些要求至少应成为会议主持人及与会者共同努力的方向。

导致会议失效的因素极多，有的存在于会议开始之前，有的发生于会议进行之中，有的则出现在会议开完之后。现将诸因素罗列如下。

1. 会议前

- 欠缺目标或目标不明确
- 欠缺议程
- 与会人选不当（与会者太多或太少）
- 会议时间选择不当
- 会议通知时间不当（太早或太晚通知开会）
- 会议通知内容欠周详
- 会议地点选择不当
- 会议场地设备欠佳
- 与会者无准备而来
- 没有明确会议终止时间或各项议案时间分配不当
- 会议不能准时开始
- 会议太频繁，致使与会者一听说要开会，无不感觉厌烦

2. 会议中

- 从事交谊活动
- 外界干扰
- 与会者发言离题
- 领导出难题
- 让没有必要留在会场的人员留在会场
- 犹豫不决
- 资料不充足，却贸然决策
- 少数人垄断会议
- 与会者之间交头接耳
- 与会者不表明真正的感受或意见
- 与会者之间争论
- 与会者与领导争论
- 视听器材发生故障
- 与会者欠缺耐心
- 会议超出预定时间
- 领导未能总结会议成果

3. 会议后

- 欠缺会议记录
- 不能对决议事项进行追踪
- 不能对会议成败得失进行检讨
- 不能及时解散已实现任务的临时性委员会或工作小组
- 与会者对会议感到不满

三、高效会议的原则

没有会议，任何企业都难以顺畅运作，而低效的会议不仅会消耗企业大量的时间和资源成本，还常常无法达成预期效果。由于会议是管理者在日常工作中的常见活动，所以做一个高效的会议管理者具有非常现实的意义。

1. 明确会议目标

对于每一次会议的召开，会议的组织者都应该明白"既然要召开这次会议，肯定是有其必要性的"。管理者在确定要开会之前，务必要明确会议的主题和目标，并且在会议开始时就将目标明确地传递给每一个参加会议的成员，以使所有的讨论都围绕着目标进行。一旦讨论超出了目标范围，就立刻重新定义目标，或者另外再开会讨论。

2. 明确会议主持人

谁来做会议的主持人？一般来说，由问题的负责人来做主持人，因为只有他才会想尽办法让这个会议有结果。如果不是由问题负责的人来主持，其他主持人就只会按流程把会议主持完，而不会关心会议的结果。

很多企业喜欢让最高领导来主持会议,其实除了战略会议之外,最高领导最好都不要主持。因为只有战略会议是最高领导的责任,其他会议都是别人的责任,应该让别人去主持。如产品会、经营会等,都应该由主要负责人去主持。

3. 选择与会人员

会议目标设定之后,紧接着便是决定与会的人选。组织者原则上只应考虑邀请下列两类人士与会。第一类,对实现会议目标有潜在贡献的人。会议既然是以目标的实现为导向,那么组织者在决定与会者人选之际,应优先考虑的便是邀请对实现会议目标有潜在贡献的人。但这并不意味这些人非出席会议不可,因为组织者也可以在会议之前约见他们,并征求他们的意见。这样,他们即可不出席会议。第二类,能够因参与会议而获得好处的人。让这些人参与会议,固然有助于会议功能的发挥,但组织者也可以故意不邀请他们参与,而只在会议之后,将会议的结果通知他们。组织者对于难以分辨是否应该邀请的人士,最好能采取"宁可邀请,而不排斥"的原则,邀请他们参加,以免遗漏。

需要特别注意的是,选择与会人员要坚持三大原则。第一,少而精。与会议议题直接关联的单位,派员参加;协办单位,不要派人陪绑。第二,有效性。具体的议题,让主要责任人直接汇报,不要让领导代为汇报,避免"一问三不知"的现象。第三,决策权。参加会议的人员,一定要有决策权,若主管领导有事而派其他人员参加,就要赋予该人员相应的权力,否则他会因做不了主而导致议而不决。

两个比萨原则

> 两个比萨原则是指与会人数不能多到两个比萨还不够他们吃的地步。亚马逊 CEO 杰夫·贝索斯认为,公司开会并非参与人数越多越好,人数太多的会议将不利于决策的形成,参与的人越多,会议的效率就越低下,人多的结果往往会导致人云亦云,无法凸显个人的独特想法。贝索斯发现,"两个比萨原则"有助于避免项目陷入停顿或失败的局面。管理者需要慧眼识才,找出能够让项目成功的关键人物,然后尽可能地给他们提供资源,从而推动项目向前发展。让人数不多的小团队在一起做项目、开会研讨,这样更有利于达成共识,促进企业创新。

4. 选定会议时间

会议组织者在选择会议时间时应考虑以下两点。首先,应该考虑自己的时间,这样能使自己做好充分的准备。这种做法并不表示组织者是一位以自我为中心的人,因为组织者既然是会议成败的关键性人物,那么在选择会议时间时,自然应以适合自己的时间为优先考虑。这是一种实事求是的做法。其次,组织者应该考虑方便与会者出席的时间,以及与会者所喜爱的时间。倘若与会者对会议时间有所不满,则会议目标的实现势必会遭受不利的影响。

会议时间必须包括起止时间。经验显示,绝大多数的会议都只列明开始的时间,而无结束的时间。这样的做法有两种严重的缺陷:第一,与会者无法对会后的工作进行规划;第二,会议的效率势必降低,因为没有规定终止的时间,所以本来 1 个小时就可以结束的会议,可能会被拖到 3 个小时才结束,这不幸应验了帕金森定律——工作会自然地扩张到填满可用时间,而不是真正需要的时间。为了避免上述两种缺陷,每一场会议都必须列明

结束时间,而且都必须按照这个时间准备结束。就算有些会议(如解决问题的会议)难以确切地把握结束时间,组织者至少也应指明会议大约结束的时间。为了避免会议过分冗长,有些组织者会故意将会议安排在午餐、某种活动或是下班之前的一段时间内举行,这是一种可行的方法。

至于一场会议到底应为时多久,虽然并无一致的看法,但多数的管理者均同意以不超过一个半小时为限,因为一般人能保持注意力集中的最长时间,大概都不超过一个半小时(这也可以说明,为何大多数电影的放映时间都在一个半小时左右)。若会议所探讨的是极其严肃的或是非常困难的问题,则一场会议的时间以不超过两个小时为宜。但这并不是说一场会议不能超过两个小时,如果议案较多的话,会议时间就不得不相应延长。但须注意的是:若一场会议的时间超过了一个半小时,则中途应留出休息时间;如果组织者不能坚守原定时间主持会议,则宁可另择时间开会,也不要轻易找人代为主持。对于重要的会议,则更应遵守这个原则。

5. 确定会议地点

许多人在从事会议规划时,都以"方便"(组织者的方便及与会者的方便)作为选择会议地点的依据。"方便"只是选择会议地点的诸多因素之一。选择会议地点,至少应顾及下列 7 个条件。

(1)会议地点必须有空档且可供使用。

(2)必须面积够大以便容纳与会者及视听器材。有人认为平均每位与会者拥有 1.5 平方米的空间才算理想。

(3)必须拥有包括桌椅在内的适当家具。会议时间越长,所使用的桌椅越应让与会者感到舒服,不过也不要让其舒服到无心开会的地步。

(4)必须拥有充足的照明及通风设备。

(5)必须能免于被噪声、电话、访客等干扰,以防与会者分心。

(6)所处位置必须令组织者及与会者都方便参加。

(7)成本必须低廉。

以上 7 个条件之中,前 4 个条件可视为任何一个会议地点的必备条件,缺一不可,但后 3 个条件则往往因相互冲突而无法同时具备。许多管理者对会议地点的选择都有这样的共同点:一般性的会议或是用时较短的会议,原则上应在与会者办公室附近召开;特别重要的会议或是用时较长的会议,则应选择远离与会者办公室的地方召开。在其他条件相同的情况下,如果会议时间短,最佳会议地点是离大多数与会者距离较近的地方;如果会议时间较长,那么距离远近的重要性就不如主要商业中心或人们常去的地方重要。

6. 拟定会议议程

顾名思义,议程就是会议的程序表。议程所涵盖的内容除足以实现会议目标的各种议案之外,还包括与会者姓名、会议时间及会议地点等项目。组织者在编排议程的时候,最好能遵守以下两个原则。

第一,按照议案的轻重缓急编排其在会议中的先后次序,这就是说紧要的事项应排在议程的前端处理,不紧要的事项则应排在议程的后端处理。这样做的一个好处便是:如果在预定的会议时间内无法将全部议案处理完毕,那么至少较紧要的议案已被处理过。而对于那些较不紧要的议案，则可另择时间处理，或是并入下次会议中予以处理。

第二，应预估每一个议案所需的处理时间并明确地标示出来。假如能这样做，则会议组织者可让某些人只参与和与他们有关的某些特定议案的讨论。这就是说，假如议程中明示了几点几分到几点几分探讨某一个议案，则组织者可以故意让某些人迟到（即令某些人在涉及他们的议案被讨论之前几分钟才进入会场），也可以故意让某些人早退（即令某些人在涉及他们的议案被讨论过之后离开会场）。这样做显然可以节省与会者的时间，不过会场的秩序可能会受到干扰。因此，组织者只能有限度地容许迟到或早退。

为了让与会者对会议及早做准备（包括心理准备及实质准备），议程应随会议通知事先发给与会者。虽然并非所有会议都需要正式的议程，但是与会者至少应当在事前有所了解，以便做好准备。议程是受到尊重还是被忽视，这与管理部门对它的利用程度成正比。

书面的议程有一个重要好处，即会议组织者将会议的目标写成书面的议程，有助于会议目标的具体化。这样，会议的议程就能按照既定轨道推进，使主持人能有计划地去处理与会人员彼此之间的相互影响。

7. 派发会议通知

很多会议组织者常常为派发适当的会议通知而头痛。这可能是由于他们的疏忽所造成的，也可能是由于他们太过匆促地决定召开会议，以致缺少足够时间做妥善的斟酌所造成。一份完整的会议通知，至少包括下列 5 项内容。

（1）会议的时间（包括会议日期及起止时间）。
（2）会议的地点（倘若并非与会者所熟悉的地点，则应附上确切的位置图及交通路线图）。
（3）会议的目标。
（4）与会者须事先准备的事项。
（5）与会者的姓名。

一般的会议通知最好是在开会前一个星期送达与会者手中，因为现代人在安排各种活动时，往往会提前一个星期做规划，而且一个星期的时间足以做好开会前的各种准备工作。超过一个星期的会议通知比较容易被遗忘，因此当有必要提前超过一星期发出会议通知时，会议组织者最好能在会议前两三天再设法向与会者提醒一遍开会时间。除非是紧急会议，否则组织者不要发出短于一星期的会议通知，因为太匆促的通知，不但令与会者来不及做好会前的准备工作，而且也很容易令他们觉得会议组织者把他们当作"呼之即来"的人！

8. 布置会议场所

布置会议场所，应考虑会议的性质及与会人数的多少。例如，在提供信息的会议里，倘若人数众多，则以不设桌子的戏院式安排或是设桌子的教室式安排较为理想。又如，在解决问题的会议里，假如人数不多，则最理想的安排是让每一位与会者均环绕桌子而坐，这样可方便与会者跟其他人进行多向沟通。再如，在培训会议里，如人数不多，则可让与会者坐在马蹄形桌子的外圈，这样不但便于与会者与主持人之间的沟通，而且也便于与会者之间互相交流；但若人数众多，则最好是将与会者分成若干小组，每一个小组分别聚在同一张桌子周围，这种安排的好处在于方便分组讨论及综合讨论。座位编排与会议成效的高低具有密切的关系。除了座位的安排之外，在布置会议地点时，还应注意以下几项。

（1）应先确定会场是否可以吸烟。倘若可以吸烟，则应准备烟灰缸；倘若不可以吸烟，则不能让烟灰缸出现在会场中。此外，当与会人数众多时，还可以按实际需要，将座位区分为吸烟区和非吸烟区；若会议不允许吸烟时，组织者最好能在会场中张贴"禁止吸烟"的标志或文字。

（2）如与会者彼此之间并不熟悉，则应考虑是否需要准备姓名卡片。

（3）准备视听器材。黑板（白板）、粉笔（白板笔）、幻灯机、投影仪或放映机等应该被视为一般会议可借用的基本工具。但要特别注意的是，幻灯机、投影仪或放映机所投射出来的文字或图形，应让全部与会者都能看清楚，而且这类机器应事先准备就绪以便随时启用。

（4）除非是较长时间的会议（超过一个半小时的会议），否则尽量不要提供茶点，以防与会者分心。

（5）当会议时间甚短且无须做记录时，可考虑采取站立的方式开会。

9. 加强会后追踪

有句话说"人们不做你希望的，只做你检查的"。因此要有专人对会议的决策事项进行跟踪。

衡量一场会议是否有成效，一是要看会议是否能够形成有效的决策，二是要看会后的决策是否能在规定的时间内实现。因此，会后的追踪非常重要，只有会后进行追踪，才能把会议的决策转换为生产力。最终的执行效果一定要有反馈，这种反馈可能是表扬或批评，也可能是奖励或惩罚等。若是系列会议，则下次会议开始之前要先汇报上次会议的决策执行情况。

内容小结

团队就是由两个或者两个以上相互作用、相互依赖的个体，为了特定目标而按照一定规则结合在一起的组织。团队和群体在领导方面、目标认同方面、协作方面、责任方面、技能方面、结果方面都存在根本性的区别。高效的团队一般具备六大特征：清晰的目标、相关的技能、相互的信任、良好的沟通、恰当的领导、有效的制度。团队的陷阱包括4个方面群体思维、群体偏移、团队规模、共同的敌人。

团队的形成和发展以组织目标为参照可以分为4个阶段：成立阶段、磨合阶段、稳定阶段和高产阶段。这4个阶段各有特点，在不同阶段可以采取不同的领导方式。成立阶段适合命令型风格；磨合阶段适合教练型风格；稳定阶段适合支持型风格；高产阶段适合授权型风格。

冲突是客观存在的，管理者必须掌握处理冲突的有效方式，可以根据冲突情景中的两种行为——坚持己见和合作性，分别采用5种冲突处理策略：竞争方式、回避方式、迁就方式、妥协方式和合作方式。团队在必要的时候需要激发一定水平的冲突。在激发冲突时，要有制度保障并采用角色扮演的方式制造"鲶鱼效应"，还要在激发冲突后，适时进行干预。

会议沟通常用于解决较重大、较复杂的问题。一般而言，会议的目的大致包括：交流信息；监督员工、协调矛盾；开发创意；解决问题、制定决策；激励士气。影响会议成效的因素有很多，因此，一场高效会议需要明确9个原则：明确会议目标、明确会议主持人、选择与会人员、选定会议时间、确定会议场地、拟定会议议程、派发会议通知、布置会议场所、加强会后追踪。

问题讨论

1. 具备什么特征的团队才是一个好的团队？
2. "一个和尚挑水喝，两个和尚抬水喝，三个和尚没水喝"与"一个人做生意，两个人开银行，三个人搞殖民地"的区别是什么？
3. 留心身边的领导，通过观察他们的言行，判断他们是什么样的领导方式？
4. 你一周之中与多少部门或员工发生过冲突，你是怎么解决的？
5. 如果高管团队发生内斗，作为领导的你该如何解决？
6. 如何保证会议的高效性？

小 故 事

电影长津湖之水门桥

这是一部讲述抗美援朝战争的故事。这场战争困难重重，当时战场的最低温度达到了零下34度，战士们穿着单薄的衣服，每天要走几十公里路；他们没有精良的武器，却要和美军的飞机、大炮过招；战士们饿了只能啃土豆，还要省下一些食物给伤员。影片主要以七连为主视角，任务是炸水门桥，切断美军的供给。七连的连长带着战士们，在冰天雪地中摸索前行，很多人都有严重的冻伤，枪也被冻住拉不开栓，在极端的低温与严寒天气中，人都冻得站不起来。即便这样，他们依旧到达了水门桥，通过"智取"一点点靠近，不惜面临死亡的风险。第一次由九连单独炸桥。然而，由于炮火的威力不足，水门桥的边角只被炸坏一个缺口。第二次炸桥，七连和九连配合，兵分4路炸桥，战士们有的负责佯攻，有的负责清除火力点，有的负责偷袭，有的负责攻击敌人的指挥部。4路战士分工协作，分为突击组、爆破组、掩护组和火力支援组。在战斗中，4路战士相互之间有信号传递，一路任务完成，另一路赶紧跟上，战士们经过艰苦卓绝的战斗和巨大的牺牲，最终完成了炸桥任务。可是，令人无法料到的是，美军带来了从未见过的先进器械和钢材，以钢木结构来加固桥身，没几天就把桥修复好了。第三次炸桥更是艰难，之前的"兵分四路"无法实现，因为前两次炸桥，志愿军战士们已经损伤惨重，仅剩的战斗力已经不多了，而且已经引起了美军的高度警惕。但即便只有这几个人，他们也可以再次分工协作，梅生开着履带车吸引敌人注意，伍千里从山上滑落负责炸桥，伍万里则戴着鱼鹰哨吸引美军注意。最后炸桥的任务圆满完成，这一次不光把桥面全部炸毁，就连桥基也炸了个干净。三次炸桥，三次重建，最终美军还是逃出生天。这一战，是抗美援朝的重要一战，也是打响国威的重要一战。经此长津湖一战，彻底粉碎了道格拉斯·麦克阿瑟"圣诞节前占领整个朝鲜"的美梦，为之后到来的停战谈判奠定了胜利的基础。《水门桥》中志愿军战士的协作经验和团队组织，单兵能力和执行力，值得我们反复研究和探讨。

启示：

一个优秀的团队，工作的重点是相互配合，工作的基础是互相信任，完成工作的必要条件是各个成员都有强大的执行力和完成任务的能力。扮演好自己的角色，就是为团队提供最大的帮助！无论是大团队还是小团队，只要能做到以上几点，就不会惧怕任何困难和挑战。

 管理沟通

沟通游戏

解手扣

规则：

1. 10人一组为最佳。
2. 学员手拉手围成一个圈，然后松开手。
3. 举起自己的双手，交叉放在胸前，分别握住两边人的手。
4. 请学员共同想办法把围成的圈理顺，使学员之间从双手交叉互握的状态恢复成第2步中正常手拉手的状态，并且必须在不松手的前提下做到这一点。

相关讨论：

1. 刚开始你的想法是什么？是否思路很混乱？
2. 当解开了一点以后，你的想法是否发生了变化？
3. 最后问题得到了解决，你是不是很开心？
4. 在这个过程中，你学到了什么？

游戏说明的道理：

合作中的冲突在所难免，关键是我们要正确认识冲突与竞争、合作的关系。其实这个游戏很像我们的工作，我们有自己的部门、自己的分工、自己的职责与自己的业务流程，但是随着情况的发展，为了达成进一步的目标，需要我们每个人都做出一些改变，否则目标就永远不可能达成。在改变的过程中，我们会相互适应和妥协。在游戏中我们看到，有的同伴把手反过来，前俯后仰地去适应别人。很显然，如果大家都坚持自己的位置与姿势不变，都想让别人来适应自己，那么这个游戏就没得玩了。只有大家都从自己原来的位置走出来，做出各种变化去适应身边的同伴，最终才有可能达成目的。

第五章　自我沟通

学习目标

1. 理解情绪与情绪商数
2. 掌握情绪的治标与治本管理之道
3. 明确情绪 ABC 理论与自我修炼
4. 识别压力的双重性与来源
5. 灵活运用自我压力管理的方法

开章引例

笑对人生的苏东坡

苏轼（1037—1101），字子瞻，号东坡居士，也被世人称为苏东坡，是中国历史上有名的诗人、文豪。在他60多年的人生里，至少有12年，不是被贬，就是在被贬的路上。罗曼·罗兰（1866—1944）说："世界上只有一种真正的英雄主义，那就是在认清生活的真相后，仍然热爱生活。"苏轼就是如此，他虽然多次遭贬，但每次都能乐观处之，他总有一种超越逆境和悲哀的力量，能把他乡变成故乡。苏轼第一次被贬，是被发落到黄州，当时他情绪低落，心情相当不好。当他在黄州城外看到连绵不绝的竹林和绕城的长江时，心里就开始盘算：这地方竹林多，肯定有许多很香、很嫩的竹笋，江里的鱼肯定也很鲜，既来到这里就不愁吃不到。想到这里，苏轼的心情好了很多。于是他在《初到黄州》中写道："自笑平生为口忙，老来事业转荒唐。长江绕郭知鱼美，好竹连山觉笋香。"苏轼第二次被贬，是被发落到惠州，他高歌："日啖荔枝三百颗，不辞长作岭南人。"苏轼在南方时，已经年老多病，他不得不有所顾虑，但又一想"北方何尝不病""京师国医手里，死汉尤多"，也就宽慰了。苏轼第三次被贬，是被发落到海南的儋州，此时他已是晚年。刚到海岛时，苏轼确有一番伤心之情："吾始至南海，环视天水之际，凄然伤之，曰：'何时得出此岛耶？'"但转念一想："天地在积水中，九州在大瀛海中，中国在少海中，有生孰不在岛中？"大陆也是被大海包围着，大家不都是生活在岛上吗？如此想，他"一笑""与客饮薄酒小醉，信笔书此纸"。即使身处逆境，即使郁郁不得志，苏轼始终没有放弃对生活乐趣的追求，没有放弃对诗文写作的爱好，这才有了苏轼流传青史的诸多佳作。

林语堂（1895—1976）在《苏东坡传》中详细地概括了苏东坡豁达的一生："我们未尝不可说，苏东坡是个秉性难改的乐天派，是悲天悯人的道德家，是黎民百姓的好朋友，是散文作家，是新派的画家，是伟大的书法家，是酿酒的实验者，是工程师，是假道学的反

> 对派，是瑜伽术的修炼者，是佛教徒，是士大夫，是皇帝的秘书，是饮酒成癖者，是心肠慈悲的法官，是政治上的坚持己见者，是月下的漫步者，是诗人，是生性诙谐爱开玩笑的人。可是这些也许还不足以勾绘出苏东坡的全貌。"

第一节 情绪商数

情绪商数（Emotional Quotient，EQ），它代表的是一个人的情绪智力（Emotional Intelligence，EI），主要指人在情绪、情感、性格、意志、交际等几个方面中与个人素质有关的品质，它反映了一个人控制自己情绪、承受外界压力、把握心理平衡的能力。简单而言，EQ是一个人管理自我情绪及管理他人情绪的能力指数。人们以往认为，一个人能否在一生中取得成就，智力水平是第一重要的，即智商越高，取得成就的可能性就越大。但现在心理学家们普遍认为，情商水平的高低对一个人能否取得成功也有着重大的影响作用，有时其影响作用甚至要超过智商水平的影响作用。情商水平不像智商水平那样可以用测验分数较准确地表示出来，它只能根据个人的综合表现进行判断。

一、情绪的认知

关于情绪的定义，一直存在众多的争论。人们通常以愤怒、悲伤、恐惧、快乐、欢喜、惊讶、厌恶、羞耻等反应来说明情绪。中国人常说的喜、怒、忧、思、悲、恐、惊七情，也可以被称作情绪。情绪总是同人的需要和动机有着密切的关系，如人的某种需要得到满足或未被满足时，将会产生愉快或难过等感受。因此，情绪是指人们在内心活动过程中所产生的心理体验，或者说是人们在心理活动中对客观事物的态度，是人脑对客观事物与人的需要之间的关系的反映。情绪是一个复杂的整体过程，它的构成包括3个层面：在认知层面上的主观体验；在生理层面上的生理唤醒；在表达层面上的外部行为。

1. 情绪的生理变化

在不同的情绪状态下，人的心率、血压、呼吸乃至人的内分泌系统、消化系统等，都会发生相应的生理变化。例如，人在焦虑状态下，会出现呼吸急促、心跳加快；人在恐惧状态下，会出现身体战栗、瞳孔放大；人在愤怒状态下，会出现汗腺分泌增加、面红耳赤等。这些生理变化都是受人的自主神经支配的，是不由人的意识所控制的。因此，不同情绪状态下的这些变化，具有极大的随意性和不可控制性。例如，当我们考试失利、情感受挫或工作压力大时，不可避免地会出现一些情绪上的反应，即使你努力去控制，情绪也还是会出现。

2. 情绪的内心体验

人的不同情绪状态必然会反映到人的知觉和意识中来，从而形成不同的内心感受和体验。美国心理学家卡洛尔·伊扎德提出的情绪四维理论认为，人对情绪状态的自我感受，是在愉快度、紧张度、激动度和确信度这4个维度上产生的心理感受。愉快度表示主观体验的享乐色调；紧张度表示情绪的心理激活水平，包括肌肉紧张和动作抑制等成分的激活水平；激动度表示个体对情绪、情境出现的突然性，即个体缺乏预料和缺乏准备的程度；确信度表示个体胜任、承受感情的程度。内省的情绪体验是人脑对客观环境和客观现实的重要反映形式之一，这种反映形式不同于认知活动，它不是对客观事物本身的反映，而是带有主观色彩的反映。例如，人在受到伤害时，会感到痛苦；在朋友聚会时，会感到由衷的快乐；在面临极度危险时，会产生令人毛骨悚然的恐惧感；在某些需要得到充分满足时，会感到幸福愉快；在被欺辱时，会感到愤怒；在失去亲人时，会感到悲伤等。

3. 情绪的外在表现

情绪不仅体现为生理上的反应和内心的体验，还会通过面部表情、体态表情和声态表情等外在形式表现出来。面部表情最能直接反映人的情绪状态，人们可通过一个人的面部表情变化，了解一个人的情绪状态。例如，当自己所喜欢的球队获胜时，人们会不由自主地喜笑颜开；当遇到困难和挫折时，人们会愁容满面。体态表情同样可以反映一个人的情绪状态。例如，在期末考试过后，我们可通过考生们的坐立不安、手舞足蹈和垂头丧气来看出他们此时此刻的情绪状态。声态表情则是指人们在交流时的声调、音色和声音节奏的快慢等。例如，当人们悲伤时，语调低沉、语速缓慢、语言断断续续；当人们兴奋时，则语调高昂、语速加快，声音抑扬顿挫、清晰有力。

二、情绪的特点

情绪其实是人脑中的各种生化反应，而这种反应可以瞬间改变。外界刺激作用于人体时，可引起中枢神经系统本身和由该系统所支配的躯体各系统、各器官之间广泛的生理反应，以及相应的神经递质和神经分泌等生物化学反应。到达大脑皮质的一部分神经冲动被个体意识到后，便会引起复杂的心理反应。这些心理反应通常以某些特殊色彩的体验形式表现出来，如喜悦、愤怒、悲伤、恐惧等，这些反应就是情绪。如果我们希望能够掌控自己的情绪，那么就必须下意识地控制脑中的反应，而不是任凭这些反应胡乱起舞。

情绪是一种能量和动力源，不但能够产生能量，还可以转化甚至利用这种能量。当你感觉生气时，会不喜欢、不舒服，并希望做出新的决定，于是有了做出决定的动力，就是情绪能量的作用；当你感觉羞耻时，会发奋图强并立志改造自己，于是有了改变的动力，也是情绪能量的作用。很多人不知道怎么利用这种能量，他们会"忍""以和为贵""能忍则忍""一忍再忍"，直到"忍无可忍"。当我们生气时强"忍"着情绪，会感觉到一股能量在自己体内乱蹿，并能感觉到它的存在和力量，像要炸开一样。当"忍"得久了，人们遇到一丁点不如意的事情，就会很容易被刺激到，那点不如意和不舒服能轻易地把内在的那股能量勾出来，并因此而不受控制地发作，这种发作是不会就事论事的。因此，情绪在体内产生的能量，能利用最好利用，不能利用的话也不要压抑。

情绪具有传染性。当身边优秀的朋友多了，你就会受到朋友人格魅力的影响，知道关心、爱护、理解、支持他人，并且会自然而然地成为一个知书达理的人。换句话说，是朋友的做法影响了你，因为他的情绪会感染到你。这就应了一句话："近朱者赤，近墨者黑"。当你遇到烦恼的事时，要学会控制自己的情绪，而不应把这些不愉快的情绪渲染、转嫁到他人身上；要习惯于面带微笑，因为微笑就像阳光一样，能给周围的人带来快乐。如果我们每个人都能及时消除自己的"情绪垃圾"，就能防止被情绪"污染"。

管理沟通

踢猫效应

某公司董事长为了重整公司的一切事务，许诺自己将早到晚回。有一次，他看报看得太入迷以至忘了时间，为了不迟到，他在公路上超速驾驶，结果不仅被警察开了罚单，最后还是迟到了。这位董事长愤怒之极，到办公室后，他为了转移别人的注意，将销售经理叫到办公室训斥了一番。销售经理挨训之后，气急败坏地走出董事长办公室，将秘书叫到自己的办公室并对他挑剔了一番。秘书无缘无故被人挑剔，自然有一肚子气，就故意找接线员的茬。接线员无可奈何、垂头丧气地回到家，对着自己的儿子大发雷霆。儿子莫名其妙地被父亲痛斥之后，也很恼火，狠狠去踹身边打滚的猫。猫逃到街上，正好一辆卡车开过来，司机赶紧避让，却把路边的孩子撞伤了。这就是心理学上著名的"踢猫效应"，描绘的是一种典型的负面情绪的传染。人的负面情绪，一般会随着社会关系链条依次传递，由地位高的人传向地位低的人，由强者传向弱者，而无处发泄的最弱小的人便成了最终的牺牲品。

三、EQ 的历史

早在 1902 年，美国哥伦比亚大学教授爱德华·桑戴克（1874—1949）就首先提出了社会智力（Social Intelligence）的概念，他认为拥有高社会智力的人"具有了解及管理他人的能力，并且能在人际关系上采取明智的行动"。1926 年桑戴克推出了第一份社会智力测验（George Washington Social Intelligence Test），问卷的题目包括指认图片中人物的情绪状态，以及判断人际关系中的问题等。然而，接下来的几十年，心理学界在这方面的研究停滞下来，因为大家都忙着发展及研究 IQ（Intelligence Quotient）测验，当时人们认为 IQ（即一个人的数学、逻辑、语文及空间能力）会决定一个人的学习及受教的能力，并且会影响其将来的工作发展及表现。

直到 1983 年，美国心理学家霍华德·加德纳教授提出了对现今教育体系影响甚大的"多元智力"理论。他认为原先只重数学、物理、语文等能力的传统定义"智力"（即 IQ）的方式需要大幅修改，因为一个人的 IQ 除了与学习成绩有很高的正相关（IQ 愈高，功课愈好），与其他方面（如工作表现、感情及生活满意度等）并无太大的关系。他在多元智力理论中，多加了几项，包括了音乐、体育及了解自我和了解他人之能力。而这后两项，让桑戴克教授"社会智力"的概念再一次受到教育界及心理学界的重视。

第一个使用 EQ 这个名词的人是以色列心理学家鲁文·巴昂，他在 1988 年编制了一份专门测验 EQ 的问卷。根据他的定义，EQ 包括了那些能影响我们去适应环境的情绪及社交的能力。其中有五大项：自我 EQ、人际 EQ、适应力、压力管理能力和一般情绪状态（乐观度、快乐感）。随后，美国耶鲁大学的彼得·沙洛维教授和新罕布什尔大学的约翰·梅耶教授在 1990 年提出了情绪智力的定义。他们认为情绪智力应和乐观等人格特质区分开来，EQ 的内涵大致可分为 5 个元素：清楚知道自己的情绪、合理表达自己的感受、自我控制欲望冲动的能力、知道别人的感受、和谐的人际关系。所以他们对 EQ 的定义重点在于了解并运用情绪方面。目前，在各国广泛使用的 EQ 测验（MSCEIT），即为他们的最新研究成果。

真正让"EQ"一词走出心理学的学术圈，而成为人人朗朗上口的日常生活用语的心理学家是哈佛大学的丹尼尔·戈尔曼教授。他在 1995 年出版的 *Emotional Intelligence* 一书，登上了世界各国的畅销书排行榜，在全世界掀起了一股 EQ 热潮。戈尔曼教授发现，一个人的 EQ 对他在职场的表现有着非常重要的影响。举例而言，一个针对美国前 500 名企业的员工调查发现，不论产业类别是什么，一个人的 IQ 和 EQ 对他在工作中成功的贡献比例为 IQ：EQ=1：2。也就是说，对于工作成就而言，EQ 的影响是 IQ 的两倍，而且职位愈高，EQ 对工作表现的影响就愈大。此外，对于某些工作类别（如营销业务及客户服务等），EQ 的影响就更为明显。

四、EQ 的内容

人们从对 EQ 的研究中发现，与生活各层面息息相关的"情绪智力"，就是我们个人在情绪方面的整体管理能力。戈尔曼教授认为，"情绪智力"包含以下 5 个方面的内容。

1. 认识自己的情绪

学会认识自己的情绪是情感智商的基石，当人们出现某种情绪时，应该承认并认识这种情绪而不是躲避或推脱。人们只有对自己的情绪有更大的把握时，才能良好地引导自己的情绪并准确地决策某些重要的事情，从而成为生活的主宰。反之，不了解自身真实情绪的人，必然沦为情绪的奴隶。

2. 妥善管理情绪

情绪管理是指能够调控与安抚自己的情绪，通过自我安慰使情绪适时、适地、适度。这种能力具体表现在通过自我调节或运动放松等途径，有效地摆脱焦虑、沮丧、激怒、烦恼等因失败而产生的消极情绪，不使自己陷于情绪低潮之中。这方面能力较匮乏的人，常需与低落的情绪交战；而这方面能力强的人，则能够控制负面情绪的蔓延，从人生的挫折和失败中迅速跳出，重整旗鼓、迎头赶上。

3. 自我激励

懂得自我激励的人，不仅能够快速整顿情绪，让自己朝着一定的目标努力，还能够激发自己的注意力与创造力。任何方面的成功都必须有情绪的自我控制，即能够做到延迟满足、控制冲动、统揽全局。拥有这种能力的人能集中注意力、把握自我、发挥创造力，积极热情地投入工作之中，并能取得杰出的成就，而缺乏这种能力的人，则易半途而废。

棉花糖实验

1966 年，美国斯坦福大学的沃尔特·米歇尔博士，在斯坦福大学附近的宾格幼儿园做了一个著名的棉花糖实验。研究团队把一群 4~5 岁的孩子领到一间空教室，在桌上放上零食（通常是棉花糖，有时是巧克力豆，也有奥利奥饼干及其他一些好吃的东西）。在实验过程中，研究人员告诉孩子，他们可以现在就吃掉棉花糖，也可以选择等待。如果在待过程中（15 分钟）没有吃棉花糖，那么这个孩子就可以得到两块棉花糖。在美食面前等待 15 分钟，这对孩子来说，简直就像一辈子那么长。研究人员走了以后，有些孩子很快就忍不住了，而有些孩子则会努力克制，他们寻找各种各样方法来分散自己的注意力：唱歌、跳舞、东张西望，尽量把视线从棉花糖上移开。15 分钟以后，研究人员回来了，他们给坚持没有

吃棉花糖的孩子再奖励了一个棉花糖。实验之后，研究者进行了长达14年的追踪。他们发现，到中学时，这些孩子表现出了明显的差异：那些坚持到最后的孩子在学校里表现出了很强的适应能力和进取精神，而没有坚持到最后的孩子则比较固执、孤僻，很难承受挫折与压力。其中，一个名叫苏珊·沃西基的孩子，当年以坚强的自控力，在一群孩子中脱颖而出，成为YouTube的CEO，被誉为"谷歌之母"，在2019年被评为全球科技业领导者，排名第8位。这个实验证明了这样一个事实：那些更善于调控自己情绪和行为的孩子，不仅拥有更健康的心理，而且未来更有希望获得成功。

4. 认知他人的情绪

认知他人的情绪，即移情的能力，是在自我认知的基础上发展起来的最基本的人际交往技巧。具有这种能力的人，能敏锐地感受到他人的需要与欲望；能分享他人的情感，对他人的处境感同身受；还能客观地理解、分析他人的情感。此种能力强的人，特别适合从事监督、教学、销售与管理的工作，他们能了解别人的真正感受，察觉别人的真正需要。

5. 人际关系的管理

好的人际关系是指能够理解别人的情绪并维持良好的关系。这也是建立领导力的基础。总体而言，人际关系的管理就是调控对待他人情绪反应的技巧。这种能力包括展示情感、富有表现力与情绪感染力，以及社交能力（组织能力、谈判能力、冲突能力等）。人际关系管理可以强化一个人的受欢迎程度、领导权威、人际互动的效能等。能充分掌握这项能力的人，常是社交上的佼佼者，反之则易于攻击别人、不易与人协同合作。因此，一个人的人缘、领导力及人际和谐程度，都与这项能力有关。

戈尔曼所提及的这5个方面，不仅扩大了"情绪智力"的内涵与外延，而且说明了"情绪智力"在人生成长道路上的重要性。上述5个方面是一种由内而外的自我要求和自我省察，首先，洞悉自己的情绪，知其产生的原因，以调整并掌控自我；然后，摆脱焦虑、悲观、愤怒、妒忌等负面心情，做情绪的主人而不受其控制；最后，进一步激励自己，发挥潜能，心存光明，形成正面的思想并了解他人的感受和需要。由此，圆融的人际关系自然水到渠成。拥有以上的情绪特质，不但有助于我们解决生活中可能会面临的各种逆境，而且对个人的心境、健康和感情生活都有莫大助益。

第二节　情绪管理

戈尔曼在 *Emotional Intelligence* 一书中提出："通过控制情绪，管理者可以成为卓越的领导人。"情绪管理就是善于掌控自我和善于调节情绪，不仅对生活中由于矛盾和冲突引起的不良情绪能有效地排解，还能以乐观的态度、幽默的情趣及时缓解紧张的心理状态。对自身情绪进行管理的过程就是自我沟通的过程。有句话这样说："生命的长度是上帝所给予的，但生命的宽度却掌握在自己的手中。"的确，我们虽然不能控制生命的长度，但可以控制生命的宽度。我们可以在工作和生活中，掌控自己的情绪和心态，掌握沟通的技巧，使人际关系更融洽，也使生命更圆满、更有意义。正如史蒂芬·柯维博士曾提出的"90/10定律"那样,生命的10%由机遇构成,90%由你的反应所决定。也许你不能掌控那10%的发生,但是你可以把剩下的90%牢牢地掌握在自己的手里,也就是不去做无端放大那10%不利影响的事情,这才是最重要的心理建设。

一、情绪ABC理论

情绪ABC理论是由美国心理学家阿尔伯特·埃利斯(1931—2007)创建的。该理论认为激发事件A(Activating Event)只是引发情绪和行为后果C(Consequence)的间接原因,而引起后果C的直接原因则是个体由于对激发事件A的认知和评价而产生的信念B(belief),即人的消极情绪和行为障碍。后果C不是由某一激发事件A而直接引发的,而是由经受这一事件的个体对它不正确的认知和评价所产生的错误信念B所直接引起的。

情绪ABC理论,如图5-1所示,A指事情的前因,C指事情的后果,有前因必有后果,但是有同样的前因A,产生了不一样的后果C_1和C_2。这是因为从前因到后果之间,一定会经过一座桥梁B,这座桥梁B就是我们的信念和我们对情境的评价与解释。又因为,在同一情境之下,不同人的信念、评价与解释不同(B_1和B_2),所以会得到不同后果(C_1和C_2)。因此,事情发生的一切根源,皆源于我们的信念、评价与解释。

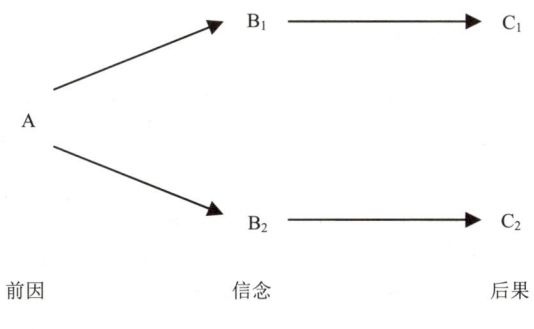

图 5-1　情绪 ABC 理论

情绪ABC理论建立在埃利斯对人的基本看法之上。埃利斯对人的本性的看法可归纳为以下几点。

(1)人既可以是有理性的、合理的,也可以是无理性的、不合理的。当人们按照理性思维去行动时,他们就会很愉快并富有竞争精神,行动起来也会富有成效。

(2)情绪是伴随人们的思维而产生的,情绪上或心理上的困扰是由不合理的、不合逻辑的思维造成的。

(3)人具有生物学和社会学的倾向性,倾向于有理性的合理思维和无理性的不合理思维。任何人都有或多或少的不合理的思维与信念。

(4)人是有语言的动物,思维借助于语言进行,不断用内化语言重复某种不合理的信念,将导致无法排解的情绪困扰。

因此,埃利斯认为"人的情绪不是由某一诱发性事件本身所引起的,而是由经历了这一事件的人对这一事件的解释和评价所引起的。"这就是情绪ABC理论的基本观点。通常,

人们会认为情绪及行为反应是直接由激发事件 A 引起的，即 A 引起了 C。情绪 ABC 理论则指出，激发事件 A 只是引起情绪及行为反应的间接原因，而人们对诱发性事件所持的信念、评价与解释 B 才是引起人的情绪及行为反应的直接原因。

例如，两个人一起在街上闲逛时，迎面碰到了他们的领导，但对方没有与他们打招呼，而是径直走过去了。这两个人中有一个人是这样想的：他可能正在想别的事情，没有注意到我们，即使是看到我们而没理睬，也可能是有什么特殊的原因。而另一个人却可能有不同的想法：是不是上次我顶撞了他一句，他就故意不理我了？下一步他可能要故意找我的茬子了。这两种不同的想法会导致两种不同的情绪和行为反应。前者可能觉得无所谓，该干什么还干什么；而后者可能会忧心忡忡，以至无法冷静下来干好自己的工作。从这个简单的例子可以看出，人的情绪及行为反应与其对事物的想法、看法有直接关系。在这些想法和看法背后，有着人们对一类事物的共同看法，这就是信念。这两个人的信念不同，前者在情绪疗法中被称为合理的信念，而后者则被称为不合理的信念。合理的信念会引起人们对事物适当、适度的情绪和行为反应，而不合理的信念往往会导致不适当的情绪和行为反应。如果人们总是坚持某些不合理的信念，并且长期处于不良的情绪状态之中，那么终将导致情绪障碍的产生。

二、情绪管理的方法

情绪本身并没有好坏之分，它是我们适应社会的一种心理活动。但情绪的不当表达会对身心健康、自身发展和社会进步产生不利影响。一个团队若充斥着很多具有负面情绪的员工，不但会削弱团队的协调力，还会降低工作绩效，影响团队的正常运转。所以，员工需要进行情绪管理，将正面情绪回馈给团队、客户及消费者，创造团队绩效的最大值，提升团队的竞争力。情绪管理不是要去除或压制情绪，而是要在觉察情绪后，调整情绪的表达方式。心理学家认为，情绪调节是改变自己或他人情绪的过程，人们在这个过程中，通过一定的策略和机制，使情绪在生理活动、主观体验、表情行为等方面发生一定的变化。情绪固然有正负之分，但关键不在于情绪本身，而在于情绪的表达方式，以合适的方式在适当的情境中表达恰当的情绪，就是健康的情绪管理之道。情绪管理分为"治标"和"治本"两部分，不论是"治标"还是"治本"，每个人都可以通过正确的情绪管理之道，让自己乐在工作、乐在成长，以健康的心态投身于团队的发展之中。

1. 情绪治标管理

当一个人在生活或工作中受到挫折或打击后，由于种种原因，无法将委屈或不满表现出来，只能把这种负面情绪压制下去。但人的心理承受能力是有限的，如果不良情绪长期积郁在心中，人的心理就会出现严重的失衡，甚至引发疾病。为了维持自身的心理平衡，人们需要通过恰当的方式将个人的消极情绪予以宣泄，使心中积压的负面情绪得以释放，从而摆脱这种负面情绪的干扰，恢复心理的平衡。

当情绪出现低潮时，大多数人会通过一些行为方式让自己把愤怒、沮丧或不安等情绪通通发泄出来。例如，可以找人倾诉，一吐为快，也可以想哭就哭。不习惯哭泣的人，可以通过逛街买东西、唱歌、运动、开车兜风、给自己写信等方式，将体内聚集的负面情绪向外界发泄。我们往往会有这样的体验，一旦这种负面情绪得以发泄后，内心便会产生一种如释重负的感觉，心情也会随之舒畅。

以上这些方法都是"治标"的情绪管理，也就是用极短的时间，做一些转移注意力的事，或者在极短的时间内，改变自己的行为，不让自己一直沉浸在负面情绪里。这种治标的情绪管理技巧，每个人都需要具备2~3项，这样才能在负面情绪出现时，使自己快速地调整回来。

2. 情绪治本管理

"治本"的情绪管理需要从内在价值观出发做改变。许多人受狭隘价值观的影响而不自知，从认知心理学的角度来看，这些人的不快乐往往是因为对待人和事的看法不够全面，经常钻牛角尖，不但让领导、同事受不了，自己也不好过。长久以来，人们都认为自己是被事情所困扰，其实不然，人们是被自己看待这个事情的观点所困扰，而看待事情的观点，是自己可以控制的。常言道"心态决定一切"。调整心态是调整情绪的有效方法，心态是自己可以调整和控制的。幸福或坎坷，快乐或悲伤，都是由人的心态决定的。我们之所以感到生活枯燥无味，是因为我们的心态是枯燥乏味的。一个人的心态是什么样的，他眼中的世界就是什么样的。

第一，学会接受生活的真相。很多时候，我们都喜欢假设，假设自己长得非常漂亮，假设当初能再坚持一下，假设第一次创业没有失败等。遗憾的是，人生是一张单程车票，所有走过的路和经历过的事都成了不可更改的事实。这些事实如果是幸运的，带着祝福与欢乐，我们自然愿意欢欢喜喜地接受；这些事实如果是不幸的，带着伤心与眼泪，我们就会感到排斥，不愿接受，甚至会掉进各种假设的陷阱，悔恨、懊恼、失望、自责，直至身心俱疲。无论我们愿意接受还是不愿意接受，这就是生活的真相。很多遭遇不幸的人会拿假设来慰藉自己，这本无可厚非，但若是沉溺其中，这些假设就会成为心灵的枷锁，束缚自己追求成功的力量。已经发生的事情，都是注定无法改变的事实，若想否认这些事实，其实就是在否定自己。我们要学会接受事实，不和过去的任何事情较劲，才有精力去"改造"自己不尽如人意的命运。有人说"人生因为遗憾而美丽！"如果我们不能把遗憾看作上天给我们的另一种恩宠，那么就让自己试着接受。一味地抱怨生活，天空就会布满阴霾，只有学会接受，天空才会晴空万里。

第二，与其让别人适应你，不如你去适应别人。每个人都有支配别人的欲望，因为人在潜意识里都希望自己扮演的角色是有影响力的。人际关系的不和谐多半是因为我们总是试图让别人适应自己而造成的。所以，当我们觉得自己的人际关系不尽如人意的时候，不要把责任归咎于别人，而要多从自己身上找找原因。当我们不再对别人要求苛刻，不再要求别人适应自己，而是学会了通过他人、现实或历史来剖析自己、调整自己，学会了改变自己去适应别人时，才是我们走向成熟和理智的标志。卡耐基曾说："想要别人怎样对你，你就要先对别人怎样。"人与人之间相处的艺术，就是一种妥协的艺术。试图改造别人，让别人适应你，只会引起别人的反感。聪明的人会顾全大局，例如，为了更好地合作，或为了减少冲突，又或为了共同的幸福，在一些非原则的问题上选择妥协，改变自己去适应别人。没有人会像泥人一样任我们搓圆捏扁，我们能掌控的只有自己。

第三，改变不了环境，就改变自己。人无法改变外界，却可以改变自己。人生之事，不如意者十有八九。我们无法控制每一件事情，比如生老病死、挫折失败、股市涨跌、海啸地震，以及各种不幸的降临等，但是我们可以控制自己的情绪。当我们没有能力去改变

环境的时候，尤其是环境不利于我们的时候，那就改变自己，这是一种智慧，也是一种策略。伊索寓言中有这样一则故事：一阵狂风，把一棵大树连根拔起。大树看到旁边池塘里的芦苇就问："为什么这么粗壮的我都被风刮断了，而这么纤细的你却什么事也没有呢？"芦苇回答说："我知道自己软弱无力，就低下头给风让路，避免了狂风的冲击；而你却拼命抵抗，结果被狂风刮断了。"这则故事告诉我们应该像芦苇一样，尽管柔软，但有智慧。如果不能改变环境，那就改变自己，就像我们不能让外面的雨停止，那就带上伞出门，或者发现前面的路因为某种原因不通行了，那就绕道走，这又有什么关系呢？

第四，改变心情，改变事情的结果。我们的行为总是受心情的牵引，同样一件事，用不同的心情去对待，就会有截然不同的结果。我们经常会有这样的经历，如果我们走进办公室时心情轻松愉悦，就会很快进入工作角色，不仅工作效率高，而且完成质量好；反之，如果我们走进办公室时心情低落，则会久久不能进入工作状态，并且工作效率低，完成质量差。有这么一个故事，有个人买了一张 2 美元的彩票，结果中了头奖，他拿所有的奖金买了一栋豪宅。在一次外出中，他的豪宅在大火中付之一炬。当记者问他有什么感受时，他说："没什么，我只不过是烧掉了一张 2 美元的彩票而已。"工作也是一样，如果我们习惯于抱怨自己的工作多么枯燥、老板多么苛刻，每天都唉声叹气、愁眉苦脸地做事，那么我们永远也得不到老板的赏识。为什么不把工作想象成一件愉快的事呢？我们不仅借助这个舞台学到了更多的知识和技能，还领到了一份薪水，这难道不像是带薪学习的美差吗？如此一想，我们的心情就会变好，不仅干劲倍增，还做出了成绩，这样自然会得到老板的赏识与重用。要想改变事情的结果，就要先改变自己的心情。只有心情改变了，我们做事的效率才会改变，别人对我们的看法才会改变，事情的结果也才会改变。

三、自我修炼

时下盛行的社会观点认为，环境与条件对我们起着决定性的作用。由此而产生了 3 种用来解释人性的"决定论"。这 3 种"决定论"已经被人们广泛接受，有时会单独使用，有时会交叉混合使用。

（1）基因决定论：认为人的本性是祖先遗传下来的，认为人的基因决定了他们自身的行为方式与心理内容。例如，一个人的脾气不好，是因为他祖先的 DNA 中就有坏脾气的因素，通过基因被继承下来。既然生来如此，也就只好如此。

（2）心理决定论：强调一个人的本性是由父母的言行决定的。例如，你总是不敢在人前出头，每次犯错都内疚不已。这与你父母的教育方式和你的童年经历密切相关，因为你忘不了自己在尚且稚嫩、柔弱和依赖他人时受到的心灵伤害，忘不了小时候因为表现欠佳而遭遇的惩罚、排斥和与人做比较的感受。

（3）环境决定论：主张环境决定人的本性。例如，你的学习成绩不好，是因为家庭环境太差；你的事业没有进展，是因为没有人支持你；你的婚姻生活不快乐，是因为没找到一个理想的伴侣；你之所以失态，是因为别人把你激怒了，等等。周遭的人与事，如领导、配偶、叛逆期子女，或者经济状况乃至国家政策，都可能是影响因素。

这 3 种决定论都以"刺激-反应"理论为基础，很容易让人联想到巴普洛夫所做的条件反射实验。其基本观点就是认为我们会受条件左右，会以某种特定方式来回应某种特定刺激。然而，人与动物最根本的区别在于在刺激与反应之间，人有选择的自由。这种自由来自人类特有的 4 种能力：自我意识、想象力（即超出现实而在头脑中进行创造的能力）、良知（即明辨是非、坚持行为原则、判断思想言行正确与否的能力）、独立意志（即能够不受外力影响而自行其是的能力）。其他动物智慧再高，也不具有上述的能力。

因此，人据此分成两种：一种受制于人，另一种操之在我。受制于人者易为环境所左右，在秋高气爽的时节，就兴高采烈；在晦暗阴霾的日子，就无精打采。如果我们能做到操之在我，心中就会自有一片天地，很难受到外界的干扰。例如，我们认定工作品质第一，即使天气再坏，也依然不改敬业精神。受制于人者，也会受制于"社会天气"的阴晴圆缺。例如，当我们受到夸奖或尊重时，就心情愉悦；受到怠慢或指责时，就心情压抑。如果我们的心情总是被别人的态度所牵动，那么我们就会像一只无舵的小舟，任凭风吹浪打。

选择的自由

> 维克多·弗兰克尔（1905—1997）是一位受过弗洛伊德心理学派洗礼的决定论者。该学派认为一个人的本性在幼年时期即已定型，而且会左右一生，日后改变的可能性微乎其微。弗兰克尔由于身为犹太裔心理学家，在二次大战期间被关进了纳粹死亡营，遭遇极其悲惨。他的父母、妻子与兄弟都死于纳粹魔掌，所有的亲人只剩下一个妹妹。他本人则受到严刑拷打，过着朝不保夕的生活。
>
> 有一天，弗兰克尔赤身独处于囚室，忽然之间意识到一种全新的感受。日后他将此感受命名为"人类终极的自由"，当时他只知晓这种自由是纳粹军人永远无法剥夺的。在客观环境上，他完全受制于人，但自我意识却是独立的，超脱于肉体束缚之外。面对纳粹的折磨，他发现自己可以选择沉默，也可以选择伪装，还可以安慰自己："一顿毒打算不了什么！"他为活着的每一天而感到欣慰，也为腐烂皮肉之中的新生而感到高兴。他甚至在设想，如果有一天获释了，他将站在讲台上，把自己的发现和研究成果传授给年轻的学生们。他可以自行决定外界的刺激对自身的影响程度。换句话说，在刺激与回应之间，他发现自己还有选择如何回应的自由与能力。
>
> 弗兰克尔不断地锻炼自己的意志，直到心灵的自由和操之在我的能力终于超越了纳粹的禁锢。他变得安详，脸上重新有了宁静的微笑。他协助狱友们在苦难中找到了人生的意义，甚至赢得了狱卒的尊敬和爱戴。弗兰克尔是极少数从死亡集中营活下来的囚犯之一，后来成了卓有成就的心理学大师。

受制于人与操之在我，这两种不同的人生态度，有如天壤之别。如果再加上聪明才智上的差距和作用，两者之间简直是云泥之隔。如果说后者之中半是英雄半是狂夫的话，那么前者则是清一色的平庸之辈。其实，受制于人与操之在我（见表5-1）之间的差距仅仅在于思维方式的不同。

表 5-1　受制于人与操之在我

受制于人	操之在我
我已经无能为力	让我再试试看有没有别的可能
我就是这样一个人	我可以让自己做出一些改变

续表

受制于人	操之在我
他使我怒不可遏	我应该学会控制自己的情绪
他们不会接受的	我可以找到一种有效的表达方式
我不能这样做	我应该怎样做
有怎样的条件，我将会怎样去做	我将会怎样去做，因为有怎样的条件

虽然每个人的性格都会受到父母的基因和过往经历的影响，但是，如果我们能够充分意识到自己的责任，那么就应该知道，有些弱点是必须要克服的，因为一个受制于人的懦夫永远不可能造就成功的人生。一件事情，想通了是天堂，想不通是地狱。日常生活中的种种琐事和困难，足以使我们秉持操之在我的精神来应对不断扑面而来的压力。不论是同事的刁难、顾客的无理要求，还是亲人的误会，都需要用这种精神来解决。操之在我的精神可以表现在我们的心智与态度上，以及如何遣词造句上。别人如何对待我们并不重要，重要的是我们如何对待别人，如何通过每一次的努力和改变去赢得人生的进步。一个人的自我修炼，就是不断由受制于人向操之在我的转变，我们要像获胜者那样生活，而不是像受害者那样生活。我们要努力做一名获胜者，当遇到问题时先问问自己："我该如何改善这种情况？"

第三节　压力管理

在当今社会，日趋激烈的竞争给人们带来了前所未有的压力，每个人都能够感到压力无处不在。在职场中，我们要承受因与人共事或位居人下而产生的持续压力，我们或许会就工作中什么最重要、怎样才能更好地完成工作而产生分歧；或许会在信念、取向、价值观、期望值、接受能力和工作方式等方面存在差异。诸如此类的日常压力可能会逐渐累积，最终给我们带来破坏性的后果。除此之外，全球范围的快节奏变化也在影响着我们的正常生活。这一切加在一起，就构成了一份超级压力大餐。当压力逐渐累积的时候，许多人都会表现出与过度紧张有关的行为反应和生理症状。例如，焦躁不安、感到绝望、容易被问题困扰、记忆力衰退、睡眠质量下降、身体出现各种各样的疼痛，以及不能合格或按时完成任务等。时间一久，压力综合征就可能发展为因长期劳损而造成的疾病，如动脉硬化、高血压或者癌症。《VUCA时代职场新常态——2022中国健康指数白皮书》中发现，职场人的压力发生率高达88.1%。现在研究发现，有50%~80%的疾病都和心理压力有关。压力引发的种种问题使"压力管理"应运而生。在管理领域，许多专家学者指出，人力资源管理的职能之一就是"压力管理"。

一、AQ、EQ 与 IQ

"人生不如意事十之八九""计划赶不上变化"，生活中很多事情是不以人的意志为转移的，我们不可能在每一件事上都有足够的驾驭能力，周围人与事的发展也不可能以我们的意志为转移。面对这一切，除了用智商攻克、用情商化解，更重要的是提升自己面对困境的另一种能力，那就是逆商，即AQ（Adversity Quotient）。如果说智商IQ和情商EQ是与他人交往能力的表现，那么逆商AQ就是与自己独处能力的体现。面对逆境时，我们该怎样应对？若能在逆境中坚韧不拔、迎难而上，那才是人生的赢家。

　　AQ是指面对逆境时的处理能力，即面对挫折、摆脱困境和超越困难的能力。1997年，加拿大学者保罗·斯托茨博士在《挫折商：将障碍变成机会》一书中，第一次正式提出AQ的概念，用以测试人们将不利条件转化为有利条件的能力。心理学家认为，一个人要想事业成功就必须具备高智商、高情商和高逆商这3个因素。在智商和情商都跟别人相差不大的情况下，逆商对一个人的事业成功起着决定性的作用。斯托茨博士通过多年来对个人和公司的测试证明，高AQ不仅可以帮助人们取得一流的成绩、生产力、创造力，还可以帮助人们保持健康、活力和愉快的心情。有研究显示，AQ高的人手术后康复快，在公司中销售业绩远远超过AQ低的人，而且升迁的速度也快得多。SBC电信公司提供的销售数据表明，AQ高的员工比AQ低的员工的销售额平均高出141%。另有研究指出，AQ跟创业者的收入也有显著的关系，AQ高的人可以获取更多报酬。

　　有的人IQ很高，但是EQ很低，表示他不能很好地领导团队；有的人IQ、EQ都很高，但AQ很低，说明他不能很好地面对逆境。IQ、EQ与AQ的关系可以用登山来形容。登山的人有3种：第一种人在山底下一看到山很高，就停下来止步不前，这种看情况不好就不愿意去拼搏的人，在人群中占70%；第二种人虽然愿意去爬山，但爬到一半就由于太累而不想爬了，这样的人占25%；第三种人不惧挑战，勇于攀登，最终到达山顶，这样的人只占5%。所以，在整个人群中，75%的人好逸恶劳、安于现状；25%的人虽然斗志昂扬，但是不能完全达到目标，常常半途而废；只有5%的人可以真正地战胜逆境、不惧困难、勇往直前。美国的巴顿（1885—1945）将军曾说，衡量一个人成功的标志，不是看他登上顶峰的高度，而是看他跌到谷底的状态。

二、压力的双重性

　　压力是身体"战备状态"的反应，这是当我们意识到某种情形、某个人、某件事具有潜在的威胁性时，在紧张状态下做出的反应。在日常生活中，压力是无形的，但会以各种方式"写"在人们的脸上，"写"在人们的一言一行中，使人们能够感觉到压力的存在。实际上，压力的主观性非常强，面对同样的困难，不同的人会有不同的反应。随着当代科学技术的飞速发展、信息量的快速增加，人们的工作节奏也在相应加快。市场竞争机制的建立使人们的心理压力不断加重，随之而来的时间观念、工作效率和生活内容也在发生变化。这些都容易使人产生紧迫感、压力感和焦虑感，甚至引起一系列的心理应激反应。这种心理应激反应具有两重特性：一是能使人学会通过多种因素的调节，产生较好的适应能力，有利于事业的成功；二是对应激不能适应，精神上长期处于紧张状态，易导致身心疾病，危害身心健康。所以说，压力是把双刃剑，它既有积极的一面，也有消极的一面。所谓"适度的压力，给人成长与希望；过度的压力，给人挫折与打击。"

1. 压力的积极性

　　美国一位科学家曾用两只小老鼠做了一个实验，他把一白、一灰两只小老鼠放在一个

仿真的自然环境中，并且把小白鼠的压力基因全部抽取出来。这只被抽走了压力基因的小白鼠从一开始就生活在兴奋之中，它的好奇心远远大于另一只小灰鼠，它只用一天时间就大摇大摆地把大约500平方米的空间全部观察了一遍。而那只未被抽取压力基因的小灰鼠，在走路或觅食时总是小心翼翼，用了近4天时间才把整个空间全部"探索"完。小灰鼠最高只爬过盛有食物的仅高2米的吊篮。而小白鼠在第3天就因为没有任何压力而爬上了一座高达13米的假山，在试图通过一个小石块时，掉下来摔死了。最终，小灰鼠因为有一定的压力，处处谨慎小心，没有出现任何意外，它甚至开始为自己储备过冬的粮食了。在试验十几天后，它安然无恙地出来了。

我们常不愿承认自己的慵懒而埋怨周围的竞争太过激烈，或不愿面对自己的能力不足而强调自己的压力太大。事实上，如果没有了压力，我们就会像那只小白鼠一样，任由自己的盲目乐观而造成严重后果。人在没有压力的状态下，很容易分心、大意，甚至失去斗志、变得懒惰，这样灾难也会随之而来。所以，保持斗志与韧性的最佳方法就是让自己时刻处于一种适当的压力当中。压力不论来自何方，它都对热爱生活的人们起着激励和鼓舞的作用，帮助人们不断成长、增强斗志。

老船长的"压力效应"

> 有一位经验丰富的老船长，当他的货轮卸货后，在浩瀚的大海上返航时，突然遭遇了可怕的风暴。水手们惊慌失措，老船长果断地命令水手们立刻打开货舱，并且往里面灌水。"船长是不是疯了，往船舱里灌水只会增加船的压力，使船下沉，这不是自寻死路吗？"一个年轻的水手嘟囔道。
>
> 看着船长严厉的脸色，水手们还是照做了。随着货舱里的水位越升越高，船也在一寸一寸地下沉，然而依旧猛烈的狂风巨浪对船的威胁却一点一点地减少了，货轮渐渐恢复了平稳。
>
> 船长望着松了一口气的水手们说："百万吨的巨轮很少有被打翻的，被打翻的常常是根基轻的小船。船在负重的时候，是最安全的；空船时，则是最危险的。当然这种负重是要根据船的承载能力界定的，适当的压力可以抵挡暴风骤雨的侵袭，但如果是船不能承受之重，它就会如你们担心的那样，消失在海面上。"

2. 压力的消极面

长期过重的不良压力，会危害人的身体健康和心理健康，给人带来无穷无尽的烦恼，严重影响人们日常的学习、工作和生活。压力的危害主要表现为以下几点。

（1）生理疾病。有一位心理医生说："压力是身体应变危险状态而产生的一种反应。"在面对各种转变或遭遇的时候，我们的身体会自然地做出反应。在这期间，我们的血压会上升，肾脏会分泌大量肾上腺素，肌肉会开始紧绷，消化会逐渐减慢。压力对人体有很大的影响，它会导致人体出现多方面的不适症状，如肠胃病、头痛、颈痛、背痛、心脏血管闭塞等。当女性面对压力而又不懂如何处理时，会影响经期；男性也会有疲惫的现象产生，如没精打采、想睡觉；体质虚弱的人，在压力下往往会出现各种疾病的症状。

（2）情绪危害。在长期的重压下，如果不能及时减压，就会使人产生忧郁、恐惧、焦虑、不安、无助、沮丧、烦乱或自责等不良情绪。在高度压力下，人们多数会变得浮躁不安、暴躁易怒。长期承受不良压力的人，患抑郁症、强迫症、惊恐症等心理疾病的概率也比较高。

（3）性格偏离。在压力的刺激之下，人的性格会发生很大变化，主要表现为：①压抑。压抑是指阻止自身焦虑的思想进入意识领域的一种心理反应。②执拗。执拗是一种逆反心理，人在遭受重大挫折之后，会失去理智而表现出顽固的思想行为，顽固地坚持其所认定的事。③否定。当人对实际存在的、引起忧虑的环境或事件无法接受或有意逃避时，就会对事件或环境进行否定，以此来消除忧虑，达到心理平衡。④冷漠。冷漠就是对任何事情都无动于衷、漠不关心，但内心却又十分难过和痛苦。这种状况主要是由于曾经受到巨大的挫折和伤害，为了不再受伤，而拒绝一切可能造成痛苦的因素。⑤挫折。在追求既定目标时受到阻碍，从而引发失望、懊恼等不愉快的情绪，即挫折感。挫折可以是一种阻力，也可以是一种动力。这取决于受挫者会做出怎样的反应：是悲观失望、放弃拼搏，还是吸取教训、激发斗志、重新再来。如果挫折心理不能及时调整并恢复正常，那么就会让人丧失自信、懦弱消极、一蹶不振。

（4）团体受害。个人是不能脱离集体而单独存在的，无论是生活、学习还是工作，都是以社会环境为基础的。尤其是工作，个人如果处在一个具有较强管理秩序的团体中，那么内部的许多因素极易给员工造成各种压力，如组织变革、工作环境、企业文化等。员工个人压力的消极反应对团体的影响是十分明显的，员工如果因为承受不住压力而厌倦工作、情绪低落，那么团体的工作效率、产品质量、经济（社会）效益就会大打折扣。更有甚者会把负面情绪带入工作之中，使负能量像瘟疫一样蔓延开来，严重影响团体的协作氛围。

过劳死：生命中不能承受之重

2005年4月6日，正在外景地忙于拍摄新片《理发师》的导演陈逸飞突然病倒，出人意料的是，他被送到医院后，没过几日便撒手人寰！

2004年，企业资产总规模达到25亿元的均瑶集团原董事长、著名民营企业家王均瑶突患直肠癌英年早逝。38岁的他，在去世前不久，还雄心勃勃地准备创办自己的航空公司。熟悉他的人都说，他是累死的！

还有彭作义、杨迈、汤君年……这一长串名单上的每一位，都曾经是非常成功的企业家，拥有无可限量的美好前景，但都因为劳累而绷断了生命之弦，在人生的黄金年华便早早逝去。

事实上，过劳死在我们身边越来越多。据统计，在30～50岁英年早逝的人群中，95.7%的人死于过度疲劳引起的致命性疾病。

体力、精力的持续高强度付出，严重破坏了人体的生理规律和节奏，使体内的能量资源出现了严重的"财政赤字"，入不敷出。疲劳像蛀虫般淤积在体内，慢慢侵蚀着身体的要害，血压升高、动脉硬化等疾病逐步从量变转化为质变，进而发展到致命的边缘。也许有些人外表看起来似乎还可以，但实际上已经是外强中干。过度劳累的人就如同一盏燃油即将耗尽却又没有灯罩的油灯，一旦遇到风，就会骤然熄灭。

工作，并不总是一件美妙的事！它在带给你金钱、地位和成就感的同时，也在消耗着你的时间，吞噬着你的生活。

曾有一位企业家说："成功创业一次，寿命减去十年！"几年前，曾有机构对我国3539位企业家进行了调查，发现90%的企业家表示工作压力大；76%的企业家认为工作状态紧张；平均每4个企业家中就有一位患有与工作紧张相关的慢性疾病，如神经衰弱、高血压、

> 慢性胃炎等；还有不少企业家觉得内心孤独，甚至产生了厌世心理。
>
> 勤勉工作是一种美德，但不应以生命作为代价。如何在工作和生活之间找到平衡的支点，是一门艺术！我们能否拥有一双慧眼，透过生命的迷雾，找到健康的源泉，从而迈向平稳、幸福的人生？
>
> 资料来源：韩白衣．最爱我的人是我：职业人士的健康智商．天地出版社，2005

三、压力的来源

高节奏的现代化生活，给人们带来的压力越来越大。学习压力、工作压力、生活压力充斥着我们生活的每一天。为了有效地进行压力管理，我们要准确查明压力由何而来并采取积极有效的措施。压力有时来自外界，有时来自自身，严格地说，压力并不是由单一因素诱发的，环境的改变、社会关系的改变、价值观的改变、工作的改变和生活方式的改变等，都会给人带来无形的压力。

1. 个体差异

由于人的体质不同，所以对疾病的抵抗力也不同。同样，人们在心理上、感情上，对待压力的来源也有不同的反应。事实证明，无法适应挑战的人，通常较容易生病，引起个体差异的因素有遗传体质、心理感情特性、价值观、态度、习惯、社会环境等。另外，压力问题还会恶性循环，过度的压力会引起身心衰弱，而身心衰弱会使人不能应对挑战，这样就又造成了压力。

2. 工作环境

组织内有许多因素能引起工作压力。首先，工作量多与工作要求高常是造成工作压力的主要因素，尤其当得到的报酬与个人的付出不成比例时，员工就容易觉得不公平，使工作压力增加。其次，人际关系不良也是导致工作压力的另一要素。由于许多工作讲求团队合作，若员工与团队中的其他成员无法愉快相处，就会直接影响工作的顺利进行，压力也会随之而来。再次，工作上的角色冲突与混淆也会造成压力。当不同领导对某职位的角色要求不同时，在此职位上的员工就会面临角色上的冲突，该听命于谁？该依照什么准则行事？抉择间，压力也因此产生。最后，若工作定位不明确或职务分配不清，则容易使员工产生角色混淆，在这种不知何事该做、何事不该做的情况下，压力也就在所难免。此外，工作环境不好（如噪声大、温度高、污染重等）、工作时间太长、工作内容单一、工作前景不明确等，也都是容易引发工作压力的因素。

3. 生活因素

我们的生活偶尔会发生一些重大的变动，如买房、换工作、结婚、怀孕等，这些都是构成压力的因素。并且，还经常会面临一些小小的困扰，如车子抛锚、赶时间却一路塞车等。单一困扰对个体并不会造成压力威胁，但如果这些困扰都在同一天发生，那么对个体而言就是不小的压力了。

4. 社会因素

还有一些压力来自社会方面，包括社会宏观环境（如经济环境、行业情况、就业市场等）和个人身边的微观环境。例如，IT行业要求的专业技术日新月异，职场竞争压力大，专业人员淘汰率高，这就对IT行业的从业人员造成了很大的社会压力。另外，人们所处社会地位的高低、收入状况的差异同样会构成社会压力。例如，当我们的收入状况与其他社会阶层相比，或与同行业相比，明显较低时，就会产生压力。

四、自我压力管理的方法

适当的压力并非坏事，若压力调适得当，就会转化为动力，不仅能减少疾病的发生，使自己活得更舒适、更有意义，还能驱使我们去挑战自己的能力、激发个人潜能。美国斯坦福大学的凯利·麦格尼格尔教授鼓励人们要用积极的态度来看待压力。这就需要我们学会管理压力，做自己的压力管理师。心理学家表示，个人对压力的管理分为3个不同的层次：最低层次是"减压"，因为人的潜意识认为压力是不好的，所以才要"减"；中间层次是"分压"，即区分正性压力与负性压力，发挥前者的积极推动作用，抑制后者的消极阻碍作用；最高层次是"化压"，将负性压力化为正性压力。压力管理不能只是减压，更重要的是提高自己的抗压能力。

像鲨鱼一样面对压力

上帝在创造鱼类的时候，将鱼类设计得多种多样、大小各异。为了让它们更适合在水中生存，上帝把它们的身体设计成流线型，而且表面十分光滑，这样鱼类在游动的时候就可以使水的阻力大大减少。

当上帝把鱼类放到大海中的时候，忽然想起一个问题：鱼类的身体比重大于水，鱼一旦停止游动就会下沉，当沉到一定深度时就会被水的压力挤压而死。于是，上帝赶紧找到这些鱼，又给它们一个法宝，那就是鱼鳔。鱼鳔是一个安置在鱼类体内的可大可小的气囊，鱼类可以通过增大或缩小气囊来调节身体内外的压力。这样，它们就不必担心被海水压扁了。

但是，当其他的鱼类都装备上鱼鳔之后，上帝唯独没有看到鲨鱼。鲨鱼是个调皮的家伙，它一入海便消失得无影无踪，上帝费了好大的劲儿也没有找到它。上帝想，这也许是天意吧，既然找不到那就只好由它去了。不过，这对鲨鱼来讲实在是太不公平了，它们可能会因为缺少鱼鳔而沦为海洋中的弱者，进而被淘汰。上帝长叹一声，离开了海边。

亿万年过去了，上帝想看看当年那些鱼类现在到底怎么样了，他尤其想知道没有鱼鳔的鲨鱼如今是不是还存在。

当他将海里的鱼类都找来的时候，发现经过亿万年的变化，所有的鱼都变了模样，一点都找不到当初的影子了。面对千姿百态、大大小小的鱼，上帝问："谁是当初的鲨鱼？"这时，一群威猛强壮、神气飞扬的鱼游上前来应声报道，它们就是海中的霸王——鲨鱼。上帝十分惊讶，心想：这怎么可能呢？鲨鱼没有鱼鳔，应该比别的鱼类承受更多的压力和风险啊！可现在看来，鲨鱼无疑是鱼类中的佼佼者。这到底是怎么回事呢？

鲨鱼说："没有鱼鳔，我们就无时无刻不面对压力，一刻也不能停止游动，否则就会沉入海底，死无葬身之地。所以，亿万年来，我们一直不停地游动，游动不仅成了我们的生存方式，也练就了我们强壮的躯体，使我们成了海中的霸主。"

听完这番话，上帝恍然大悟。

自我压力管理的方法主要有以下几种。

1. 使用压力事件表

心理学研究表明，生活中的一些事件是造成心理压力及损害健康的主要来源。1967年美国学者理查德·霍姆斯和托马斯·瑞赫通过对5000多人进行社会跟踪调查，首次制定了生活事件与健康关系的量表，即压力事件表，用来评估个体在两年之内经历的生活事件的数量和严重性，他们甚至使用该量表来预测一个人身体患病的危险程度。同时，这个量表也可评估累积压力的多少。压力事件表是一个包括日常生活中43个重要压力事件的列表（见表5-2）。我们可以使用该表来算出在过去的一年里所承受的压力。压力事件表的原理是考察我们在过去一年里经历过的重要事件，并且对每个事件进行评分，然后把这些分数相加，总分就是我们在过去一年里的主要压力值。总分越高，我们与压力相关的问题就越多，患病的概率就越大。在填表的时候，我们需要在"次数"一栏里填入一年来某个事件发生的次数。如果超过4次，就都填"4"。例如，如果你在去年度过4次假，就在第41号事件中填入"4"。在填入次数以后，把该次数与"压力评价"一栏中的数值相乘，就得到了这个事件的分数。最后，把所有事件的分数相加，就得到了总分。在上例中，如果你一年里度假5次，你就会得到52分。

如果总得分在150分以下，说明你尽管看起来有些压力，但是没有对你的健康造成丝毫影响。你完全有能力应对所面临的压力，并且有充沛的精力来解决生活和工作中所遇到的问题，除此之外，你需要给自己提出更高的要求，并且施加适当的压力，从而为未来可能面临的压力做好准备。如果总得分在150～200分之间，说明你目前已经出现了比较大的压力，并且接受起来比较困难。其实，这些压力对你来讲并不是很严重，你首先应该学会接纳这种压力，不要因为压力而紧张、焦虑甚至愤怒。你应该明白，这些情况属于正常的现象，不要因为这些压力而产生内疚、羞愧等心理。如果总得分在200～300分之间，说明目前你一方面受到了较大的压力，并且伴有紧张、焦虑的情绪；另一方面你难以面对这些压力，觉得自己一无是处、无能为力，从而产生了内疚感和羞愧感。此时，你需要做一些渐进式的肌肉放松训练，让自己的身体充分地放松下来，进而放松心理。如果总得分超过了300分，说明这些压力已经使你的免疫系统受损了，如果不及时进行干预，就会生病甚至是产生严重的心理疾病。因此，你需要做的就是接受现实，或许你理想中的生活和现实中的生活差距太大，使你的心态失衡，但是你应该认清自我，学会化解压力，使压力对自己身心的影响降到最低。

表 5-2　压力事件表

序号	事件	次数	压力评价	序号	事件	次数	压力评价
1	配偶死亡		100	9	复婚		45
2	离婚		73	10	退休		45
3	夫妻分居		65	11	家人健康上的变故		44
4	入狱		63	12	怀孕		40
5	家人去世		63	13	性生活不协调		39
6	受伤或患病		53	14	家庭成员出生		39
7	结婚		50	15	工作的再适应		39
8	失业		47	16	财务状况恶化		38

续表

序号	事件	次数	压力评价	序号	事件	次数	压力评价
17	好友去世		37	31	工作时间或条件变化		20
18	工作性质变化		36	32	搬家		20
19	夫妻纠纷		35	33	转学		20
20	购置房产或周转生意贷款		31	34	娱乐活动变化		19
21	丧失贷款抵押品的赎取权		30	35	宗教活动变化		19
22	工作责任变化		29	36	社会活动变化		18
23	子女离家（入学、结婚）		29	37	购买汽车、家电等贷款		17
24	有法律上的问题		29	38	睡眠习惯变化		16
25	杰出的工作成绩		28	39	家庭聚会次数变化		15
26	配偶开始或停止工作		26	40	饮食习惯变化		15
27	开始或停止学业		26	41	度假		13
28	生活条件变化		25	42	过重要节日		12
29	个体习惯改变		24	43	轻度违法（闯红灯、超速）		11
30	与老板发生摩擦		23				

2. 在疲劳之前休息

短短的一点儿休息时间，就能使我们有很强的恢复能力，即使只打 5 分钟的瞌睡，也能有效防止疲劳。爱迪生认为他无穷的精力和耐力，都来自能随时入睡的习惯。石油大王约翰·洛克菲勒（1839—1937）创造了两项惊人的纪录。他的财产在当时首屈一指，并且活到了 98 岁高龄。他是怎样做到这两点的呢？主要原因当然是遗传，因为他家族的人都很长寿，另一个原因就是他每天中午要在办公室里睡半小时午觉，这时哪怕是美国总统打来的电话他也不接。我们要按照身体工作的规律去休息，即在疲劳之前先休息。

在我们的生活中，常常有"竭泽而渔"或是"杀鸡取卵"的愚蠢行为，以牺牲产能为代价来提高产出。我们往往更关心的是效率而不是效能，为了提高效率而忽视效能，这就削弱了我们取得成果的能力。唯有产出与产能取得平衡，才能达到卓越的效能。很多人因为想多做点事而彻夜不眠，结果弄得精疲力竭、身体不适。倘若好好睡一觉，效果则会截然相反，第二天可以精力充沛地做更多的事。产出与产能平衡是提高效率的精髓，放之四海而皆准，也是成功者养成良好习惯的基础。

工作本身并不能给人带来经济上的安全感，而具备良好的思考、学习、创造与适应等能力，才能使自己立于不败之地。拥有财富，并不代表有永远的经济保障，拥有创造财富的能力才真正可靠。健康的身心和坚定的意志是我们达成目标的基础，有规律地锻炼身心，将使我们能够接受更大的挑战。同时，经常静思、内省，会使人的直觉变得越来越敏锐。当我们在这方面做到平衡时，所有的效能就会增强。这样，我们将成长、变化并最终走向成功。

3. 学会说"不"

正如喜剧大师卓别林（1889—1977）所说的："学会说'不'吧，那你的生活将会美好得多……"。避免压力过大的方式之一，就是要懂得对"压力人物"说不。"压力人物"有的来自工作、有的来自家庭、有的来自团体。还有一位"压力人物"不可忽略，那就是"自己"。何谓"压力人物"？第一类，使你感到愧疚的人，你总是怕达不到对方的期望。例如，爸爸、妈妈、师长，或者是你的爱人。第二类，使你感到责任未了的人。例如，子女、员工。第三类，使你感到有话也说不清楚的人。例如，你想给他提好的建议，他却不能接受。第四类，使你敢怒不敢言的人。第五类，使你感到反感、不喜欢，可是又不敢反抗的人。

在与"压力人物"互动的过程中难免会被情绪勒索。在日常生活中，常常会发生相似的情景：有些人在和伴侣吵架时，情绪一激动就把陈年旧事都挖出来数落一番，甚至威胁对方要分手或离婚。像这样一吵架就把分手或离婚挂在嘴边的行为，我们称之为情绪勒索。情绪勒索有3种类型：第一种是"他罚型"，比如当工作发生问题时，你由于工作疏忽而遭到他人指责；第二种是"自罚型"，你会觉得都是自己的问题，内心充满了内疚感；第三种是"无罚型"，比如你遇到了一种不好对付的人，这种人表里不一、口是心非，当工作发生状况时，他可能不会当面指责你，却告诉其他的同事都是因为你的失误而造成那么大的损失。出现上述3种情绪勒索时，你的情绪会有所起伏，工作状态也会深受影响。

面对这样的情况，要学会适当地、婉转地向对方的情绪勒索说"不"。比如今天你的同事请你帮忙做一件事，可是你很忙，这时候你要对他说："我知道你很辛苦，可是我现在也很忙，我相信你可以自己做的。"你认识自己并对自己了解、接受的程度，叫"自我意识"，每个人都有"自我意识"，但有时也会受到"他人意识"的影响，一个人的"自我意识"必须坚定、具体和清晰。"自我意识"并不是自我防卫、以自我为中心，而是一个人内在的自我认知。如果"他人意识"是肯定的、鼓励的、支持的，那么就要接受；如果"他人意识"是不好的、否定的，你要有很清楚的"自我意识"，不能受别人的影响，要学会拒绝。

4. 主动疏泄并建立减压通道

每个人都有不同的压力，一旦有压力就会有股无名的怒火，如果这股怒火一直压抑着不能发泄，就会影响身心健康。例如，愤怒会引起血压升高，但只要把这股愤怒的情绪发泄出来，血压就会跟着降下来。疏泄是一种通俗易懂、行之有效的心理疗法，疏泄即疏导、宣泄。疏泄能使人从苦恼、郁结的消极心理中解脱出来，尽快地恢复心理平衡。疏泄的途径有很多，但男性和女性处理压力的方式会不尽相同。

男性心情不好时，会把想法憋在心里，很少向人倾诉。他们通常会大包大揽，独立解决问题，不到万不得已的地步，不愿求助于人。通常说来，男性会一声不响，迅速进入"洞穴"。所谓"洞穴"，就是男性的自我天地，是他们精神世界的"隐蔽所"，是他退避与休憩的心灵圣殿。在那里，没有任何人或事打扰他；在那里，他将问题反复斟酌与权衡，以尽早得到解决。男人通常会在"洞穴"里看到光明、找到出路。换种方式来说，当男性陷入思考并难以解脱时，就会去做其他事情，以求转移注意力。例如，他们会阅读新闻或从事娱乐活动，使压力得到释放。要是压力过大，他们的处理方式可能会更具挑战性。

女性心情不好时，她们会和自己信任的人待在一起，将苦恼娓娓道来，以摆脱消极情感的控制。女性喜欢将感受和盘托出，与人分享，这是女性特有的宣泄方式。女性喜欢聚在一起，敞开心扉谈论彼此的问题。在女性看来，对别人讲述心里话，意味着亲密与信任，女性情感的核心与"爱""交流"的关系更为密切。她们喜欢倾诉并抒发沮丧、失望、懊恼和疲惫之情,通过这种方式疏泄压力可以让身心得以放松。

5. 重塑积极观念

一个人要想成就一番事业,就必须以积极的心态面对世界,以积极的心态做人做事,以积极的心态指导自己的人生走向。在人的一生中,积极的心态是一种有效的心理工具,是成就一番事业的必备素质。有人对享有盛誉、成就卓著的林肯、爱因斯坦、罗斯福等人的性格进行过研究,发现如下特征是他们的共性:讲实际、有创见、结知交、重客观、崇新颖、爱生命、重荣誉、能包容、富幽默。这些良好的性格特征对他们确立"造福于人类"的信仰,并且始终如一地为实现信仰而奋斗,起到了重大作用。

死囚实验

> 美国心理学家霍华德·加德纳以一个死囚为样本,对他说:"我们执行死刑的方式是使你被放血而死,这是你死前对人类做的一点有益的事情。"这位犯人表示愿意这样做。实验在手术室里进行,犯人躺在一个小房间里的床上,一只手伸到隔壁的一个大房间内。他听到隔壁的医生与护士正在忙碌着,准备给他放血。护士问医生:"放血瓶准备5个够吗?"医生回答:"不够,这个人块头大,要准备7个。"护士用刀尖在他的手臂上点了一下,假装开始放血,并用一根细管子在他手臂上方放热水,水顺着手臂一滴一滴地滴进瓶子里,使犯人觉得自己的血在一滴一滴地流出。第二天早上他们发现死囚已经死了,并且脸色惨白,一副血被放尽的模样。其实他的血一滴也没有流出来,他是被吓死的。那么,他为什么会死呢?这是一种心理的作用,也是犯人给自己输入的一个程序:血没了,我就死了。因此,当他认为血放完时就应该死了。

当我们遇到逆境的时候,一般会有两种反应:一种是放弃、沮丧、抱怨、悲观;另一种是积极奋斗、不屈不挠、愈挫愈勇。人们在逆境中的不同反应与选择,往往就是不同人生的分水岭。湘军统帅胡林翼(1812—1861)曾说:"世自乱而我心自治,斯为正道。"越是动荡和不确定的环境,人们就越要找到自己内心确定的东西,用从容和定力去应对动荡和不确定的环境。虽然我们不能改变大的外部环境,也不能改变处于逆境的现实,但我们可以决定自己的心态与反应,决定应对逆境和困难的选择。人与人之间的区别其实就在于此,团队和团队之间拉开距离也在于此。

面对逆境和困难,管理者必须把信心传递给团队的每个成员。保持情绪的稳定与良好的心态,是管理者做出正确决策的前提,是给团队提供信心的基础。曾国藩曾说:"天下断无易处之境遇,人间哪有空闲的光阴。"天底下哪有那么容易、顺利的境遇?一个团队一定是需要管理者来解决问题的,管理者必须要面对问题、解决问题,这是其职责所在,也是其价值所在。逆境和压力本来就是管理的组成部分,我们能做的就是要用平和的心态去对待。团队也好、个人也好,其实都会有惰性。挑战、压力、逆境会逼着我们脱胎换骨,因为只有在逆境当中才能更清楚地看到自己的优势和劣势。所以,我们一定要把逆境和困难看作反省自我、提升自我的机会。"圣贤之所以为圣,佛家之所以成佛,所争皆在大难磨折之日。"大难的折磨,是自我磨炼、提升修养、拉开与他人距离的好机会。

内容小结

情绪是指人们在内心活动过程中所产生的心理体验，或者说是人们在心理活动中对客观事物的态度，包括认知层面上的主观体验、生理层面上的生理唤醒和表达层面上的外部行为。情绪是一种动力源，能够产生能量，并且情绪具有传染性。情绪商数代表一个人的情绪智力，主要指人在情绪、情感、性格、意志、交际等几个方面与个人素质有关的品质，它反映了一个人控制自己情绪、承受外界压力、把握心理平衡的能力。情绪商数包含5个方面的内容：认识自己的情绪、妥善管理情绪、自我激励、认知他人的情绪、人际关系的管理。情绪ABC理论认为激发事件A只是引发情绪和行为后果C的间接原因，而引起后果C的直接原因则是个体对激发事件A的认知和评价而产生的信念B。

自我沟通的过程就是对自身情绪进行管理的过程。情绪管理分为治标和治本两部分。治标管理是用极短的时间，做一些转移注意力的事，或在极短的时间内，改变自己的行为，不让自己一直沉浸在负面情绪里。治本管理需要从内在价值观出发做弹性改变：第一，学会接受生活的真相；第二，与其让别人适应你，不如你去适应别人；第三，改变不了环境，就改变自己；第四，改变心情，改变事情的结果。在刺激与反应之间，人有选择的自由。这种自由来自人类特有的4种能力：自我意识、想象力、良知、独立意志。据此，人可以分成两种：一种受制于人；另一种操之在我。一个人的自我修炼就是，不断由受制于人向操之在我转变。

逆境商数是指人面对逆境时的处理能力，即面对挫折、摆脱困境和超越困难的能力。压力既有积极的一面，也有消极的一面。压力对热爱生活的人们起着激励和鼓舞的作用，可以帮助人们不断成长、增强斗志，还可以帮助身处困境的人们磨炼逆境思维。而长期过大的不良压力，会造成生理疾病、情绪危害、性格偏离、团体受害。压力管理主要依靠自我调适，并且不能只是减压，更重要的是提高自己的抗压能力。自我压力管理的方法主要有：使用压力事件表、在疲劳之前休息、学会说"不"、主动疏泄并建立减压通道、重塑积极观念。

问题讨论

1. 如何看待IQ、EQ与AQ的关系？
2. 如何转变思维并修改下面的表达方式？
   - "我解决不了"
   - "我很痛苦"
   - "奇迹居然出现了，真是走了狗屎运"
   - "我千万不要撞上这棵树"
3. 从自我沟通的角度解释三国演义中的周瑜是被谁气死的？
4. 如何理解"思维的态度决定人生的高度"？
5. 遇到压力时，你一般如何处理？效果如何？

小感悟

以志帅气

俗话说"做事先做人",而做人的关键是修身,只有好好修身,我们才能练就一个强大的内心。心一变,世界就变了,正如佛家所说:"一切福田,不离方寸;从心而觅,感无不通。"晚清中兴名臣曾国藩一辈子都善于修身,因此练就了一个强大的内心,达到了"内圣"的境界,然后对外才能表现出"外王",成就"立功立德立言三不朽"。如何练就一个强大的内心?曾国藩在《治心经》中谈到,一个人内心强大,主要是做到了两点,即"以志帅气"和"以静制动"。何为"以志帅气"?就是通过树立远大志向,激发内在斗争,继而保持一种不俗的奋发气质,面对强大压力而不屈服,愈挫愈勇,穷且益坚,不坠青云之志。曾国藩说:"盖士人读书,第一要有志。"因为"有志,则断不甘为下流。"历史上,许多成就一番大事业的人,往往都志气不凡。例如,刘邦见秦始皇车驾说:"嗟乎,大丈夫当如此也";曹操晚年还在感慨:"老骥伏枥,志在千里";王阳明龙场悟道后教化蛮夷子弟,订立的第一条学规就是立志,他说:"志不立,天下无可成之事""人惟患无志,不患无功";苏轼也说过:"古之立大事者,不惟有超世之才,亦必有坚忍不拔之志";勾践一心立志复国,所以他能够忍辱负重,给吴王夫差当牛做马,卧薪尝胆十几年,最后称霸春秋;刘邦志向远大,想成为秦始皇那样的大丈夫,所以他屈居项羽帐下,忍辱负重,一步步发展壮大,最后建立西汉王朝;韩信想要出人头地,所以能够忍受胯下之辱,后来当上了大将军并位列汉初三杰之一,威震天下。"凡将相无种,圣贤豪杰无种,只要人肯立志,都可以做得到的。"只有"以志帅气",我们才能练就一个强大的内心,以宠辱不惊的心态去战胜一个又一个的困难,直至最后夺取胜利。

沟通游戏

动物疯狂叫

情绪有正性与负性之分。有些正性情绪,如兴奋、喜悦、幽默可以激发人的创造力,而许多负性情绪,如痛苦、焦虑、恐惧则会阻碍人创造力的发挥。我们每个人都有因成功或失败而导致情绪波动的经历。下面这个游戏不仅可以让你体验情绪在解决问题中的强大作用,还可以锻炼你的幽默感和乐观精神。

规则:

1. 要求你和一些朋友一同做,而且要求你偏离自己一贯的社会行为。根据表5-3游戏的内容学一种动物的叫声。

表5-3 游戏的内容

你姓氏汉语拼音的第一个字母	动物名称
A至F	老虎
G至L	狼
M至R	猪
S至Z	鸭子

2. 现在选择一个伙伴（最好挑一位不太熟悉的人作为伙伴）。彼此盯着看，目光不能转移，同时用嘴大声学动物的叫声，至少持续10秒钟。

相关讨论：

1. 在这个简单的游戏中，你的感觉如何？你是否感到既幽默又尴尬？
2. 你是否注意到幽默的情绪有助于你在这个游戏中创造性地发挥，可能会使你灵机一动，模仿出种种出人意料的叫声，逗得大家捧腹大笑？
3. 在游戏中，尴尬的心理是否会使你羞于开口？

游戏说明的道理：

这个游戏尽管开始时会让人感到不舒服，但结束时可能已是笑声满堂。也许不管你模仿的动物是什么，最后你的表现都是"傻驴"一头。正性乐观的情绪是创造力的催化剂。因此，在最困难的时候，不要忘记幽默可以使你保持乐观的情绪。

第六章　有效倾听

学习目标

1. 区分听与倾听的差异
2. 认识倾听的重要性
3. 理解倾听的 5 种层次
4. 识别倾听者障碍并克服这些障碍
5. 全面掌握有效倾听的建议

开章引例

刘邦的耳朵

刘邦（公元前 256 或公元前 247—公元前 195）是西汉王朝的开国皇帝，史称汉高祖，汉民族和汉文化伟大的开拓者之一，中国历史上杰出的政治家、战略家、军事家和指挥家。刘邦能得天下，在一定程度上得益于他的"耳朵"，也就是说刘邦能"听"得进去。只要进言有理有据，哪怕之前对此人非常反感，刘邦也会改变态度、虚心请教，做到听而能用、言听计从。郦食其游说刘邦，刘邦边洗脚边接见他，傲慢无礼。但听郦食其说："如果你希望联合诸侯共诛暴秦，就不该傲慢地接见长者。"刘邦马上把脚从脚盆中抽出来，起身穿好衣服，请他上座，不但向他道歉，还虚心向他请教。萧何推荐韩信，说韩信是"国士无双"，如果要争夺天下，必用此人。于是刘邦听从萧何的意见，选择吉日，戒斋设坛，当众拜韩信为大将。刘邦称帝后，觉得自己是靠武力夺取天下的，跟诗书没有什么关系。但当陆贾问了他一句"马上得天下，能够马上治天下吗？"刘邦就立即醒悟过来，让陆贾著书论述秦王朝灭亡的原因，以作为自己施政的借鉴。天下平定以后，许多人对刘邦的封赏结果感到不满，有的人甚至生出了叛乱的想法来。这时张良向刘邦提出建议，让他把向来最讨厌的雍齿封为侯，这样大家看到皇帝连自己最讨厌的人都能奖赏，定也不会亏待其他的人。刘邦听了觉得很有道理，二话不说立即照办，这一举动果然让功臣们心里安定了下来。西汉立国初期，刘邦定都在洛阳，这时有个名叫娄敬的戍卒来见他，向他论述了一番关中地理形势的优点，说当地有高山、河谷之利，一道函谷关将关东豪杰全部挡在天险之外，防守起来固若金汤，进可攻、退可守，会为中央减少许多安全上的隐患，要控制天下，定都在长安的优势远比定都在洛阳要大得多。刘邦本来还有些怀疑，又去听取了张良的意见，发现他也认为娄敬说得有道理，仔细想了一番之后，就立即迁都长安。这个决策对西汉王朝此后的发展起到了很大的促进作用。

第一节 倾听概述

听说读写是最基本的沟通方式，也是最基本的生活技能。从小到大，我们接受的教育多偏向读写训练，说也占其中一部分，可从来没有人教导我们如何去听。听懂别人说话，尤其是能站在对方的立场去倾听，实在不是一件容易的事。沟通是双向的，我们并不是单纯地向别人灌输自己的思想，我们还应该学会积极地倾听。

一、倾听的含义

倾听与听是两个既互相联系而又有所区别的概念。听是人体听觉器官对声音的接受和捕捉，不仅是人对声音的生理反应，也是人的本能，带有被动的特征。只要我们的听觉器官是健康的，我们就能听，并且不得不听。有时我们被噪声干扰得心烦意乱，想不听还不行，必须得关窗户或堵住耳朵。倾听是以听为基础的，是一种特殊形态的听。国际倾听协会提出，倾听是接收口头及非语言信息，确定其含义并对此做出反应的过程。一个"倾"字包含了"主动"和"专心"的含义。第一，它是人主动参与的听。人必须对声音有所反应，详细地说，在倾听的过程中，人必须接收、思考、理解，并做出必要的反馈。第二，它是一种全身心的活动，是一种心、身、眼、耳的统一活动。因此，倾听不仅包括"听"，还包括敏锐地寻找声音中的隐含线索，观察当事人的肢体动作，以及评估当事人说话内容的前后关联性。在倾听的过程中，必须理解别人的肢体语言及面部表情，特别是眼神等感情表达方式。听与倾听的差异，如表6-1所示。

表6-1 听与倾听的差异

听	倾听
纯粹是身体本能的反应	心智与情绪上的感受
与生俱来的能力	具备分析、解释能力的复杂的活动
自然，不必借助外力	需要长时间的专注力
本能	通过学习才能掌握
同时可以听见很多声音	只选择有特定意义与概念的声音
几乎所有人都有听见声音的能力	优秀的听众只占少数

依据这种理解，倾听是一个通过接收语言和非语言信息，使思维活动达到认知、理解，并且做出反馈的过程。这个过程包括5个方面的活动：预言、感知、解码、评价、行动。因此，倾听不同于听，它不是人的本能，只有通过后天的学习才能获得。

（1）预言。根据对将要沟通的人以往的认知和了解，我们可以预测其可能做出的反应。准确的预言可以让我们提前做好准备，引导沟通向自己期望的方向进展。

（2）感知。当我们听到声音并留意的时候，感知便开始了。但是，环境干扰或者注意力不集中等原因会影响我们的感知。通常，人们会将注意力集中在某些特定的内容上，这被称为"选择性注意"。总的来说，人们只能对20秒以内的信息做到完全集中注意力。因此，倾听者必须在集中注意力方面特别努力。

（3）解码。当我们将注意力集中到一个声音上时，解码就开始了。解码的过程会受到诸如文化、教育和社会等背景的影响。我们所理解的信息是经过价值观和人生经验过滤后得出的。因此，我们的理解很可能和信息本身的含义有较大的分歧。在解码的过程中，除了对语言信息进行解释，还要对说话者的表情、姿态等非语言信息做出解释。例如，当你的女友向你说"讨厌"时，如果她的神色娇羞，你应当心情愉悦，切不可板起脸来；如果她横眉冷目，你就要认真对待，切不可继续纠缠，惹人厌烦。

（4）评价。当我们对信息进行解码以后，就可以开始评价，分析其价值并得出结论——哪些信息可以相信，哪些信息可以忽略。当我们评价信息的时候，往往采取的是一种主观印象。主观印象有时候会使我们产生偏见，阻碍我们敞开心扉接纳别人的观点。

（5）行动。倾听的最后一个环节是行动，即倾听者的反馈和回应。反馈很重要，因为它有助于纠正倾听者对信息的错误理解。倾听者不只是听，而且还要做出适当的回应，并在回应过程中与对方达成共识。

二、倾听的重要性

倾听在人的生活、工作中占有很重要的位置。根据一些美国学者的研究表明，人们大约用80%的觉醒时间来进行交流，而其中45%的时间都在倾听。事实上，在日常生活中，倾听是我们沟通能力的一个组成部分，它能让我们与周围的人保持接触。如果失去倾听能力，就意味着失去与他人共同工作、生活、休闲的机会。说话是一门艺术，倾听是一种本领。话说得好，别人会觉得你很有才，从而喜欢你的幽默风趣；认真听别人说话是一种尊重，对方会觉得终于找到了知音。在日常生活中，尤其是在人多的公众场合，我们要善于做一个倾听者。"先有你的耳朵，才有我的舌头。"没有人愿意倾听，语言便失去了意义。

1. 倾听可以使说话者感到被尊重

倾听是一种礼貌，是尊敬讲话者的表现，是对讲话者的高度赞美。每个人都希望获得别人的尊重。当我们专心致志地听对方讲话时，对方一定会有一种被尊重的感觉，双方之间的距离必然会拉近。不管对方是谁，上司、下属、亲人或者朋友，倾听都有同样的功效。人们总是更关注自己遇到的问题和感兴趣的事情，如果有人愿意听我们谈论自己，那么我们马上就有被重视的感觉。因此，在适当的时候，让我们的嘴巴休息一下，多倾听对方讲话。当我们满足了对方被尊重的感觉时，我们也会因此而获益。众所周知，汽车推销员乔·吉拉德被世人称为"世界上最伟大的推销员"。他曾说过："世界上有两种力量非常伟大，其一是倾听，其二是微笑。你倾听对方讲话的时间越久，对方就越愿意接近你。据我观察，有些推销员喋喋不休，正是因此，他们的业绩才总是不尽如人意。上帝为什么给了我们两个耳朵和一张嘴呢？我想，就是要让我们多听少说吧！"

2. 倾听可以改善人际关系

倾听不仅可以改善人们之间的关系，增加沟通效果，还可以增进人与人之间的相互理解，避免一些不必要的纠纷。倾听能给说话者提供陈述事实、表达观点和抒发感情的机会。倾听的时候，我们将更充分地理解对方，并且会使对方因为被重视而感到愉快。认真倾听他人讲话，会使我们更了解彼此的想法。我们不一定喜欢对方，也不一定会赞成对方所说的话，但理解会使彼此之间更好相处。因此，认真倾听是给人留下良好印象的有效方式之一。

3. 倾听可以使我们成为智者

古希腊有一句民谚说："聪明的人，借助经验说话；而更聪明的人，根据经验不说话。"倾听可以让我们学到更多的东西，更透彻地了解人和事，使自己变得聪明，甚至成为一名智者。虽然报刊、文献资料等是人们了解信息的重要途径，但却会受到时效的限制。而倾听则可以迅速地得到最新信息。人们在交谈中会收获很多有价值的消息，虽然有时常常是说话人一时的灵感，但对倾听者来说却可能深受启发。实际上，就某事的评论、玩笑、意见、交流，以及需求消息，都有可能是最快的消息。对于这些消息不积极倾听是不可能抓住机会的。所以说，一个随时都在认真倾听他人讲话的人，在闲谈中就可能成为"信息的富翁"。医者的高明在于倾听，使听诊器的作用发挥得淋漓尽致，才能结合平生所学开出治病良方、济世良药。否则，误诊和事故就会在曲解中发生。管理者的高明，是他倾听了之后，能够采取英明的决策和有效的措施，将自己的智慧传递给其所在的团队。

美国科学家本杰明·富兰克林（1706—1790）是绝顶聪明的。早先，他有"好为人师"的名声，总喜欢义正词严地教导别人，指出别人的错误。因此，大家既尊重他，又远离他。后来，幸好有一位朋友给他指明了这点。半个世纪之后，79岁的富兰克林在那本著名的自传里写下了这样的话："总而言之，在言谈中，用耳朵比用嘴巴强，我坚信沉默是一种美德。"倾听，本身就是一种智慧，是一门管理的艺术，也是一门做人的艺术，更是一种人格和风度。

4. 倾听可以锻炼自身能力和掩盖自身的弱点

仔细倾听不但可以降低对方的防卫意识，还可以使彼此产生同伴乃至知音的感觉。倾听者可以训练以己推人的心态，提高思考力、想象力，以及客观分析能力。俗话说"沉默是金""言多必失"。沉默可以帮助我们掩盖自身的一些弱点。例如，如果你对别人所谈的问题一无所知，或未曾考虑，又或考虑不成熟，那么倾听就可以掩盖你的无知或你的准备不充分。沉默并不等于无言，它是一种积蓄与酝酿，是等待猝发的过程。就如同拉弓蓄力，为的是箭发时能铮铮有力、直冲云霄。倾听并不是要人们缄口不语，而是希望人们能深思熟虑，三思而后言。

唐太宗李世民从谏如流，开创大唐盛世

李世民（599—649）是唐朝的第2位皇帝，史称唐太宗，是杰出的政治家、战略家和军事家。有一次李世民受不了魏征的直言指责，在大怒中回宫，并生气地说："这个乡巴佬，这回非宰了你不可。"长孙皇后问乡巴佬是谁，李世民说："当然是魏征，他总是在大庭广众之下侮辱我。"长孙皇后立即换上正式的皇后服饰，站在庭院之中，向皇帝大礼参拜。李世民大吃一惊。长孙皇后说："我听说，领袖英明则部下正直，魏征之所以正直，是由于您的英明，我怎能不祝贺？"李世民听了皇后的话，于是提升魏征为侍中。当李世民决定建洛阳宫时，魏征持反对意见："隋朝之所以很快灭亡，原因在于炀帝大肆修建楼阁，使百姓苦不堪言，难道如今要步隋朝的后尘吗？"李世民当即表示放弃。当公卿大臣请求李世民登泰山封禅时，魏征明确表示不妥："目前虽然取得了可观的成绩，但是粮仓仍然不丰实，远方部族的要求仍然不能满足，全国的道路交通状况仍然不乐观，面对如此严峻的局面，有何功德以告慰天地？"这件事情遂得以搁置。"以人为镜，可以明得失"，这是魏征与李世民之间君臣关系的最好写照，也是一段君臣佳话。魏征多次直言进谏，警醒、鞭策李世民，李世民则知人善任、从谏如流，开创了唐朝第一个盛世，史称"贞观之治"。

三、倾听的层次

倾听，一方面是单纯用耳朵听，只是听别人说话或听音乐；另一方面是深层次地听，是用心去感悟，感悟事物的真理与本质，以及带给你的一些启发，这种倾听更有深度。斯蒂芬·柯维博士认为，倾听主要有5种连续的层次，一个倾听者从层次1到层次5的过程，就是其倾听能力、交流效率不断提高的过程。

1. 第1个层次，是听而不闻地听

这是最低层次的倾听，可以用忽视对方来形容。这个层次的倾听者心不在焉，只沉迷在自己的世界里，对方的话如同耳边风，完全没听进去。比如，在某节目中，两个人争吵不休，主持人过来说："你们两个先不要吵了，请问A听到B刚才说的是什么了吗？"这时A说："我不管他说的是什么。"两个人吵架经常这样的，吵完之后，都不知道对方说的是什么，只知道自己说的是什么，这叫听而不闻的听。

2. 第2个层次，是假装地听

这个层次的倾听者可能会用身体语言假装在听，嘴里还敷衍着"嗯""喔""好""哎"，甚至重复别人的语句当作回应，其实则心不在焉。比如，主持人说："你们两个先不要吵了，A说完B再说。"A说的时候B不说话，等A说完了B就说："该我说了吧。"那么，刚才A说完了，B听到A说什么了吗？其实B并没有听A刚才说了什么，这叫作假装地听，B之所以听是为了自己能说，而不是真正地想听对方在说什么。又比如，老师在讲课时，学生好像在听，但实际上心里面却在想着什么时候下课。

3. 第3个层次，是选择地听

倾听者确实在倾听，也能够了解对方，但会过分沉迷于自己所喜欢的话题，只留心倾听自己感兴趣的部分，而把与自己意思相左或自己不感兴趣的部分一概过滤掉。

4. 第4个层次，是专注地听

倾听者能够全心全意地凝神倾听，专心倾听确实花费了不少精力，可始终只从自己的角度出发，虽然每句话或许都听了进去，但是否都能听出说者的本意，仍值得怀疑。

5. 第五个层次，是同理心地听

倾听者能够设身处地倾听，撇下自己的观点，进入他人的角度和心灵。一般人倾听的目的是做出最贴切的反应，根本不是想了解对方。因此，同理心地听，出发点是为了"了解"而非为了"反应"，也就是透过交流去了解别人的观念、感受。"我能和你站在一起，我们两个一起把问题解决了"，这叫感同身受。当我们能用同理心去倾听别人说话时，自然可以提供给对方极大的满足感，并且使其感到温馨，这时我们才能集中心力去解决问题或发挥影响力、领导力。在沟通中，仅有7%是经由文字来进行的，38%取决于语调及声音，而有55%是通过人类变化丰富的肢体语言来进行的。同理心的倾听要做到"五到"，不仅要"耳到"（认真倾听），更要"口到"（以适当的声调回应）、"眼到"（仔细观察对方的肢体语言）、"手到"（通过肢体语言给予反馈）、"心到"（用心灵体会）。

第二节 倾听的障碍

在倾听的过程中，如果人们不能集中自己的注意力，认真接收信息并主动进行理解，就会产生倾听障碍，进而造成信息失真。沟通的障碍来自环境、信息发出者和信息接收者3个方面。作为沟通的一个重要环节，倾听障碍则主要存在于环境及倾听者这两个方面。当然，本书第一章提到的沟通障碍也会为倾听带来同样的问题。

一、倾听者障碍

在沟通的过程中，造成沟通效率低下的最大原因就在于倾听者本身。倾听者理解信息的能力和态度会直接影响倾听的效果。所以，在尽量创造适宜沟通的环境条件之后，倾听者要以积极的态度和良好的精神状态面对发言者。来自倾听者本身的障碍主要可归纳为以下两类。

1. 倾听者的思维层次

交谈时要注意有效的沟通，倾听者的知识水平、文化素质、职业特征及生活阅历，往往与其本身的理解能力和接受能力紧密联系在一起。不同思维层次的倾听者必然会有不同的倾听效果。正因为如此，倾听者的思维层次也构成了倾听中的障碍，"对牛弹琴"便是如此。

2. 倾听者的心态与倾听习惯

除了倾听者的理解能力之外，倾听者的心态和倾听习惯也会影响有效倾听。

1）负面情绪

情绪是对客观事物的态度体验，以及相应的行为反应。当我们的需求没有得到满足时，就会产生负面情绪。当发言者在负面情绪占上风时倾诉，将影响他的理性思考和表达。因此，倾听者应该想办法稳定发言者的情绪，这样才能更顺畅、更有效地进行沟通。反之，如果倾听者也存在负面情绪，就会影响倾听者的理性思考和同理心。沟通中我们首先感应到的就是情绪，之后才是沟通的具体内容。因此，有效倾听的首要障碍就是负面情绪。

2）个人偏见

即使是思想最无偏见的人也不免心存偏见。例如，在一次国际会议上，以色列代表团的成员们在阐述其观点时，用了非常激烈的方式，他们抱怨泰国代表对会议不表示任何兴趣或热情，因为他们"只是坐在那里"。而泰国代表则认为以色列代表非常愤怒，因为他们"用了那么大的嗓门"。所以，当团队成员的背景多样化时，倾听者的最大障碍，就是由于自己对信息传播者的偏见而无法获得准确的信息导致的。

3）先入为主

先入为主在行为学中被称为"首因效应"，它是指在沟通的过程中，对方最先给人留下的印象，这会对之后的倾听产生重大影响。也就是我们常说的，第一印象往往决定了将来。人们在倾听过程中，对对方最先提出的观点印象最深刻，如果对方最先提出的观点与倾听者的观点大相径庭，倾听者可能会产生抵触的情绪而不愿意继续认真倾听下去。

4）自我中心

人们习惯于关注自我，总认为自己才是对的。在倾听过程中，倾听者往往过于注意自己的观点，只喜欢听与自己观点一致的意见，而对不同的意见置若罔闻，那么这样就会错过倾听他人观点的机会。

二、克服倾听者障碍

倾听中的环境障碍比较容易克服，这里不做讨论。克服倾听者障碍需要较长时间的努力，并且主要依靠个人努力去完成，在这个过程中，可以从以下几方面着手。

1. 提升自己的思维

要突破倾听中思维层次的障碍，需要我们在生活中不断去扩大自己的知识面，提升思考的深度，以期在倾听过程中能够游刃有余。

2. 情绪管理

在实际的倾听过程中，我们的情绪管理应该包含两部分：一部分是对对方的情绪管理；另一部分是对自己的情绪控制。情绪管理的第一步是要认识自己和他人的负面情绪，只有认识了它，你才能去管理和控制它；第二步是要告诉自己和对方，情绪是不分对错的，并且是可以被理解的，不但要对倾诉者表示理解，还要坦诚地跟对方表达自己的感受；第三步是要理智地提问并思考，尝试达成共识。

3. 培养空杯心态

倾听者需要培养空杯心态才能克服个人偏见和先入为主的障碍。空杯心态是指，倾听时放下自己现有的知识、想法和判断，放下期待和权威才能更好地倾听。空杯心态的锻炼和保持在于常常留出空白时间放空自己，有意识地锻炼自己接纳他人的观点、放慢说话的速度、放低说话的声调，以及提升沟通的逻辑性。

4. 培养同理心

同理心是指对他人情绪和情感的觉知、把握与理解的心态。首先，倾听者要突破以自我为中心的倾听障碍，从认识自己的情绪和感受开始，如果连自己的感受都无法触及，那么也很难体会到别人的感受。其次，倾听者要尝试换位思考，考虑他人的情绪和感受。最后，倾听者要慢慢地体谅他人的感受，并表达出来。

第三节　有效倾听的建议

被人真诚地倾听是一份特殊的礼物，在追求效率的现代社会里，耐心地倾听确实不是一件容易的事情。尼克尔斯把倾听看成一门"失去的艺术"，他认为这要部分归因于现在社会的压力，它分散了我们的注意力，减弱了我们在生活中倾听的质量。据国际倾听协会的统计，世界 500 强企业中，有 70% 的公司开始设立倾听的训练课程。这份调查也指出，70% 的管理者都只是"勉强合格"的倾听者。《哈佛商业评论》因此下了批注：听，其实是我们"未使用的潜能"，亟待开发。

一、有效倾听的内容

为了更有效地倾听，我们需要放下自己预先的判断，全身心地投入倾听，为对方的充分表达创造条件。那么如何做到全身心地倾听呢？我们需要确保倾听到对方传达的事实信息、感受、需要及请求。

1. 事实信息

有效倾听需要倾听对方传达的具体事实信息。佛教格言曾说："不要急着做什么，站在那里。"在大多数情况下，他人来找你倾诉只是为跟你分享而已。真正的有效倾听需要用心理解对方的信息，而不加评论。

2. 感受与需求

感受指的是身体触感或受到他人的影响而获得的一种心理反应。我们的需要、期待和看法，形成了我们的感受。感受没有好坏、对错之分，只是我们在职场沟通中并不习惯主动表达自己的感受。

感受分为积极感受和消极感受两种，当我们的需求得到满足时，我们会有积极的感受，通常有开心、兴奋、振奋、愉悦、满足等；当我们的需求没有得到满足时，我们会有消极的感受，通常有担心、害怕、紧张、烦恼、疲惫等。因此，有效倾听需要倾听者关注对方的感受，并了解他们感受背后的真实需求。

3. 意愿

意愿是指个人想要达到某个特定的目标或方向，并且愿意用尽自己的能力去达成那个目标或方向。有效倾听不仅要倾听者关注对方的感受与需求，还要明确他们的具体意愿，以期更好地达成共识。因此，意愿越具体越好。

二、有效倾听的步骤

倾听从来不可能完美，在倾听他人讲话的过程中，人们可能会出现走神、误解、错误的记忆，以及不适当的思考和不恰当的反馈。我们的目标是尽可能减少这些阻碍。因此，有效倾听可以采用以下 3 个步骤。

1. 真正的安静

在倾听中的安静应该包含两个意思：一个是行为上的安静；另一个是心理上真正的安静。行为上的安静需要倾听者做到认真专注，眼睛看着对方，身体前倾，保持愉悦的面部表情。倾听者不能有小动作，不能有坐立不安和催促等行为。而心理上的安静是需要倾听者抱着空杯心态，去听对方表达的信息，而不去判断或评价。

2. 适当地提问

有效倾听需要通过一些提问技巧来了解我们想要获取的信息，并且能够给出相应反馈。例如，"您刚才提到，您去门店购物，请您详细描述一下当时的情况可以吗？""请您描述一下您使用产品的情境？""好，目前您遇到的困境是什么？请问您需要什么具体的资源或者支持？""您一定很生气，是吗？我非常理解。请问您希望怎么解决这件事情？"等等。

3. 总结并确认

在全面了解了我们所获取的信息后，为了避免获取的信息有错漏，通常我们需要对前面的沟通要点进行总结并确认。如果双方的认证不同，则可以请对方重新说明，因为有效倾听需要确保双方的理解是一致的。例如，"刚才您主要提到了3点想法，分别是……，对吗？""这是我所听到的……，对吗？""所以，您希望我……""我想确定一下我听得没错，您刚刚说……""如果我没有误解您的意思……，是吗？""换句话说，……"等等。

三、有效倾听的准则

俗语说"是草就有根，是话就有因"，聪明说话是一门学问，善于听话是一种艺术。为人处世、说话、听话都要有讲究，否则会处处树敌、事事碰壁。有效倾听需要遵循以下8项准则。

1. 不要随意打断对方的话

打断对方的讲话是交谈中普遍存在的问题。如果一定要这么做，那么我们要注意对方的反应，通常这都是很不礼貌的做法。每个人都喜欢听到自己的声音，所以我们一定要有耐心倾听对方关心的问题，就算他的意见不符合实际情况，甚至他的观点我们不能接受，也要听下去。打断对方的讲话意味着倾听者的轻视，或者没有耐心。我们不一定要同意对方的观点，但可以表示理解。一定要让对方把话说完，否则我们无法达到倾听的目的。只有当需要对方就某一点进行澄清时，我们才可以打断对方。例如，当对方讲的某些内容使你一时无法确切理解它的含义，这时你可以询问，以清楚理解；当对方讲的内容跑题了，你可以打断对方以拉回正题。为了减少打断对方讲话可能造成的负面影响，我们最好用"请原谅"来开始。

2. 不要让自己的思绪偏离

影响有效倾听的另一个普遍性问题是思绪发生偏离。因为大多数人听话的接收速度是讲话速度的4倍。比如，有人一句话还未说完，别人就已经明白他想说什么了。所以，这样就容易导致我们在别人讲话时产生思绪偏离。相反，我们应该利用剩余的能力去组织获取的信息，并力求正确地理解对方讲话的含义。因此，我们可以做这样两件事。第一件，专注于对方的非语言表达行为，以求增强对其所讲内容的了解，力求领会对方所有预想传达的信息。第二件，要克制自己，避免精神涣散。比如，任何环境干扰因素都不应成为你分散倾听注意力的原因，即使对方讲话的腔调或举止习惯有可能转移你的注意力，你也应该努力抵制这些因素的干扰，尽力不去关注他是用什么腔调讲，或是举止上有何癖好，而应专注其讲话的内容。从这个意义上讲，听人讲话是一项不简单的工作，它需要很强的自我约束能力。另外，如果你过于情绪化，也会导致思绪涣散并发生偏离。

3. 不要假装注意

常常有这种情况出现，当我们并未真正注意倾听时，为迎合对方，我们会假装附和，口头上讲一些表示积极应和的话，比如"我明白""真有趣""是的，是的"。这些回答如果是真正发自内心的，那么可以表明我们的确是在认真地听对方讲话；如果我们拿这些回答作为演戏的道具，那么就等于告诉对方我们没注意听他们讲话。这样，对方很快就会对我们失去信任。

4. 听话要听音

俗话说"锣鼓听声，说话听音"，这"音"既有重音之意，也有弦外之音、言外之意。也就是说，我们听到的话不是语言文字的直接意思，而是另有所指、意思含蓄的话。一些人听话很认真，甚至还会做记录，但他们往往只注意表面现象，而忽略了大量内在的东西。事实上，人际交往活动中，几乎所有的沟通都建立在非语言表达的基础之上，那种忙于做记录的人会因此失去许多重要的信息。将一些关键的话或技术性信息写下来是对的，但我们的注意力应集中在对方各种语气、语调的表现和话语中的内涵上，而不应集中在孤立的语句与表面的文字上。

5. 要表现出感兴趣

一些人只对他们自己要讲的话感兴趣，只专心致志地展示他们自己讲的话，而不能很好地倾听别人是如何讲的。我们在倾听对方讲话的时候，不仅要有良好的辨听能力，还要表现出感兴趣的神态以尊重对方，这样才能达到沟通的目的，提高沟通的效率。

6. 要表明自己在认真地听

在听对方讲话时，如果我们表现出东张西望、只顾低头做自己的事情、面露不耐烦的表情或用不适宜的声音附和等不礼貌的行为，不但会使对方产生反感，导致讲话中断，还会损害彼此之间的信任关系。要向对方表明我们在认真地听他讲话，并且希望他就有关问题进一步澄清，或是希望得到更多的有关信息，这很重要。我们可以不时地用"嗯""哦"来表明赞同，这些做法虽然简单，但确实可以表明我们对谈话内容是感兴趣的，并且能够促使对方继续讲下去。

7. 了解回应反馈

有效倾听意味着向发言者表明自己在听他发言。同时，还需要在发言者和倾听者之间创造一种共同的认知氛围。为了理解对方的讲话，我们应该将这些讲话做出概括与总结，这是回应反馈的一个重要方面，它不仅表明我们的确在认真地听对方说话，也为对方提供了一个澄清误解的机会。对于一些不能肯定的地方，我们可以通过直接提问的方式，来得到对方的澄清。此外，提问题还有获取信息和引导对方讲话进入我们感兴趣的领域的作用。

8. 努力理解讲话的真正内涵

很多情况下，我们并不能真正理解对方讲话的含义。因此，有以下几条途径供我们在这方面进行改进。

（1）用自己的话重新表述一下你理解的含义，让对方检查正误。

（2）当你不同意对方的观点但又必须接受其决定时，更需要格外认真地听他讲话。只有这样做才能知道自己应该在何时表示质疑。

（3）如果发现被告知的某些事情会令你感到兴奋不已，那么就要提醒自己，是否自己在理解上出现了问题，而事实并非如此呢？

（4）如果你对对方的某些讲话内容感到厌烦，这时要尤其注意，一些很重要的内容可能会由于你的不耐烦而错过。如果只得到部分信息的话，那么你可能没有完全听懂对方讲的内容。

（5）即使是以前已经听过的信息，你仍然要继续认真地听下去，"温故而知新"不会有错的。

四、有效倾听的技巧

在现实生活中，"理解他人"说起来不难，但是要做到却并非易事。有效倾听需要我们做到耳到、眼到、心到。如何做到有效倾听，除了遵循上述 8 项准则外，还需要掌握以下 5 项倾听的技巧。

1. 保持良好的精神状态

良好的精神状态是有效倾听的重要前提，如果沟通的一方萎靡不振，是不会取得良好的倾听效果的，它只能使沟通质量大打折扣。良好的精神状态要求倾听者集中精力，随时提醒自己到底要解决什么问题。倾听时我们应保持与讲话者的目光接触，但不要时间太长。如果没有语言上的呼应而只是长时间盯着对方，会使对方感到局促不安。另外，要努力保持大脑的警觉，维持身体警觉有助于使大脑处于兴奋状态。因此，有效倾听不仅要有良好的精神状态，而且要使自己的目光和肢体都处于适当的位置。

2. 使用开放性动作

人的身体姿势会暗示出其对讲话内容的态度。开放性动作是一种信息传递方式，代表着接受、容纳、兴趣与信任。根据达尔文的观察，交叉双臂是日常生活中常用的姿势之一，可以表现出优雅、富于感染力，并使人自信十足。但这常常自然地转变为防卫姿势，当倾听者采取此姿势，大多是对沟通内容持保留态度。既然开放性动作可以传达出接纳、信任与尊重的信息，而"倾听"的本意是"向前倾着听"，也就是说，向前倾的姿势是集中注意力、愿意倾听的表现，所以二者是相通的。开放性动作还意味着控制自身的偏见和情绪，以及克服心理定式。在对方开始讲话前，我们应暗示自己对对方要讲的内容感兴趣，做好积极适应对方思路的准备，去理解对方的话并给予及时的回应。

3. 及时给予回应

作为一种信息反馈，倾听者可以使用各种方式表示自己的理解、传达自己的感情，以及对于讲话的兴趣，给对方提供相关的反馈信息，以利于其及时调整。及时给予回应，能鼓励对方继续说下去，我们可以使用非常简洁的语言，比如"我听见了""我知道了""继续说下去""我正听着呢""好的""没错""啊""有意思"，以及"啊哈"，等等。同时，我们也可以用动作和表情等非语言性的方式表示，它们包括如下几种，在后面非语言沟通一章中还会详细地介绍。

- 扬起眉毛（表示你不太确定，或没听明白，需要对方告诉你更多的信息）

- 微笑（表示你同意对方的观点）
- 与对方靠得更近一点儿（表示你对对方正在说的内容非常感兴趣）
- 点头（表示认可）
- 保持目光接触（让对方知道你正在听着）
- 把手举起来，掌心朝向发言者（让对方停下来，告诉对方你有疑问）

4. 适时、适度地提问

沟通是为了获得信息，是为了知道彼此在想什么、要做什么。在沟通过程中，我们不仅可以通过提问获得信息，同时也可以从对方回答问题的内容、方式、态度、情绪等方面获得信息。因此，适时、适度地提出问题是一种倾听的方法，可以向对方说明自己哪些方面没有听清或听懂，也可以要求对方重复或解释一下，这都能表明我们在认真地倾听。适时、适度地提问能够给讲话者以鼓励，并且有助于双方的相互沟通。

5. 必要的沉默

沉默是人际交往中的一种手段，它看似是一种状态，实际则蕴含着丰富的信息。沉默就像乐谱上的休止符，若运用得当，则含义无穷，甚至可以达到"无声胜有声"的效果。保持沉默能使人学会很多事，靠"听"能够比靠"说"得到更多的东西。但沉默一定要运用得体，不可不分场合、故作高深地滥用沉默。另外，沉默一定要与恰当的语言相辅相成才能获得最佳的效果。

爱迪生的交易

美国的大发明家托马斯·爱迪生（1847—1931）发明了自动发报机之后，他想卖掉这项发明及制造技术，以便用卖掉的钱来建造一个实验室。因为不熟悉市场行情，不知道这项技术值多少钱，所以爱迪生便与夫人米娜商量。米娜也不知道这项技术究竟能卖多少钱，她一咬牙，发狠心地说："要2万美元吧，你想想看，一个实验室建造下来，至少要2万美元。"爱迪生笑着说："2万美元，太多了吧？"米娜见爱迪生一副犹豫不决的样子，说："我看能行，要不然，你卖时先观察对方的口气，让他先开价，然后你再说价。"

当时，爱迪生已经是一位小有名气的发明家了，纽约的一位商人在听说这件事情后，愿意购买爱迪生的这项发明制造技术。在商谈时，这位商人问到价钱，但由于爱迪生一直认为要2万美元太高了，不好意思开口，于是只好沉默不语。

这位商人几次追问，爱迪生始终不好意思说出口，正好他的夫人米娜上班没有回来，爱迪生甚至想等到米娜回来以后再说价钱。

最后商人终于耐不住了，说："那我先开个价吧，10万美元，怎么样？"

这个价格非常出乎爱迪生的意料，爱迪生大喜过望，不假思索地当场就和商人拍板成交。后来，爱迪生对他妻子米娜开玩笑地说："没想到晚说了一会儿就赚了8万美元。"

总之，如果我们希望成为一个善于与人沟通的高手，那我们就得先做一个善于倾听的人。要使别人对自己感兴趣，那就先对别人感兴趣。问别人喜欢回答的问题，鼓励别人谈论他们自己及其所取得的成就。不要忘记与你谈话的人，他对他自己的一切，比对你的问题要感兴趣得多。倾听是我们对别人最好的恭维，很少有人会拒绝接受专心倾听者所给予的赞许。聪明的人，都是会倾听的人。善于倾听，会让我们处处受到欢迎。

内容小结

倾听是一个通过接收语言和非语言信息，使思维活动达到认知、理解，并且做出反馈的过程。这个过程包括5个方面的活动：预言、感知、解码、评价、行动。因此，倾听不同于听，它不是人的本能，只有通过后天的学习才能获得。倾听在人的生活、工作中占有很重要的位置：倾听可以使说话者感到被尊重，倾听可以改善人际关系，倾听可以使我们成为智者，倾听可以锻炼自身能力和掩盖自身的弱点。

倾听主要有5种连续的层次：听而不闻地听、假装地听、选择地听、专注地听、同理心地听。一个倾听者从层次1到层次5的过程，就是其倾听能力、交流效率不断提高的过程。倾听障碍主要存在于环境及倾听者这两个方面。来自倾听者本身的障碍主要有两类：第一类是倾听者的思维层次；第二类是倾听者的心态与倾听习惯，包括负面情绪、个人偏见、先入为主和自我中心。倾听者障碍的克服包括提升自己的思维、情绪管理、培养空杯心态和培养同理心。

有效倾听需要倾听对方传达的事实信息，理解对方的感受与需求，还要了解对方的意愿。因此，有效倾听可以采用3个步骤：真正的安静、适当地提问、总结并确认。此外，有效倾听需要遵循8项准则：不要随意打断对方的话、不要让自己的思绪偏离、不要假装注意、听话要听音、要表现出感兴趣、要表明自己在认真地听、了解回应反馈，以及努力理解讲话的真正内涵。同时，还需要掌握5项倾听的技巧：保持良好的精神状态，使用开放性动作，及时给予回应，适时、适度地提问和必要的沉默。

问题讨论

1. 森林中有一棵树倒了下来，如果没有人听到，那么能说它发出声响了吗？
2. 如何理解倾听是一种全身心的运动？
3. 举例说明倾听的5个层次。
4. 举两个例子说明倾听者本身的障碍是如何影响倾听效果的。
5. 结合自身的经历，说明你是否是一个良好的倾听者。

小 故 事

倾听的价值

古希腊哲学家阿那克西米尼（公元前588—公元前525）晚年的时候声望很高，拥有上千名学生。一天，这位两鬓花白的老者蹒跚着走进课堂，手中捧着一摞厚厚的纸张。他对学生说："这堂课你们不要忙着记笔记，凡是认真听讲的人，课后我都会发一份笔记。一定要认真听讲，这堂课很有价值！"学生们听到这番话，立刻放下手中的笔，专心听讲。但没过多久就有人自作聪明地想：反正课后老师要发笔记，又何必浪费时间去听讲呢？于是开起了小差。临近下课时，这些学生觉得并没听到什么至理名言，不禁怀疑起来：这不过是一堂普通的课，老师为什么说它很有价值呢？课讲完后，阿那克西米尼将那摞纸一一发给每位学生。领到纸张后，学生们都惊叫起来："怎么是白纸呀！"阿那克西米尼笑着说："是的，我的确说过要发笔记，但我还说过请大家一定要认真听讲。如果你们刚才认真听讲了，

 管理沟通

那么请将在课堂上所听到的内容全部写在纸上,这不就等于我送你们笔记了么。至于那些没有认真听讲的人,我并没有答应要送他们笔记,所以只能送白纸!"学生们无言以对。有人懊悔刚才听讲心不在焉,面对白纸不知该写什么;也有人快速地将上课听到的内容写在白纸上。最后,只有一位学生几乎一字不落地写下了老师所讲的全部内容,他就是阿那克西米尼最得意的学生、日后成为古希腊著名哲学家的毕达哥拉斯。阿那克西米尼满意地把毕达哥拉斯的笔记贴在墙上,大声说道:"现在,大家还怀疑这堂课的价值吗?"

启示:

人生最大的财富是倾听,只有乐于并善于倾听,才可能成为知识的富翁,而那些不愿意倾听的人,其实是在拒绝接受财富,终将沦为知识的穷人。

沟通游戏

秘密传话

规则:

1. 把学生分组,每组人数相等,各站成一队。
2. 老师将口令传给第1个人,再由第1个人传给第2个人……依次传下去。
3. 传口令时,声音要小,只能让一个人听见,每人只许说一遍口令。
4. 不能隔着人传,不能干扰别人传口令。
5. 由每组最后一名学生大声说出自己听到的口令,再由每组第1个人说出正确的口令。
6. 哪组传得又快又准,哪组获胜。

相关讨论:

1. 为什么原话在传播过程中会遭到篡改?到底是哪些"杂音"在作怪?
2. 通常你听别人说话时只听你喜欢听的一部分,还是听对话的全部?
3. 是否与你"气味相投"的话你才能听进去?
4. 在听的时候你是带着自己的看法去听,还是完全随意、不预设答案地听?
5. 你是听到了事实"原汁原味"的一面,还是听到了你对事实进行加工、演绎后的判断呢?

游戏说明的道理:

我们在听的时候,通常不仅听到了别人的话,还"听到"了很多自己的经验与偏见的声音。我们时常把"听"这种特性从更为广义的角度延伸为人们所见、所闻、所思的话,正是这些经验、好恶与偏见的杂音,扰乱了我们接受真相的视线,掩盖了事物的本来面目,使听到的信息在我们的加工与演绎过程中不断地走样、变形,甚至完全偏离"起点"。

第七章　职业沟通

学习目标

1. 制作对雇主有吸引力的简历
2. 撰写能引起雇主注意的求职信
3. 掌握面试前的准备工作
4. 掌握常见面试问题的回答
5. 完成面试后的沟通工作

开章引例

你被谁干掉

世上没有完美的食物，也没有完美的职业，就像人无完人。

考验真爱的标准是接受他的缺点。

爱一个人，在你决定娶她时，在她幸福地说"我愿意"时，你就要接受她的全部，包括她的缺点，例如，她的坏脾气、她的情绪化、她没化妆的样子、她没完没了的唠叨……

爱美食，就别犹豫，享受它的卡路里、它的油腻、它的不干净，甚至享受它使你消化不良或胆固醇过高……

爱工作，就要义无反顾，不要梦想能斩获多少大奖，不要幻想与一群俊男美女为伍，不要奢望老板很nice，不要指望腰包会有多鼓，不要设想几年内能蹿到CD（创意总监）的位置稳拿高薪……

现实远没想象美好，你要以加班为乐，要与性格很坏的搭档"臭味相投"，要把上厕所的时间都用来想idea，要用N+1种灵活应变来对付客户N种反复无常。你要花尽心思和老板的思想对路，要不断更新自己的头脑库以免被年轻的新员工"拍在沙滩上"、被日渐挑剔的客户埋怨、被喜新厌旧的老板淘汰……

准备好了吗？

假如有一天你在追梦的路上气喘吁吁，中途落跑。

记住，

你是被贪恋美好的爱无能干掉的，

绝非office！

资料来源：崔晶，别被office干掉，广西师范大学出版社，2009

第一节　个人简历

做事情讲究方法，对于同样的实力，若方法正确，则事半功倍；若方法错误，则事倍功半。很多时候，我们"知其然而不知其所以然"。真正的成功者，不一定是最聪明的人，但一定是掌握了正确方法和良好习惯的人。在求职的过程中，你给用人单位的第一印象就是你的简历。如果你满腹经纶却无人赏识，可能只是因为你的简历不如你本人优秀。很少有人会单纯因为简历写得好而被录用，但确实有很多人会因为简历写得不好而失去被录用的机会。一般情况下，求职者被录用是基于他们一次或多次面试时的表现。因此，简历的目的是让你获得面试的机会，而面试的目的才是让你获得一份工作。总之，简历及与简历一起发出的求职信，可以决定你是否能够从众多求职者中脱颖而出并获得面试的机会。

一、简历的内涵

简历是个人历史和资格的简单记录，是求职者给招聘单位发的一份简要介绍。简历的重点应该着眼于未来而非过去，你必须表明你受的教育和工作经历使你有资格从事未来的工作，特别是你目前正在申请的这份工作。简历要简明扼要地说服对方，使对方认为你就是他们要找的人。简历不是简单的工作经历和教育背景的罗列，而是在成千上万个和你一样优秀的求职者中，让你脱颖而出的一次个人展示。简历是一封让你的目标雇主动心的"情书"，是一杯目标公司求贤若渴时你送上的甘露。简历不是目的，它是一种手段，是你的工具和武器，能够帮助你战胜对手、得到面试机会。

成功的简历无非说明了两个问题："Why you"和"Why me"。用人单位永远不是在找最优秀的人，也不是在找最聪明的人，而且在找最适合的人。所以好的简历首先要有一个正确的策略，正所谓上兵伐谋、扬长避短、知己知彼、百战不殆。

简历是一种市场推广的手段，不仅要向你的目标公司说明你是他们需要的人，而且要证明你是必要的人。引用一个数学的概念，叫作"映射"，即目标公司所需要的技能，你必须在简历中体现出来，而且要用他们容易接受的方式表现出来。下面这些问题可以用来考察你的简历制作水平。

（1）你所做过的某项工作可能包含很多方面的技能，而你的目标雇主可能只关心其中几个方面的技能，那么你是否进行了删减？

（2）你的简历是否是针对某公司的特点而量身定制的（而不是用同一份简历投递所有的公司）？

（3）你的简历是否对你的背景经历进行了扬长避短？

（4）你的简历也许列举了你的工作职责，即你做了什么，但是你是否写清楚了你工作的结果和成就？是否量化了你的工作成果和对所在公司（集体）的贡献？

（5）你的简历是否写了你的求职目标和应聘岗位？你的简历中体现的工作能力是否与你的求职目标和岗位能力相匹配？

（6）你是否有意识地根据对方的需要，使用了能够打动人心的"关键词"？

（7）除非对方要求，不需要写自己的生日、身高等个人信息，你是否知道？

（8）你是否知道你的简历是不需要写上次工作的离职原因的？

（9）你是否知道简历当中不应该使用第一人称，如"我""我的"，英文就是"I""me""my"？

如果这些问题当中的任何一个问题的答案是否定的，那么你就需要系统地提高自己制作简历的水平，否则就会输在起跑线上。所以，制作简历要战略和战术并重，不但要选准方向和策略，还要处理好致命的细节。只有宏观和微观都做到最好，才能获得面试的机会。

二、简历的长度

在收到多达数百份简历后，招聘者会先进行初步的筛选。招聘者浏览一份简历的时间一般不会超过 1 分钟。尤其当招聘工作紧张的时候，招聘者停留在一份简历上的时间或许只有 15 秒，甚至更短。在如此短暂的时间里，招聘者究竟能看到多少信息？如果对方根本就没看完你的简历，那么无论你多么符合要求也都是徒然。

简历究竟应该设计多长？一项专业调查显示，对于面向应届大学毕业生的初级职位而言，大多数简历用一页纸就足够了。如果你有更多的好素材要表述，或者对于较高级的职位而言，两页纸的简历才是合适的。不管这是否符合实际，但请记住一句话："简历越长，人也越迂。"过长的简历毫无作用，而且不容易突出重点。

简历的错误

一项针对美国 200 家大公司招聘人员的调查显示，求职者最严重的错误是在简历中加入了太多的信息。他们对严重错误的投票结果如下表所示。

错误类型	占比
太长	32%
拼写和语法错误	25%
对工作职责未做描述	18%
外观不够职业	15%
未叙述成就	10%

另一项针对会计事务所的调查显示，与一页纸的简历相比，招聘者更喜欢两页纸的简历。调查人员建议，会计专业的毕业生在应聘会计事务所的初级职位时，可以考虑写一份两页纸的简历。如果你的简历超过一页，那么第 2 页应该至少要有 10～12 行的文字，并且要另用一张纸，而不是把内容打印在第 1 页的背面。相对不重要的内容应写在第 2 页上，并且注明姓名和"第 2 页"字样。这样，即使两页纸没有装订在一起，招聘者也会知道这些资料是谁的。

总体上，对于初级职位而言，一页纸的篇幅对于 85%的简历都是合适的。当然，这并不是说要把原本两页纸的简历，通过缩小字体和行距等办法硬塞进一页纸的篇幅里。你的简历必须要有吸引力、易于阅读，并应审慎地决定应在简历中放进哪些内容，然后用简洁的语言把重要的部分表达出来，从而达到短小精悍的目的。另外，不要使简历过于简短，篇幅不足一页的简历会使招聘者觉得你乏善可陈。

三、简历的格式

虽然简历的内容要比格式重要，但第一印象更加重要。第一印象的好坏取决于前半分钟，这足以影响招聘者对简历的初步判断。因此，在开始写简历之前，你要考虑格式的问题，这将影响简历篇幅的长短。

制作简历要使用简单、易读的字体，不要使用电脑中那些"特殊效果"的字体。使用一两种字体和一两种字号就足够了，字号一般为五号或小四号。格式要简单，并在页边留出足够多的空白。内容组织要符合逻辑，主次要分明，段落不要太长。

简历有没有封面没有关系，很多招聘者并不喜欢有封面或塑封的简历，因为要抽出其中的简历比较费时间。简历一般用重80g或100g的标准A4纸打印，避免使用60g或70g的A4纸，这类纸往往显得轻飘飘的，质感很差。求职者的简历到了用人单位后，用人单位一般还会再将简历进行多次复印，以供多位不同的主管或上层领导查看。用粗糙的纸张打印出来的简历，可能最初效果还不错，但经过多次复印后就会模糊不清了。所以，简历最好选用优质纸张打印。纸张颜色选择高质量的白色或近白色（如奶油色或象牙色），避免使用色彩鲜艳的纸张。

除非你是在申请一个需要创意的职位（如广告公司的文案），否则在设计简历格式时不要过于艺术化或讲究创意。如果你是在申请一般的公司职位，那么简历的总体外观应该显得专业和保守。

最后，简历和求职信必须杜绝任何错误，无论内容、语法、拼写还是格式。找工作时，做到99%的准确度仍是不够的。简历的文字需要使用规范，避免出现任何可能引起歧义的地方。否则，招聘经理很可能会误解，给有歧义的地方画条横线，甚至干脆丢在一边并给你盖棺论定：要么觉得你做事不认真；要么觉得你连简单的简历都写不好，那还能干什么？

四、简历的内容

没有所谓的标准简历，每一份简历都如同作者一样，具有自己的个性。但是，简历的有些部分是标准的，招聘者需要通过这些部分来做出相应的判断。一项针对《财富》500强大公司的调查显示，90%以上的受访者希望能在简历中看到如下信息。

- 姓名、地址和电话号码
- 职业目标
- 大学所学专业、学位、所就读大学的名称和毕业时间
- 从事过的工作、所供职的公司、雇佣时间及工作职责
- 特殊才干和技能

另外，不要把一些私人信息列在简历中，如婚姻状况、宗教、民族、生日、健康状况等。找工作的过程是求职者与招聘公司互相搜寻、互相试探与互相磨合的过程，而简历是求职者与招聘公司的第一次亲密接触，求职者需要通过简历，尽可能地展现优秀的自己。因此，一份简历应该包括了求职者最基本的信息和与所申请职位有关的一切信息。对于毕业不久或即将毕业的大学生而言，简历应该包括以下几个内容。

1. 个人信息

个人信息很重要,这是招聘者认识你和联系你的第一要素。个人信息一般有姓名、电话、电子邮箱及通信地址即可,但也会根据行业不同而有所增加。例如,申请空姐、模特、演员等职位,可能需要身高、体重等信息;申请政府单位的职位可加上政治面貌、籍贯等,具体内容按照申请单位的要求来即可。姓名应该是简历的第一项内容,要放在简历顶部的突出位置,并作为简历的标题(切记不要在简历的最上方写"简历"两字作为标题);固定电话前加上区号,手机号码采用分节的方式,"三四四""四三四"的分节方式比较常见,如果有多个手机号码,就留数字好记的那一个;电子邮件要选择比较稳定的邮件系统,不易丢信,这个很重要,标准的用户名的格式是 Firstname.Lastname,例如,王晓雯的邮箱用户名应当为 Xiaowen.Wang,这样一来,不但容易辨识,而且能大大降低拼写错误的可能性。

一般在右上方或左上方附上照片,照片形象以干练、清爽为佳。若申请公司并未要求附照片,有些人会建议最好不附上。但个人建议,只要个人形象不是太过不堪,则附上照片更好,毕竟简历的照片几乎是最吸引人的地方。如果应聘者有较高的颜值,那么将更有优势。

2. 求职意向

若你申请行业及岗位是明确的,可在基本信息前面或后面,加上求职意向。岗位种类不宜过多,跨界不宜太远,范围不宜太大。如果有多种求职意向,那么就多制作几份不一样的简历,这样才有针对性。

3. 教育背景

对于缺乏工作经验的应届生,要把"教育经历"放在紧随基本信息之后的位置。一个阅人无数的招聘者,在看教育经历这一栏的时候,最关注的可能就是学校和专业了。所以你的教育经历一定要将学校、专业、毕业时间写清楚。至于学了什么课程、成绩怎样,可以不写。如果获得了大学学位,则无须填写高中教育;如果获得了硕士或博士学位,则需要加上本科学位,但一定要把最高学位放在前面。

对于已经具备丰富工作经验的求职者,"教育经历"可以置于"工作经历"之后,也可以置于个人简历较为靠下的位置,只需填写"毕业院校、专业名称、起止日期、学历"等基本信息即可。

4. 工作经历

工作经历是简历中相当重要的一部分,这部分凸显了求职者的工作经验和能力,所以这部分不能忽视。工作经历排序建议用倒叙,从最近的经历开始写,如工作(实习)机构、岗位和地点,可突出特点和收获等关键词。每段经历都用相对突出且简洁的语言介绍自己的主要工作任务、工作结果和工作成就,以及自己从中的收获等。招聘者希望看到你是怎么做事的、怎么解决问题的,而不是你做过什么事、做的事有多么伟大。

工作经历应尽量与求职目标相匹配,体现出与该职位相匹配的综合素质和潜力,突出强调自己最出色的能力、成就和特色,多以数据事实作为支撑。可以使用"STAR 法"写工作经历:S(Situation,情景),什么时候在什么机构、什么岗位;T(Task,任务),工作任务是什么;A(Action,行动),具体做了哪些事情(量化事实);R(Result,结果),通过这项工作获得了怎样的经验和成绩(量化结果)。

5. 荣誉和奖励

对于求职者，特别是应届生求职者来说，如果你有很多的荣誉奖励，那么无疑是你能力的一种证明。在简历中描写奖励情况时，你应特别注意强调奖励的级别及特殊性，而不是简单地把所有奖励都罗列上去。当然，四六级、计算机二级等已经不是什么求职亮点了，那些能凸显你专业能力的证书和与应聘岗位相关的证书才是招聘者眼中的亮点，如市级、省级、国家级的证书。如果有业内证书就更好了，例如，IT类有华为的证书、金蝶认证的证书，金融类有CFA（特许金融分析师）、CPA（注册会计师）等证书，英语类有雅思、托福、专业八级等证书。

6. 自我评价

在自我评价部分，不要用过于笼统的套话，应聘者可在自我评价中将还未充分表达出来但仍想向招聘者介绍的内容再做一次输出。可以围绕以下几点来写。

（1）学习能力总结。例如，在校期间学习成绩优秀，专业成绩排名年级前10。

（2）工作经验总结。例如，3年英语翻译经验，精通IT行业中的英文互译。

（3）工作能力总结。例如，能够快速发现问题所在并找到解决办法。

（4）个人性格总结。例如，为人随和，善于建立良好的人际关系，有很强的适应能力。

五、优秀简历的原则

在招聘旺季，招聘者每天都能收到成百上千份简历。如何才能让招聘者注意到你的简历，并且相信你有可能是他们迫切需要的、合适的人才，甚至产生了把你叫来面试或试用的想法？这需要你在制作简历时，如同营销经理一样，运用合适的"营销组合"，对自己加以营销。下面介绍6项制作优秀简历的原则。

1. 扼要精练

简历，要简单有力。如果你能用一页纸清晰地表达自己，就不要用两页纸。如果你要用两页纸的简历，就一定要使第2页的内容达到三分之二以上，不然就坚决选择一页的简历。当然，对简历进行压缩是个痛苦的过程，你必须反复斟酌，删除一些不太重要的信息，或者换用更简练的表达方式来表现原有的信息。

简历页面是寸土寸金的，不要让你的姓名、性别、地址、电话号码等占据过大的页面。将姓名作为标题，联系方式紧跟标题给出；简历中的重要信息一定要出现在第一页，每页中重要的标题项尽量出现在靠近页首或页尾，每个标题项中最重要的细节一定要出现在第一项；要用点句，避免用大段文字，点句以3句为宜，不要超过5句，长度以一行为宜，最多不要超过两行；删除那些无足轻重的细节，将内容重复的细节合并，使你的简历看起来页面更简洁、内容更有效。如果你想突出自己的实践经验，可以给它们留出更宽松的格式，也可以将它们纵向排列开来，还可以为它们添加其他引人注意的细节。

英文简历要避免使用完整句子，最好以动词性的短句为主，这个很重要，如动词引导的短句或名词性结构的短句等。一般来说，这类并列结构的句式并不需要完整的主谓结构。

2. 主次分明

招聘者初次筛选简历时，平均浏览一份简历用 20 秒，再审简历时，平均浏览一份简历也只用 60 秒。只有条理清晰、重点突出的简历才能使招聘者在如此短暂的时间内找到他们感兴趣的内容，进而对你的简历做出正面的评价。简历是你的广告，而广告最重要的目的就是用自己的独特之处吸引别人的目光。应届毕业生最大的不足就是经历少，如何在资源有限的前提下，用最有效的信息展现出独一无二的自我？这就需要发挥你的智慧了。

下面的简历就是一个很好的例子。这个简历的最大优点就是抓住了招聘者的心理，恰当地表现了自己的优秀。例如，他在实习经历中写到的"麦西顾问公关公司"，对于不熟悉这个行业的人来说，这家公司的名字并不能引起人的兴趣。但他通过罗列这家公司位列世界五百强的客户，暗示这是一家优秀的公司。而且他写了在这家公司的感受，"培养了敏锐的新闻视角，锻炼并提高了媒体沟通及信息收集、分析能力"，这是点睛之笔。

实习经历

麦西顾问公关公司　　　　职务：**顾问助理**　　　中国北京　　　2010.9—2010.11
- 媒体与外事部门的助理，负责项目策划与实施、媒体跟踪、信息调查及新闻分析，主要客户包括奥迪、米其林、花旗银行等
- 帮助奥迪 A6 在上海成功进行市场投放活动
- 培养了敏锐的新闻视角，锻炼并提高了媒体沟通及信息收集、分析能力

IBM 计算机公司　　　　　职务：**销售分析员**　　　中国上海　　　2010.5—2010.7
- 负责全球大客户部每日销售报表的统计与分析，以及销售人员的绩效评估
- 成功策划、组织并完成办公室"环境改进与减压提效"项目

3. 实事求是

作为求职者，你需要通过简历告诉招聘者你过去所取得的成就。但是，仅仅罗列成就并不足以吸引招聘者的目光。如果你说"负责实施公司的销售计划，使公司的销售额得到增长"，那么这样空泛的叙述并不足以让招聘者相信你是一个出色的销售人员。有数字支持的成就故事才是最好的说服工具，因为数字不再是主观的判断，而是一种客观的证据，可以证明你的工作能力。你可以从以下 3 个方面来"量化"你的成就故事。

第 1 个方面，金钱。你是否通过自己的努力，为你所在的公司节省了开支、提高了收入，或者支配了大额预算？不要犹豫，请直接写出来，这是非常能打动招聘者的亮点之一。

- 经过验证，找到一家新的网络服务商，降低公司 IT 成本达 26%
- 组织捐款活动，为身染重疾的某某同学筹得 10 万元捐款
- 担任预算为 50 万元的某项目的项目负责人

第 2 个方面，时间。公司总是想方设法在更短的时间内，取得更大的成绩。如果你能够证明你会成为一个总能在计划期限内完成任务的高效率员工，那么你获得这个职位的可能性就大大增加了。

- 提出流程重组的建议，将某项工作所需时间缩短 20%
- 担任校运动会采访，当天完成所有采访和写稿任务
- 提前 3 个月完成当年的销售任务

第 3 个方面，数量。在公司中，数量可以充分证明你的效率和能力。

- 建立市场分析团队，设计调查问卷，走访30家医院和30家酒店
- 为某公益活动招募40名志愿者

综合以上3个方面，上面那句"负责实施公司的销售计划，使公司的销售额得到增长"就可以量化成为："领导（参与）了20个人的团队，3个月内覆盖了10座城市，发展了近万名客户，销售额在3个月内增加了25%，节省开支18%"，通过这样短短的一句话和几个关键数字的罗列，使简历不仅展示了你作为销售人员的能力，还证明了你勤奋的工作态度和领导才能。总而言之，量化原则意味着要通过数字，吸引招聘者的目光，让他们记住你的故事，让他们相信"这就是我们要找的人"。

4. 用动词说话

行为导向的意思就是说，要用事实说话，而不仅仅是陈述结果，这一点在中文和英文简历中都很重要。有效的做法是，把自己做的事情详细地用表示动作的词语叙述出来。简历中最常用的词就是动词，尤其是"工作经历"部分，一般是用动词开头的短句。因为动词可以给人一种"工作效率很高""做了很多事情"的具体印象，这就是动词的魅力。另外，在英文简历中，如果是过去的成绩，就应该用动词的一般过去时，现在正在进行的事，才用一般进行时。

5. 针对性强

简历是敲开公司大门的第一步，要本着"简"和"历"的原则，将个人经历中闪光的地方，以及与应聘岗位相关的地方简明地展示出来。因此，不能用同一份简历到处投递，而要根据不同的公司、不同的职位进行修改。修改遵循 PRI（Position-Relevant Information）原则，即筛选与招聘职位最为相关的信息，这些信息构成了招聘者筛选应聘者的标准。例如，投行和咨询岗位可能更看重应聘者分析问题的能力，而市场销售等岗位则可能将人际沟通能力排在第一位。在简历筛选中，招聘者会在快速浏览中搜寻这些 PRI，如果搜寻失败，就会迅速转到下一份简历上。判断哪些信息属于 PRI 的最好的办法，就是站在公司的角度，站在招聘者的角度思考问题。公司最想招聘的是已经具备了这个岗位所需要的素质和能力，且一招进来就能用的人，或者是在这些方面有着很大潜力，且培训成本很低的人。因此，如果你应聘一个项目经理的岗位，那么你过去的项目经历，尤其是你担任项目负责人的经历就是 PRI。如果你应聘的是一个销售或营销的岗位，那么你过去的销售经历，或者你在大学里学过的有关课程就是 PRI。当然，要真正了解公司对求职者的要求，你可以通过公司的网站或已经在公司工作的师兄、师姐来了解。

在了解招聘职位的相关信息后，你需要根据 PRI 对自己的简历进行细致的修改，逐字检查简历中的每一项内容是否符合 PRI 的原则。例如，你的 CPA 证书会对你寻找会计职位帮助甚多，但却无法帮你获得行政助理的职位。因为这个职位强调的是你对办公软件的精通程度，以及你的亲和力和组织协调能力，而不是你对应收、应付款项的通晓。

6. 精益求精

在你正式寄出一份简历之前，一定要进行检查并修改。一份成功的简历至少要修改50次。首先，你可以用 Word 中的"拼写和语法自动检查"功能查找、修改拼写和语法上的错误；其次，你要再次确认简历中的信息都是 PRI，并在用词上再次进行润色，确保以最精练的语言来高效传达 PRI；然后，在简历的用词上要遵循方便阅读的原则，不要过多使用专业

术语、生僻用语和缩略语,因为筛选简历的可能是公司的 HR,也可能是临时工,如果你写的简历让招聘者看不懂,那么很可能就被直接筛掉了;最后,将自己的简历传给老师、学长或者专业人士看看,多听取别人的意见,相信那些有经验的"过来人"所提的意见定会使你的简历在关键时刻脱颖而出。

在简历打印出来后,你最好再看一遍,因为可能还会有一些小小的瑕疵,改正它们并保证你正式打印的简历不会再有这些问题。你的简历最好不要是"投之四海而皆可用"的类型,你应该根据应聘的不同岗位做出针对性的修改,可以有意识地写入一些符合该企业文化的内容,或者可以表现出自己适合该岗位需求的某些特点。

简历清单检查

- 简历布局是否便于阅读
- 简历页上方是否包含姓名、地址、邮编、电话号码及电子邮箱等信息
- 是否清楚阐明了求职目标和应聘岗位
- 是否按照应聘岗位的需求列出了有关资料
- 是否写出了相关工作经历的具体内容而不只是泛泛而谈
- 是否反复检查了拼写、语法和标点符号的正确使用
- 是否运用了行为动词来描述工作职责
- 简历内容真实可信吗
- 如果你是雇主,该简历能让你眼前一亮吗
- 如果你是雇主,你会如何评价该简历

第二节 求职信

写求职信的目的是获得面试的机会。如果面试是由学校就业办公室安排,或者是你直接与公司接触而获得的,那么你就不需要写求职信。同样,如果你在公司网站上通过电子邮件的方式申请工作,那么也无须提交求职信。但是,如果你想就职的公司不在学校举行面试,或者你想要换工作时,可能就需要一封求职信。撰写求职信也是在为面试做一个很好的准备,因为求职信是你向所求职的公司展示你能为该公司做哪些事情的第一步。

一、求职信与简历的区别

求职信并不等同于个人简历,求职时简历不能单独寄出,必须附有信件,即求职信。求职信与个人简历的撰写目的一样,都是要引起招聘者的注意,以争取面试机会,但两者又有所不同。求职信是商业信函,和你向"客户"发出的合作邀请一样,要求在规范、专业的基础上,足以吸引招聘者的目光,并说服他去看你的简历以获得更多信息。而简历属于推销个人的广告文稿,就像产品介绍一样,要能激起客户的购买欲望,这样才能使招聘者给你面试的机会。因此,简历或许可以一稿多投,但求职信必须量身定做。

求职信是针对特定的个人来写的,而简历却是针对特定的工作岗位来写的;求职信主

要表述求职者的主观愿望,而简历则主要叙述求职者的客观情况。相对于简历来说,求职信要更集中地突出个人优势与求职意向,从而打动招聘者的心,求职信是对简历的简洁概述和补充。

从某种程度上讲,求职信来源于简历,又高于简历,具有对简历内容进行综合介绍、补充说明和深入扩展的作用。比如,你想用一些词语来强调和描述你的特殊能力和经历,或者希望进一步具体描述简历中提到的某项重要工作的成就。这些在客观性较强的简历中很难办到,但在求职信中,运用一些主观性描述进行强调和补充,就完全可以做到并做好。又如,简历严格限制了对于软技能的描述,吃苦耐劳、团队精神等意志品质方面的内容在简历中无法多加描述,然而在求职信中却可以对这些方面通过具体项目和事例进行有针对性的说明。

二、求职信的格式

一般来说,招聘者打开求职书,首先看到的便是求职信。正是有了求职信,招聘者才会对你的简历上所写的经历与业绩感兴趣。所以,求职信无论在文体上还是在内容上,都必须给招聘者留下好印象。求职信属于书信范畴,所以其基本格式应当符合书信的一般要求,主要包括称呼、正文、结尾、署名和日期4部分。

1. 称呼

求职信的称呼往往比一般书信的称呼正规一些,在实际书写时要区别对待:如果写给国家机关、事业单位的人事处领导,用"尊敬的××处长(科长等)"称呼;如果写给三资企业领导的,则用"尊敬的××董事长(总经理)先生";如果写给其他类企业厂长的,则可以称之为"尊敬的××厂长(经理)";如果写给大学校长或人事处的求职信,则称之为"尊敬的××校长(老师)",等等。不要使用"××老前辈""××师傅"等不正规的称呼。当然,有些求职信,也可以不写姓名,如"尊敬的招聘老师""尊敬的董事长先生"等。

2. 正文

这是求职信的中心部分,应简明、扼要、有针对性地展示自己并突出自己的特点,努力使自己的描述与所聘岗位的要求一致,切勿夸大其词或不着边际。正文内容较多,要分段书写,简历中的具体内容不应在求职信中过多重复。要尽可能少用人称代词"我",要让招聘者感到你想表达的是"我怎样才能帮你"。一般求职信的具体内容可从以下几方面来写。

第一,说明本人基本情况和求职信息的来源。求职信的正文开始之前,首先要用"您好"之类的问候语,如果知道信件最终将送到谁的手里,那么信的开头可直接用尊称。在第一段里,可以简单地叙述一下你写求职信的理由,并说明你是怎样知道招聘信息的,以及何时注意到这家公司的,如果公司中有人为你推荐过该职位,可巧妙地将此事写入求职信中,但千万不要给人留下自我炫耀的印象。例如:

×××公司人力资源部李明先生:

您好!

从学校公布的招聘信息中获悉,贵公司需招聘一位营销人员。为此,我特向您申请这一职位。

第二，说明打算应聘的职位和自己能胜任该职位工作的各种能力。第2或第3自然段，应阐明你对该公司或该职位感兴趣的原因、你有价值的背景情况，以及你拥有满足招聘要求的能力。这些内容要有说服力，能说明你有多么适合这个职位，更重要的是表明"如果公司录用我，我能为公司做出什么贡献"。这部分的写作与个人简历是相辅相成的，既要说明你的个人能力，又不能把简历内容全写进去。选择最能代表自己长处、技能和业绩的项目写进去，同时注意不要单纯地写自己的长处和技能，而要着重说明这些长处和技能能给该公司带来什么益处。在写自己业绩的时候，注意不要使用模糊的词语，如"比较""较好""还可以"等，最好用数据或事实来说明。

第三，表示希望得到面试的机会。最后一段，要写出你对招聘单位的希望，委婉地提出面试的请求。例如，"希望您能为我安排一个与您见面的机会""盼望您的答复""敬候佳音"之类的语言。在信的收尾阶段要适可而止，不要啰唆，更不要苛求对方。

3. 结尾

另起一行，空两格，写表示敬祝的话，如"此致"之类的词，然后换行顶格写"敬礼"或"工作顺利""事业发达"等词语。这两行均不加标点符号，不必过多寒暄，以免画蛇添足。

4. 署名和日期

写信人的姓名和成文日期写在信的右下方。姓名写在上面，成文日期写在姓名下面，成文日期要年、月、日俱全。英文信件中本人的亲笔签名，应签在打印机打印的姓名上面。若有附件，可在信的左下角注明，如"附1：个人简历""附2：成绩表"等。附件不需太多，但必须要有分量，并且足以证明你的才华和能力。

三、求职信的写作技巧

求职信跟推销很像，目的都是要引起对方的兴趣，达到成功推销的效果。在未正式与招聘者接触之前，这封信就是你们之间的媒体，招聘者只能透过它来对你做出评估，所以求职信的好与坏，直接影响着你获取面试的机会。好的求职信可以拉近你与招聘者之间的距离，使你获得面试的机会多一些。

1. 态度真诚，摆正位置

在你写求职信时，首先应该想"公司要我来干什么"换句话说，就是不应该写"自己需要什么""获得该职位对自己有什么好处"，而应该写"自己能为公司做些什么"。当你有了这样的态度，才能摆正自己的位置。另外，在写求职信时，你要诚恳礼貌，切忌自吹自擂、炫耀浮夸。但自卑怯弱、缺乏自信也是不可取的。

2. 整洁美观，言简意赅

求职信文字的整洁美观很容易引起用人单位对求职者的好感。相反，如果字迹潦草、龙飞凤舞，则会给用人单位留下不好的印象。现在有很大一部分毕业生的求职信，都是用电脑打印出来的，这样显得工整，并且看起来不费力。但如果你的字写得很漂亮，那么不妨用手书写，这样不但能给人以亲切感，还能向用人单位展示你的特长。另外，不管手写还是打印，都应注意言简意赅。

一般而言，求职信以一页 A4 纸为宜。但内容不能太短，太短不但会显得没诚意，还会说不清问题，自然难以引起招聘者注意。而内容太长又怕招聘者没有耐性、产生反感。所以，在写求职信时，措辞应准确、得当，段落要短，句子不宜太长，尽量做到整洁美观、简明扼要。

3. 突出个性，有的放矢

求职信的重要目的是力求吸引招聘者的注意。求职者在正文开头应尽量避免写过多客套话、空话，要以一句简洁的"您好"开始，直接切入主题。如"从××广告中得知贵单位招聘人才的信息"，这能使招聘者感到广告起了作用，广告费没白花，心情因此会变得愉快。再如"请接受一名异乡求学的学子对您的问候！"就会一下子拉近与用人单位的距离。

求职信的核心部分就是有针对性地说清自己能胜任该工作岗位的条件。所以，你在动笔之前要着眼于现实，并对应聘单位的情况有所了解，以事实与成绩恰如其分、有针对性地介绍并展示自己的特长。求职信要与应聘单位一一对应，目前有许多毕业生把同一份求职信用在不同行业、不同单位的求职上，这就失去了针对性。你应该根据不同的职位对求职书略做修改，在能力、特长方面显示出与该职位的适应性。例如，应聘三资企业，求职信中最好中英文都有，这样既可自荐又可展示你的外语水平。

4. 以情动人，以诚取信

语言有情，不仅有助于交流思想、传递信息，更能感动对方。因此，在求职信中应该注意情感的体现，让招聘者看了你的求职信后产生好感。如求职单位在你的家乡，你可以充分表达为建设家乡而贡献自己聪明才智的志向；如求职单位在贫困地区，你就要充分表达为改变贫困地区的贫困状态而奋斗的决心。总之，你要设法引起对方的共鸣。另外，你还要注意以"诚"取信，即态度诚实、言出肺腑，恭敬而不拍马，自信而不自大。

第三节　求职面试

面试给用人单位和求职者提供了进行双向交流的机会，能使用人单位和求职者之间相互了解，从而双方可以更准确地做出聘用与否、受聘与否的决定。面试是一场没有硝烟的战争，很多人因为缺乏技巧而丧失了与心仪的岗位牵手的机会。在能力、经验相差不多的情况下，面试时的技巧往往会成为决定性的因素。

一、面试前的准备

面试是求职者求职择业的关键环节，与做任何事情一样，失败永远比成功来得容易。常言道"不打无准备之仗"，凡事预则立，不预则废。有充分的准备，方能战无不胜、攻无不克！因此，在你去面试之前，准备工作马虎不得。

1. 研究招聘单位的相关资料

"知己知彼、百战不殆",求职者要保证自己对所应聘的企业和职位有足够的了解。因此,在求职前,求职者要先了解一下企业的情况,如总企业所在地、规模、架构、背景、经营模式、目前的发展状况和未来的发展规划等。即使这些情况无法找到书面资料,也要设法从该企业或其同行手中获得相关信息,包括业绩的表现、活动的规模,以及今后预定拓展的业务等,若能得到业界的评价更好!其实,这些信息最好是在投简历的时候就要有所了解。另外,求职者要了解应聘企业的文化,因为企业文化对个人发展极为重要。一个聪明的求职者,可以在面试过程中过滤出一些关于企业文化的信息,从而判断该企业的环境是否公平,以及入职该企业后,上升通道中是否有被限制的因素。同时,求职者还需了解应聘职位的技能要求和岗位职责,尤其是职位的软性技能要求。

2. 做好物质准备

求职者在寄出求职信的同时,应该把每个招聘单位的招聘广告都剪辑并记录下来,以便在收到招聘单位的面试通知时进行查阅,避免张冠李戴;接到面试通知后,要搞清楚招聘单位的具体地址及乘车路线,留出充裕的时间去搭乘或换乘车辆,包括一些意外情况都应考虑在内,以免面试迟到;在面试前,应把自己准备带去参加面试的文件包整理一番,并带上必备用品,求职记录本应该随时带在身边,以便记录最新情况或供随时查询,简历也要多准备几份;求职着装需要沉稳、得体,男士应保持仪容整洁,皮鞋、袜子和皮带以深色为宜,女士在面试前宜化淡妆,以保持良好的精神面貌和状态。面试时的细微之处最能说明一个人的真实情况,所谓"细微处见真情",从细节中可以看出求职者的条理性,一个不重视自己外在细节的人,很难在工作中有条理。

3. 准备中英文自我介绍

面试中经常碰到的问题就是自我介绍。求职者应在面试之前准备中英文介绍各一份,时间一般在 3 分钟左右。自我介绍的重点是自己与应聘岗位相关的优势或强项。一定要在最短时间内引起面试官对自己的兴趣,甚至是好感,只有足够的记忆点才能让面试官对自己印象深刻。切记不要简单重复简历上的内容。

4. 进行面试前的演练

众多面试成功的事例已经充分说明,面试前的演练十分重要,并对面试成功率的提高有极大的促进作用。因此,求职者要高度重视并下功夫做好这个环节的工作。面试演练的方式有如下几种。第一,个人单独演练。你可以面对镜子,自己在一个单独的、无人打扰的环境里进行试讲,探索出合适的表述模式并找到最佳感觉。第二,多人帮助演练。你可以找家人、亲朋好友,也可以找有经验的人。首先,让他们当听众或评委,由他们提出问题,模拟实战的要求和气氛,并严格按实际的情景进行演练;然后,让他们"会诊",指出你的优点和不足,提出扬长避短的措施和建议,借此来提高面试水平。第三,换位面试演练。这种方法即是让求职者扮演面试官,让陪练者扮演求职者,以使求职者从用人单位的角度去体会应对面试的技巧和应注意的问题。

5. 建立良好的第一印象

面试的时间是很有限的,或许只有几分钟的时间。在这么短的时间里,要让面试官认

可你,最关键的一步就是建立良好的第一印象。那么,如何给用人单位留下良好的印象呢?要知道,一个人的年龄、相貌、身材是不容易改变的,但是行为、服饰、言谈举止、表情等通过努力是可以改变的。

英国人力资源专家曾做过研究,有 3 种人更容易得到工作,即漂亮的、个子高的、有礼貌的。所以,面试前建议你好好审视一下穿着,未必要穿名牌,但是整体看上去,男士要利索、协调,女士要干净、大方,不要给人感觉很邋遢。有的男士西装皱皱巴巴、领带歪歪斜斜;有的女士打扮太时尚,大耳环晃晃悠悠,用人单位找人不是找模特或者选美,所以不整洁、不恰当的穿戴往往会让求职者在一开始就被淘汰。另外,有的求职者不注意礼貌用语和行为举止,会给人留下没有修养、不成熟的印象。那么在同样的条件下,面试成功的概率就小多了。

面试的类型

行为面试。这种面试要求求职者描述曾经完成的工作,面试官通过了解过去发生的事件来预测未来。应对这样的面试,求职者一定要把握住面试官想要详细了解个人能力的心理,通过举例子、描述细节来体现个人的特点,越详细越好。

问题解决型面试。这种面试一般会提供一个问题,让求职者给出解决方案,以考查求职者的分析和创造能力。在回答这类问题时,求职者不妨要求面试官给自己两三分钟的思考时间,以便自己想出一个相对完善的答案。

案例面试。这样的面试往往提供篇幅很长的案例,给求职者大约两个小时进行阅读及总结,另外还有可能需要演示分析结果,是一种强度较大的面试类型。求职者应该表现出很强的搜集整理信息的能力和归纳总结的能力。

压力面试。在这种面试中,面试官会刻意创造一种不友好的气氛,故意刁难求职者。当然,目的在于考察求职者是否拥有积极的心态和正确的态度。因此,求职者一定要避免与面试官产生冲突,而应该展示出成熟的态度和冷静处理问题的能力。

二、常见的面试问题

在面试过程中,面试官会向求职者发问,而求职者的回答将成为面试官考虑是否录用他的重要依据。面试时,有些问题是面试官常常会提出的,这里对常见的几个问题进行分析。需要强调的是,同一个面试问题并非只有一个答案,而且同一个答案并不是在任何面试场合都有效。关键在于求职者在掌握了提问的规律后,要对面试的具体情况进行把握,并且有意识地揣摩面试官提出问题的心理背景,然后再投其所好地回答。

问题一:请你自我介绍一下

在求职面试时,大多数面试官会要求求职者做一个自我介绍,一方面以此了解求职者的大概情况,另一方面考察求职者的口才能力、应变能力、心理承受能力,以及逻辑思维能力等。千万不要小看自我介绍,这既是打动面试官的敲门砖,也是推销自己的极好机会。因此,一定要好好把握。求职者在自我介绍时,具体应注意以下几点。

(1)自我介绍时,应先礼貌地做一个极简短的开场白,并向所有的面试人员(如果有多个面试官的话）示意，如果面试官正在忙别的事情，可以稍微等一下，等他注意力转过来后再开始。

（2）如果面试官规定了时间，一定要注意时间的掌握，既不能超时太长，也不能过于简短。

（3）自我介绍的内容不宜过多停留在诸如姓名、工作经历、时间等内容上，因为这些在你的简历表上已经有了，你应该多谈一些跟你所应聘职位有关的工作经历和所取得的成绩，以证明你确实有能力胜任该职位。

（4）自我介绍的表达可以借助一些道具，以做到有记忆点、与众不同。

（5）自我介绍时，眼睛千万不要东张西望、四处游离，显得漫不经心的样子，这会给人做事随便、注意力不集中的感觉。眼睛最好要多注视面试官，但也不能一直盯着不动。尽量少用一些手的辅助动作，因为这毕竟不是在演讲，保持一种得体的姿态是很重要的。

（6）在自我介绍完后不要忘了道声谢谢，有时往往会因此影响面试官对你的印象。

问题二：你为什么选择我们公司

这个问题实际上有两方面的含意：一是为什么选择这个职位，二是为什么选择这个公司。面试官试图从中了解你求职的动机、愿望，以及你对该工作的态度。对于这个问题，需要求职者在面试前对该行业和应聘单位做充分的调查。如果你有选择这个公司的理由，或选择这个公司是你最大愿望，你就要准备回答为什么，建议从行业、公司和职位这 3 个角度来回答。行业角度，可以从整个行业形态的良性趋势和乐观前景去答；公司角度，可以从该公司的企业文化理念和你自己的职业规划结合去答；职位角度，可以从该公司提供的职位能给予自己发挥特长的空间和平台去答。

问题三：你能给我们公司带来什么

这是个直接、正面的问题，尽管这个问题一般不会问得这样明确，但是通常会在其他问题之后被提出来。直接的问题需要直截了当地回答，请务必呈现自己自信的一面，这个问题会使你向他们提供证据，以证实你可以帮助他们改进工作效率、降低成本、增加销售、解决问题等。在回答中，要以实例提供有力的证据，直接而自信地推销自己。例如，"作为一个内容运营官，我可以为我们公司带来丰富的内容产出。比如游戏板块，我可以在版面设计中加入一些小游戏和内容，让用户主动加入我们的平台。"（注意：这里用"我们公司"而不是"贵公司"，这能给面试官带来亲切感；要给出具体的理由，而不是空话。）

问题四：你为什么选择××岗位

对于这个问题，求职者要明白面试官考察的是什么。首先，考察的是求职者对该工作岗位的"了解"和"理解"。"了解"是浅层的，来源主要是该公司该岗位的招聘信息、相关人的介绍、公司网站等；"理解"是深层的，是基于你自身的经验、知识而形成的对该工作岗位的理解。其次，考察的是求职者能否胜任工作岗位。回答这样的问题需要求职者在面试前对该行业、企业和工作岗位有详细的调查，能充分表达出你对该岗位的深层理解，并强调你胜任这个岗位所具备的能力，以及你对该工作岗位的热爱。

问题五：你有哪些主要的优点

回答此问题时，应当强调你已经具备的技能，因为雇用你的决定在很大程度上取决于

你所具备的技能，你可以在之后详细介绍你与工作有关的技能。回答时，一定要简明扼要、条理清晰。例如，"我具有朝着目标努力工作的能力，一旦我下定决心做某事，我就要把它做好。我的志愿是成为一名出色的公关经理，我喜欢接触不同的人，为了实现这个目标，我目前正在学习有关课程。"在谈优点时，尽可能要提供与工作相关的证据，把它们和你目前所申请的职位做匹配，这才会使你与众不同。

问题六：你有哪些主要的缺点

这是个棘手的问题，若照实回答，你将有可能会失去这份工作。面试官试图使你处于不利的境地，观察你在类似的工作困境中将做出什么反应。因此，你在回答时要注意以下几点。

（1）不宜说自己没缺点。
（2）不宜把那些明显的优点说成缺点。
（3）不宜说出严重影响工作的缺点。
（4）不宜说出令人不放心、不舒服的缺点。
（5）可以说出一些对于所应聘工作"无关紧要"的缺点，甚至是一些表面来看是缺点，但从工作的角度来看却是优点的缺点。例如，"我需要学会更耐心一点。我的性子比较急，我总要我的工作赶在第一时间完成，我不能容忍工作怠慢。"此时，你回答的虽是自身的缺点，但却表现出了正面的效果。

你可以诚实地挑自己性格或其他方面的一两个缺点说一下，并重点强调你正在努力地改正和克服它。

问题七：在校时做过什么兼职或社会实践吗？请挑一件谈谈，从中你学到了什么

回答这个问题需要你挑一件体验最深的事情来讲，重点突出你和同伴在该实践中遇到的问题和解决的问题的过程，以及从中得到的体会。回答的方向尽量靠近团队协作和解决问题的思维方式。表述一定要思维清晰、逻辑清楚。

问题八：你是应届毕业生，缺乏经验，如何能胜任这项工作

如果招聘单位向刚出校园大门的求职者提出这个问题，说明招聘单位并不真正在乎"经验"，关键要看求职者怎样回答。对于这个问题，求职者最好体现出自己的诚恳、机智、果敢及敬业。例如，"作为应届毕业生，在工作经验方面的确会有所欠缺，因此在上学期间我一直利用各种机会在这个行业里做兼职，均能圆满完成各项工作，并从中获益匪浅。我发现，实际工作远比理论知识丰富、复杂。但我有较强的责任心、适应能力和学习能力，而且作为应届毕业生，我具备空杯心态，会更加勤奋。所以，请贵公司放心，我一定能胜任这个职位。"总之，要强调自己之前做兼职或实践活动中学到的一些经验，尤其是突出自己肯学，而且学习能力极强的优势。

问题九：你如何评价之前的上司

即使抱怨的理由再充分，但当你表现出对前任上司不尊重时，面试官也会自然联想到今后你对他的评价。因此，在评价他人（包括老师、同学、上司、同事）时要客观，先说具体事再说人，且要往好的方面评价。

问题十：你在前一家公司的离职原因是什么

回答这个问题最重要的是要使招聘单位相信，你在以前单位的"离职原因"在此家招聘单位不存在。回答这类问题，要注意以下几点。

（1）避免把"离职原因"说得太详细、太具体。

（2）不能掺杂主观的负面感受，例如，"太辛苦""人际关系复杂""管理太混乱""公司不重视人才""公司排斥我们××部门的员工"等。

（3）不能躲闪、回避，例如，"想换换环境""个人原因"等。

（4）不能涉及自己负面的人格特征，如不诚实、懒惰、缺乏责任感、不随和等。

（5）尽量使解释的理由为求职者的个人形象添彩。

例如，"我离职是因为我的职业规划。我在上一家公司工作了3年多，有较深的感情。但我所处的位置横向与纵向发展空间都不大，我需要突破，所以想重新寻找更能发挥自己能力的舞台。"

问题十一：你希望与什么样的上级共事

通过求职者对上级的"希望"可以判断出求职者对自我要求的意识，这既是一个陷阱，又是一次机会。因此，最好回避对上级具体的希望，多谈对自己的要求。例如，"作为刚步入社会的新人，我应该多要求自己尽快熟悉环境、适应环境，而不应该对环境提出什么要求，只要能发挥我的专长就可以了。"

问题十二：这份工作很注重细节，很琐碎，有时候还会受委屈，你怎么看

对于这个问题，面试官重点考察的是求职者的性格和心态。因此，你要能够表现出自己积极的心态。例如，"任何工作都会受委屈，现实情况我们无法改变，要学会接受并对自己负责。"同时，举例讲述自己的案例，重点突出在工作中受过的"委屈"，自己是如何正确看待并调整自我的，后续又是以何种心态继续工作的。重点是要情感真实、思路清晰、表达流畅。

问题十三：对于薪酬待遇你有什么样的要求

如果求职者对薪酬的要求太低，那显然会贬低自己的能力；如果求职者对薪酬的要求太高，那又会显得自己的分量过重，公司受用不起。一些招聘单位通常会事先对招聘职位定好开支预算，因而他们第一次提出的价钱往往是他们所能给予的最高价钱。面试官之所以问你，只不过想证实一下这笔钱是否足以引起你对该工作的兴趣。建议求职者在面试前先对目前该行业、该公司和该职位的平均薪酬水平有一个了解。除非你认为自己很优秀或者要求的底线高，否则就按大众普遍认可的市场价位去提（尤其是应届生）。每个公司都有员工的试用期薪酬预算，如果没有低于你的底线，建议还是接受，先积累经验，再争取自己的价值。

问题十四：你还有什么问题要问吗

在面试最后的阶段，面试官一般会给求职者提问的时间和机会。作为求职者，出于礼貌，你起码应该问一个问题。 此时你若一言不发，就会给面试官造成两种印象：一是你对该工作没多大兴趣，因此实在没什么可问的，这样会令你在面试官心中的印象大打折扣；二是你没有能力提出好问题，面试官会认为你反应较慢，不会应酬。

这时，可以针对公司和工作本身提一些问题。在此着重强调，提问一定要谨慎，注意礼节和分寸，不要提问太多，不要让面试官因回答你的提问而劳神费力。要留意面试官的各种暗示，如果面试官谈笑风生、兴致正浓，你不妨多说几句；如果面试官显得疲倦，急于休息一下，你就要尽快结束你的提问，并主动告诉面试官你没有其他问题了。

STAR 面试技巧

情景或任务（Situation or Task）：描述你所处的情景或你要完成的任务。必须描述具体的事件或情景，而不是泛泛地描述过去你做了什么。这种情景可以源自上一份工作、一次志愿者经历或任何相关事件。确保你的表达逻辑清晰，并且最好交代足够的细节以便面试官了解你。

你采取的措施（Action You Took）：描述一下你采取的措施，确保把着眼点放在你自己身上。即使你是在讨论一个团体项目，你也要将重点放在描述自己所做的事情上，而不是团队所做的努力。不要讲你可能会做什么，而要讲你做过什么。

你取得的成果（Results You Achieved）：发生了什么事情，事情是如何完成的？你从中学到了什么？清楚地表述自己拥有的优势和能力。

三、常见的面试错误

在求职面试中，没有人能保证不犯错误，只不过聪明的求职者会不断修正错误并走向正确的方向。如果你知道面试中常见的错误是什么，并且知道如何避免犯错误，那么你就会少走许多弯路。面试时的错误常常是致命的错误，以下将对常见的 12 种错误进行分析。

1. 没有自己的想法

面试官常会问"你认为内容运营是什么？""你怎么看待现在的抖音平台？"等一些专业问题，此时求职者往往会面临一问三不知的尴尬。正所谓不打无准备之仗，求职者一定要在面试前对想要应聘的公司、目标岗位及相关专业进行调查和学习，提前总结好自己的想法和观点，这将帮助你更加顺利地争取到你想要获得的岗位。

2. 与面试官"套近乎"

具备一定专业素养的面试官是忌讳与求职者套近乎的，因为面试中双方关系过于随便或过于紧张都会影响面试官的评判。过分"套近乎"亦会在客观上妨碍求职者在短短的面试时间内做好专业经验与技能的陈述。聪明的求职者可以列举 1～2 件有根据的事情来赞扬招聘单位，从而表现出对这家公司的兴趣。求职者一定要做好准备工作，提前锤炼好话术，回答问题时要简洁干练。

3. 慷慨陈词，却举不出例子

当求职者大谈个人成就、特长、技能时，聪明的面试官一旦反问："你的特长和技能对我们公司有什么帮助吗？"求职者便无言应对。而面试官恰恰认为：事实胜于雄辩。在面试中，求职者要想以自己的沟通能力、解决问题的能力、专业能力等取信于人，唯有举例说明，而且要有的放矢。

4. 缺乏积极态势

面试官常常会提出或触及一些让求职者难为情的事情。很多人会对此面红耳赤、躲躲闪闪，甚至撒谎敷衍，而不是诚实回答、正面解释。例如，面试官问："为什么5年中换了3份工作？"有人可能会大谈工作如何困难、上级不支持等，而不是告诉面试官："虽然工作很艰难，但自己却因此学到了很多，也成熟了很多。"

5. 丧失专业风采

有些求职者在面试时各方面表现良好，可一旦被问及"如果您是公司的CEO，您会怎么做？"这时候你需要做的是表现出自己的专业能力和性格特征。例如，自己的商业构想或性格上的真诚、乐观和抗压能力等。如果你此时的回答是空洞的、无的放矢的，那就不是明智的行为。

6. 不善于提问

有些人在不该提问时提问，如在面试中打断面试官谈话；也有些人在面试前没有对问题进行充分准备，轮到有提问机会时不知说什么好。事实上，一个好的提问，胜过简历中的无数笔墨，会让面试官刮目相看。例如，"以您的个人经验，您认为新员工要学些什么，会遇到哪些困难？""在贵公司，我的发展机会如何？""贵公司与某公司相比，有哪些长处和短处？""能否简单介绍一下公司文化？"等。

7. 对个人职业发展计划模糊

对于个人职业发展计划，很多人只有目标，没有思路。例如，当被问及"您未来5年的事业发展计划如何"时，很多人都会回答："我希望5年之内做到全国销售总监一职。"如果面试官接着问"为什么"，求职者常常会觉得莫名其妙。其实，任何一个具体的职业发展目标都离不开目前个人技能的评估，以及为胜任职业目标而拟定的具体的职业发展计划。

8. 假扮完美

面试官常常会问："您性格上有什么弱点？您在事业上受过挫折吗？"有人会毫不犹豫地回答："没有。"其实这种回答是对自己不负责任的。不会有人没有弱点，也不会有人没有受过挫折，只有充分地认识自己的弱点，才能造就成熟的人格。此时，面试官更在乎的是你解决问题和随机应变的能力。

9. 被"请君入瓮"

面试官有时会考核求职者的商业判断能力及商业道德方面的素养。例如，面试官问："您作为财务经理，如果我要求您一年之内逃税1000万元，那您会怎么做？"如果你当场抓耳挠腮地思考逃税计谋，立即列举出一大堆方案，或者当场慌神、不知所云，都证明你上了他们的圈套。实际上，在几乎所有的国际化大企业中，遵纪守法是员工行为的最基本要求。面试官其实是在考核你的商业判断能力和反应能力。

10. 为自己设下障碍

有时候，参加面试前你所了解的有关面试官或该招聘单位的负面评价，会左右自己的思维并为自己设下障碍。例如，认为冷淡的面试官可能是对自己不满意，因此十分紧张；或者看到面试官是一位看上去比自己年轻许多的女士，心中便开始嘀咕：她怎么能有资格

面试我呢？其实，在求职面试这种特殊的"采购"关系中，求职者作为供方，需要积极面对不同风格的客户，即面试官，积极的心态更容易获得积极的收获。

表 7-1　成功求职者与失败求职者的沟通行为

行为类别	失败求职者的行为	成功求职者的行为
对职位的描述	对将要从事的职位知之甚少	明确了解并坚持始终如一的看法，能说出选择该职位的原因
公司名称的提及	几乎不提及公司名称	常提及公司名称
对公司和职位的了解	想通过面试来了解公司和职位的情况	对公司做了调查，查阅了具体网站，征询了提供信息的人的意见，熟悉与职位相关的专业知识并具备该职位所要求的能力
感兴趣程度和热情	用中性词回答面试官的提问，如"好的""我知道了"	以口头和非口头的方式对面试官提供的信息表示赞同，以积极的态度应对面试官的问题
非语言行为	很少有目光交流和微笑	常与对方有目光交流并保持微笑
领会面试官的暗示	即使对方明显希望给出正面回答，求职者却仍给出含糊甚至负面的回答	正面而自信地回答问题，用具体例子来佐证自己的观点，回答问题时逻辑清晰、不慌乱
专业术语的使用	几乎不使用专业术语	常使用专业术语
回答中具体事例的使用	回答非常简短或含糊其词，不做详尽的回答	用具体的个人经历或具体事例来支持自己的观点
求职者所提的问题	只问少量笼统的问题	根据自己对行业和公司的了解，提一些具体的、个性化的问题

四、面试注意事项

面试是一个非常重要的过程，有些人在这个过程中会感到不知所措，或者觉得自己做得不好，使自己在面试中因小失大，与工作失之交臂。在求职过程中注意了以下 4 点，将会使你事半功倍，增加面试的成功率。

1. 坚定而有力的握手

面试时，握手是一种很重要的身体语言。特别是外企，把握手作为衡量一个人是否专业、自信、有见识的重要依据。坚定自信的握手能给面试官带来好感，让他认同你是懂得行规、礼仪的圈内一分子。无论男女，在握手时都应该本着"坚定有力"的宗旨，用心去和对方握手，这样方显自信、诚恳的本色。要注意别过早伸手或者在不恰当的时候伸手。例如，面试官正埋头填写上一个人的评语时你伸出了手，或者双方相隔甚远，你就像国家领导人等待外国使节递交国书似的虚手以待，显然这都不合时宜。国际上规范的握手以坚定有力地"共振"两下即可，但具体的时间长短需要视双方感觉而定。

2. 与面试官目光自然接触

与面试官目光相遇时，你的目光不应慌忙移开，而应顺其自然地与其对视 1～3 秒钟，然后再缓缓移开，这样显得心地坦荡，容易取得对方的信任。一遇到对方的目光就躲闪的人，容易引起对方的猜疑，或被认为是胆怯的表现。为了避免过多地注视而令面试官不安，你可以适度运用"散点柔视"，把目光放在对方面部两眼至额头中部的上三角区。注视对方时，目光要自然、柔和、亲切、真诚，而且要注意眨眼的次数。一般情况下，每分钟眨眼6～8次为正常，若眨眼次数过多，表示在怀疑对方所说内容的真实性；而眨眼时间超过一秒钟就成了闭眼，表示厌恶、不感兴趣。

3. 保持自然的微笑

俗话说"面带三分笑，礼数已先到"。微笑是一种无声的语言，起着很微妙的作用。可以说，微笑是自我推荐的润滑剂，是礼貌之花、友谊之桥。面对陌生的考官，微笑可以缩短双方距离，营造良好的面试气氛。求职者不仅要面带微笑，而且要谦和、热情。谦和是对他人的敬重，微笑贯穿面试的全过程。在跟对方见面时要面带微笑；在跟对方交谈时要面带微笑；在跟对方打招呼时要面带微笑；在跟对方握手告别时仍要面带微笑。总之，决不能吝啬你的微笑，而求职者更要善于微笑。首先，微笑必须真诚、自然。只有真诚、自然的微笑，才能使对方感到友善、亲切和融洽。其次，微笑要适度、得体。适度就是要笑得有分寸、不出声、含而不露，不能哈哈大笑、捧腹大笑；得体就是要恰到好处地当笑则笑，不当笑则不笑。否则，会适得其反，给对方留下不好的印象。

4. 塑造近因效应

最近、最新的印象往往是最强烈的，可以冲淡在此之前产生的各种不利因素，这就是近因效应。因此，求职者须努力在最后阶段抓住时机，给面试官留下至关重要的、特别的、美好的印象。当面试官暗示或明示可以结束面试时，求职者要礼貌地与面试官告辞，告辞时一般要面带微笑，并说感谢对方给了自己这次面试机会之类的话。例如，"非常感谢你们给了我这次难得的机会，我会为曾经参加过贵单位的面试而自豪！真心地谢谢你们，再见！"

告辞时求职者还可以说一些向面试官们虚心请教的话。例如，"非常有幸能与你们谈这么多，我感觉收获很大，希望今后能有更多的机会向你们请教……"。同时，你可以向面试官询问与其联系的方法，这时面试官如果愿意的话，他可能会送你一张名片。接受名片时，你应当双手恭敬地捧接并表达感谢，这样能够使对方感受到被尊重。接过名片后，你一定要仔细地看一遍，不懂之处当即请教或者可以有意地重复一下名片上所列的姓名与职务，以示仰慕，绝不要一只手去接别人递上的名片，也不要一眼也不看就把它塞入口袋，应该当着对方的面郑重其事地将名片放入自己携带的名片盒或名片夹之中。你在收取了对方的名片以后，也应迅速递上自己的名片，若没有则应道歉。

告辞前如果面试官没有明确告诉你什么时候可以接到面试结果通知，你可以向他提出这个问题。辞别时你应整理好随身携带的物品，不要丢三落四、匆匆忙忙，要从容稳重、有条不紊。当你推门或拉门出去时，要转身正面面对面试官，让后身先出门，然后再轻轻地关上门。如果在你进入面试房间前，有秘书或接待员接待你或招待你，在离去时应向他们表示诚挚的感谢。你向工作人员表示感谢，肯定会赢得他们的好感，更为重要的是，这种尊重他人、谦虚谨慎的作风将赢得面试官的好感，给他们留下良好的印象。

五、面试后续沟通

很多求职者都认为面试结束后，就可以待在家等待录用通知。其实不然，在面试正式结束后，用人单位会商量谁最适合该职位，面试后你所做的事情也可能会决定你是否能得到这个工作职位。在面试后的一两天内，你可以给某个具体负责人写一封感谢信，复述一下你在面试中讲过的话，以及对面试官的工作表示感谢。同时，你可以在信里纠正任何错误的细节或者增补一些遗漏的事项，并且强调一些要点，这些要点会加深面试官对你的印象。

如果在一个星期内，或者依据他们做决策所需的一段合理时间之内，没有得到任何音讯，你可以给负责人打个电话，问他是否已经做出了决定，这个电话可以表明你对这份工作的兴趣和热情，还可以从他的回答中听出你是否有希望得到这份工作。如果在打听情况时觉察出自己有希望中选，但最后决定尚未做出，那你过段时间后可以打一次电话表达自己的愿望。每次打电话后，你还可以给对方寄封信。内容应该包括：①重申你的优点；②你对应聘职位十分感兴趣；③你能为公司的发展做出哪些具体的贡献；④你希望能早日听到公司的回复。

哪怕他们已经暗示你可能落选了，你也要寄一封短信说明"即使没有成功，但也很高兴有面试机会"。这样做不仅仅是出于礼貌，也是给自己留一个机会，让你可以进一步询问他们的同事是否知道哪里需要你这样技能的人，以便使自己获得一个潜在的求职机会。

内容小结

简历是个人历史和资格的简单记录，是求职者给招聘单位发的一份简要介绍。简历的重点应该着眼于未来而非过去，你必须表明你受的教育和工作经历使你有资格接受未来的工作。大多数个人简历用一页纸就足够了，简历的字号一般为五号或小四号，重量为80g或100g的白色或近白色标准A4纸张，总体外观应该显得专业和保守，杜绝任何错误。简历的内容一般包括个人信息、求职意向、教育背景、工作经历、荣誉和奖励、自我评价。一份优秀的简历需要做到扼要精练、主次分明、实事求是、用动词说话、针对性强、精益求精。

求职信是针对特定的个人来写的，主要表述求职者的主观愿望。相对于简历来说，求职信更要集中地突出求职者的优势与求职意向，从而打动招聘者的心。求职信是对简历的简洁概述和补充，并且属于书信范畴，其基本格式应当符合书信的一般要求，主要包括称呼、正文、结尾、署名和日期4部分。好的求职信应当做到：态度真诚，摆正位置；整洁美观，言简意赅；突出个性，有的放矢；以情动人，以诚取信。

面试前要做好充足的准备工作，包括研究招聘单位的相关资料、做好物质准备、准备中英文自我介绍、进行面试前的演练、建立良好的第一印象等。面试中常犯的错误包括：没有自己的想法；与面试官"套近乎"；慷慨陈词，却举不出例子；缺乏积极态势；丧失专业风采；不善于提问；对个人职业发展计划模糊；假扮完美；被"请君入瓮"；为自己设下障碍。同时，面试过程中要做到：坚定而有力的握手；与面试官目光自然接触；保持自然的微笑；塑造近因效应。面试结束后，建议在一两天内，给某个具体负责人写一封感谢信，复述一下你在面试中讲过的话，并对面试官的工作表示感谢。同时，你可以在信里纠正任何错误的细节或者增补一些遗漏的事项，并且强调一些要点，这些要点会加深面试官对你的印象。在一个星期内，或者依据他们做决策所需的合理时间之内，打后续电话。

问题讨论

1. 设想你马上就要大学毕业了，根据自己的教育背景、工作经历及其他信息，准备一份格式规范且美观的简历。

2. 针对自己简历中明显的弱点或缺点，要提前想好好怎么解释或找到弱化它们的方法。

小故事

面试小故事

一位知名企业的总经理想要招聘一名助理,一时间,应征者云集。经过严格的初试、复试等环节,总经理最终挑中了一个毫无经验的年轻人。副总经理对于他的决定有些不理解,于是问他:"那个年轻人胜在哪里呢?他既没带一封介绍信,也没受任何人的推荐,并且毫无经验。"总经理告诉他:"的确,他没有介绍信,刚大学毕业,也没有任何经验,但他有很多更可贵的东西。他进来的时候在门口蹭掉了脚下带的土,进门后又随手关上了门,这说明他做事小心、仔细。当看到那位身体上有些残疾的面试者时,他立即起身让座,表明他心地善良、体贴别人。进了办公室,他先脱去帽子,回答我提出的问题时也是干脆果断,证明他既懂礼貌又有教养。"总经理顿了顿,接着说:"面试之前,我在地板上扔了本书,其他人都从书上迈了过去,而这个年轻人却把它捡起来并放回了桌子上。当我和他交谈时,我发现他衣着整洁,头发梳得整整齐齐,指甲修得干干净净。在我看来,这些细节就是最好的介绍信,这些修养是一个人最重要的品牌形象。"

启示:

"泰山不拒细壤,故能成其高;江海不择细流,故能就其深。"诺贝尔(1833—1896)曾经说过:"要想获得成功,应当事事从小处着手。"关注细节的人无疑是能够捕捉到创造力火花的人。一个不经意的细节,往往能够反映出一个人最深层次的修养。

沟通游戏

模拟招聘

规则:

1. 将学员分成几个小组,每一组负责某一方面的问题,每个方面都需要想出3~5个问题,如下所示。
   - 关于求职者个人(例如,你如何看待你的专业背景与这个工作的分歧之处?)
   - 情商(例如,你如何处理客户满意度与行业规则问题?)
   - 价值和态度(例如,你的处事态度是什么,你是否希望每个人都喜欢你?)
   - 任务(例如,你是否会加班工作,如果会,为什么?如果不会,为什么?)

2. 给每个小组5分钟时间,大家群策群力地设想在面试过程中可能会遇到哪些问题,并将其记录下来。

3. 请每个小组选出他们将要提问的3个问题,这3个问题可以是任何标准(例如,最尖锐的或最具有挑战性的)。

4. 挑选出4位志愿者,其中一位是面试官,3位是求职者。发给3个求职者每人一张角色卡片。

5. 现在面试官给每个求职者10分钟时间来回答问题,问题可以是刚才大家提出来的,也可以是面试官认为很重要的,但大家并没有提到的问题。

6. 请面试官选出自己想要录取的求职者，并陈述理由。

7. 大家投票决定录取哪个人，记录每个求职者的支持人数并排序。注意每位投票者只有一次投票机会。

相关讨论：

1. 大家认为，在应聘的过程中，什么能力是最重要的？这些能力可以通过哪些问题揭示出来？

2. 如果你是求职者，你希望遇到的问题是什么样的？你是否会对自己的真实情况有所隐瞒？你认为隐瞒这些有效吗？

3. 如果你是面试官，你会问一些什么样的问题好让求职者能够更真实地展现自我？

游戏说明的道理：

1. 高超的招聘者应是那些可以在简单的问题中听出求职者言外之意的人，他们能注意到求职者语言中不协调的信息，并得到最终判断。

2. 对一个求职者来说，怎样真实地展现自己是其应该努力的方向，撒谎和掩饰自己的弱点都是不可取的。当然这并不是让你拼命暴露自己的弱点，而是让你在正视弱点的同时强调优点。

3. 这个游戏无论是对扮演求职者还是扮演招聘者的人来说，都是一个极好的情商锻炼机会。求职者可以更清楚地了解公司想要的是什么样的人才，为现实中的应聘做好准备；招聘者可以锻炼自己话外听音的能力，提高沟通能力。

第八章 组织演讲

学习目标

1. 理解演讲的类型和演讲者的必备修养
2. 掌握演讲的准备工作
3. 有效安排演讲的语言结构
4. 熟练运用演讲心理技能和非语言技巧

开章引例

陶行知的演讲

　　1938年，教育家陶行知（1891—1946）应邀到武汉大学演讲。那天，大礼堂里的听众挤得满满当当的，不仅本校师生蜂拥而至，就连附近学校的师生及社会上的各界人士都闻讯赶来，欲睹他的风采。在众人的热烈掌声中，陶行知不慌不忙地拿着一个包走上了讲台，他向全场扫视了一遍，看见大家屏息凝神等他开口说话，有的人甚至打开速记本，准备把他讲的每一句话都记录下来。出乎大家意料的是，陶行知从包里抓出一只又叫又跳的大公鸡，这个情景让台下的听众目瞪口呆，不知他葫芦里卖的什么药。接着，陶行知又从口袋里掏出一把米，放在桌上。他左手按住鸡的头，逼它吃米，公鸡扭着头不肯吃，他又掰开鸡的嘴，把米硬塞进去，公鸡仍然挣扎着不肯吃。最后，他松开手，把公鸡轻轻放在桌子上，自己后退几步，只见大公鸡抖了抖翅膀，伸头四处张望了一下，便从容地低下头吃起米来。这时，陶行知说话了："各位，你们都看到了吧。我逼鸡吃米，或者把米硬塞到它的嘴里，它都不肯吃。但是，如果我换一种方式，让它自由自在，它就会主动地自己去吃米。"随后，他又加重语气说："我认为，教育就跟喂鸡一样。先生强迫学生去学习，把知识硬灌给他们，他们是不情愿学的，即使去学也是食而不化，过不了多久，他们还会把知识还给先生的。但是，如果让学生主动去学习，充分发挥他们的主观能动性，那么，效果一定会好得多！"陶行知讲完，把公鸡装进包里，又向大家鞠了一躬，说："我的话讲完了。"便退下场去了。听众们一时都呆愣在了原地，还没有反应过来，但是只过了一会儿，会场上便爆发出雷鸣般的掌声，很多人边鼓掌边喊："好！陶先生讲得好！讲得好！"

第一节 演讲的基础知识

在各种当众讲话中，演讲是被使用得最频繁，也是最能展示个人口才和影响力的一种方式。演讲是演讲者思想情操、修养学识、口才水准、气质风度及个性魅力的外在体现，是演讲者仪表、举止、礼貌、表情、谈吐的综合反映，演讲者在场上所展示的综合实力将直接影响听众的评价和审美。成功的演讲者总是可以用各种方式让听众如痴如醉，通过充分展示自己的魅力来影响和征服听众。

一、演讲的概念

演讲又叫讲演或演说，是指演讲者在公众场合以有声语言为主要手段，以体态语言为辅助手段，针对某个具体问题，鲜明、完整地发表自己的见解和主张，阐明事理或抒发情感，进行宣传鼓动的一种社会语言交际活动。演讲具有以下几个特点。

1. 社会性

演讲活动发生在社会成员之间，它是一个社会成员对其他社会成员进行宣传鼓动活动的口语表达形式。因此，演讲不只是个体行为，还具有很强的社会性。

2. 感染性

演讲者要有自己鲜明的观点、独到的见解和看法及深刻的思想等，要善于用流畅、生动、深刻、风趣的语言和恰当的修辞打动听众，这就是演讲的感染性。

3. 鼓动性

鼓动性是指演讲具有激发听众热情、唤起听众共鸣、促使听众积极行动的特性。任何一场演讲都具有或多或少的鼓动性，没有鼓动性就不能被称为演讲。政治演讲也好，学术演讲也罢，都必须具备强烈的鼓动性，这是判断一个演讲者是否优秀的重要依据。

4. 艺术性

演讲不同于一般的口语表达形式，它具有一定的"表演"性质。"演"，指辅助语言表达的表情、动作和姿态等态势语言；"讲"，是陈述，即运用有声语言这一手段，把经过组织的思想内容有条不紊地表达出来。演讲者借助表演的某些技巧，与自己的内心感受自然结合并融为一体，使演讲更精彩、更具吸引力，从而真实自然地表现自己的性格、气质、修养及思想情感。

二、演讲的类型

在演讲活动中，演讲者的身份各不相同、目的多种多样、内容包罗万象、方式各有特点、场地千差万别、听众形形色色，致使演讲活动种类繁多、异彩纷呈。弄清楚演讲的类型不但有助于把握各类演讲的性质、要求和规范，还是成为出色演讲家的重要前提条件。演讲有很多种分类方式，这里我们把演讲按功能不同划分为使人知晓的演讲、使人信服的演讲、使人激动的演讲和使人愉悦的演讲四大类。

第八章　组织演讲

1. 使人知晓的演讲

使人知晓的演讲，也叫知性演讲或信息类演讲。这类演讲大体包括传道授业的课堂讲学、科学文化或工作经验交流、人物事迹和工作报告、展馆讲解、论文答辩等。在各类演讲中，它属于基础类演讲。也就是说，不仅其他类型的演讲都有它的影子，而且都可以说是它的发展形势。

知性演讲的主要目的在于通过给人讲解知识、经验、信息等，使人通晓事理。因此，这类演讲是最注重内容的演讲，也是叙事性较强的一种演讲。通常情况下，做这类演讲之前，演讲者应该做好充分准备，使提供的内容充实饱满。一旦准备好，演讲的内容就不会有太大变动了。听众来听这类演讲的求知目的一般比较明确，心理意愿较为单纯，且自我约束力强。只要能让听众对演讲提供的信息感兴趣，并且令听众真正感到开智，得到一种智欲的满足，演讲就能取得圆满成功。

知性演讲要求演讲者所述内容翔实，用语通俗、朴实、简洁、准确达意。在演讲过程中，如能做到论述深入浅出、层次分明，思想结构严谨、逻辑性强，则效果会更好。这类演讲可以辅以各种手段来加强直观效果，如板书、挂图、实物、幻灯、录音、录像、投影、多媒体之类。如无特殊情况，演讲者则取站姿为佳。由于演讲方式属叙述式，演讲语速应适中，语调无须有太大的变化，其中可穿插趣味性的内容，以营造轻松愉快的气氛。高水平的知性演讲是将科学性、知识性和趣味性融为一体的演讲。

2. 使人信服的演讲

使人信服的演讲与使人知晓的演讲联系比较紧密，它们之间的界限并不是截然分明的。因为一般而言，使人知晓的演讲也能达到使人信服的效果和境界。在演讲实践中，有一些演讲几乎无法被判定究竟是知性演讲还是信服演讲，抑或两者都是。也就是说，有时对于同一个演讲主题，既可以用知性演讲的方式去讲，也可以用信服演讲的方式去讲。但是它们之间也有一定的区别，使人知晓的演讲是把听众由不知（或知之不多）带到知的层面，而使人信服的演讲则意在让听众从蒙蔽和疑惑中解脱出来并从中获得一种确信，或是让听众从不服、不信中转变立场和观念。

使人信服的演讲在一切有意见分歧而又需澄清的场合中最为多见。因此，这类演讲大多是那种思想交锋型的演讲。由于它的任务是纠偏除谬，故而议论和论证是这类演讲的主要特征。这类演讲的上乘表现须从下述几方面着手：有鲜明的主题和较强的针对性；中心突出，一事一议，不枝不蔓；注重摆事实讲道理，而且论点坚定、事实真切；务必使全篇有着严谨的逻辑结构。

3. 使人激动的演讲

使人激动的演讲，也就是通常所说的鼓动性演讲。富有昂扬激情、企图使听众的情感和意志汇集到演讲者的强烈愿望中来，并且使之产生极大热情和行动欲望的演讲，以及争取同情、理解和支持或带有宣传、发动、激励和煽动性的演讲，就是这类演讲。

鼓动性演讲与上面所说的两种演讲在界限上也不是泾渭分明的，它们之间是你中有我、我中有你的关系。如果一定要从理论上做出区别，我们只能说：这3种演讲均强调理情并重，但前两种演讲偏重于理（知识和道理），而鼓动性演讲则侧重于情（主要指情绪和情感）。

鼓动性演讲追求一种强烈的感染力和驱策力，优秀的演讲能使听众心灵激荡，促使他

们在现场做出某种一致的决定，甚至产生立刻去行动的愿望，而演讲者则往往被听众视为自己的精神导师和领袖。一般来说，能否产生群情激荡的演讲效果，是衡量这种演讲成功与否的标志。做鼓动性演讲的演讲者，往往希望以自己燃烧着的激情之火来点燃听众的情感之焰，并且使这种情感之焰转变为一种动力。要达到这种目的，演讲者首先要有洞悉事物意义的能力，要有掌握调动一切能产生鼓动效果的方法与手段。鼓动演讲的最高境界是诱发立刻行动的效果。

4. 使人愉悦的演讲

使人愉悦的演讲实际上就是社会生活性演讲。那种根据风俗、礼仪，以个人的名义或代表团体的名义来表达某种感情和良好愿望，或在交际场合中带有交际目的进行的演讲，即属该类演讲。具体而言，它包括祝贺迎送、致谢联欢、婚嫁宴请、庆功授勋等场合中的致辞和节目主持中的讲话等。悼念活动除情感不是愉悦而是悲伤之外，其他特点均相同。另外，有些公关演讲也可归属于此类。

社会生活性演讲几乎是一种纯粹的抒发和表达各种情感、情义、感怀的演讲，它是专门为制造这类情感气氛而做的演讲。这类演讲所扬之"情"与鼓动性演讲中要唤起的"情"不可同日而语，这里是"非动志"的"感怀之情"，后者是"动志"之"情"。与前面三大类演讲相比，社会生活性演讲是最不注重表达内容却特别注重表达形式的一类演讲。因此，演讲者一般都充分考虑礼仪规范要求，措辞谨慎、工于修饰，言辞活泼华丽，篇幅短小简洁。此类演讲颇讲究语气、语调的运用，通过这些表达一种乐纳之意、惜别之情；或传递一种恭贺之念、追思之意；或起到营造喜庆气氛、拉开活动序幕的作用。做这类演讲，只要演讲者符合礼仪并能得体而自然地表现出真情实感，一般就可以获得圆满成功。

上述四大类演讲可概称为知性演讲、辩性演讲、激性演讲和礼性演讲。它们各自的基本特征可分别用一个词组来显示，即知性演讲启智传知、辩性演讲纠偏除谬、激性演讲掀情动志、礼性演讲交谊抒感。

三、演讲者的必备修养

演讲者为了使演讲达到最好的效果，应该在思想、道德、素质、学识等方面达到一定的标准和水平，对此付出的努力就是演讲者的自我修养。那么，演讲者应该有什么修养呢？概括地说，应包括先进科学的思想、高尚的道德品质、丰富的学识及良好的心理素质。

1. 先进科学的思想

演讲者演讲的目的是教育人、启发人，提高听众的思想认识和文化水平。这要求演讲者不仅要有先进科学的思想，能高瞻远瞩，而且知道前人不知道、不能说或没有说的话。历史上有许多著名的演讲者，如德摩斯梯尼、西塞罗、林肯、马克思、恩格斯等，虽然他们不是伟大的思想家，但是他们的演讲却总是闪烁着真理、科学与智慧的光芒。其理由是今天我们提倡的"要给别人一杯水，自己要先有一桶水"。特别是在当今科学技术高度发展的时代，新知识、新学科层出不穷，演讲者更需要努力学习，迅速掌握各种新思想、新科学和新方法，以便更好地为听众服务。

2. 高尚的道德品质

古人云"其身正，不令而行"，这从某个方面说明了演讲者道德品质的重要性。在生活中，任何行为都直接或间接地与他人或社会有关，并将受到一定社会规范的限制和协调，演讲也一样。作为演讲者，要以高尚的形象出现在公众面前，并且为遵守社会道德规范必须具备以下品质。①政治道德。演讲者要有高度的政治意识、良好的政治素质、坚定的理想信念。②职业伦理。演讲者必须遵守自己从事职业的道德，如医德、师德等。③社会公德。演讲者在举手投足期间要重视礼貌。④伦理道德。演讲者必须有高尚的伦理观、恋爱观和婚姻观，并且能够向听众传播正确的价值观。

3. 丰富的学识

演讲者必须有丰富的学识，这不仅是"传道、授业、解惑"的需要，也是演讲成功的基本条件。古今中外的演讲者无一不是学识渊博的人，他们之所以能旁征博引、妙语惊人，能把生动、具体、精彩的事例自如地组织到演讲中，就是因为他们博览群书、知识渊博。在当今科技飞速发展的时代，各种科学高度分化和高度综合，演讲者如果不了解新知识，跟不上现代科学文化发展的步伐，就不会使演讲内容充实、新鲜及生动。

4. 良好的心理素质

好多人不敢在大众面前讲话、发表意见，或者不能很好地表达自己的想法。造成这些情况的原因，从心理学的角度来说，主要是由于各种不良的心理状态而造成的一种心理障碍。例如，演讲者由于自卑而没有勇气登台演讲，或由于虚荣心重而患得患失，怕失败了丢面子而背上思想包袱。还有紧张慌乱、骄傲自满等都是演讲者应该消除的不良心理。我们要学会演讲，就应该培养自己的积极进取、乐观向上的心理素质。

第二节　演讲准备

成功的演讲有两个诀窍：准备和练习。美国政治家丹尼尔·韦伯斯特（1782—1852）说："未经准备而站在听众面前，无异于裸体示众，而准备了一半，就等于只穿了一半的衣服。"只要遵循正确的方法，做周全的准备，任何人都能成为出色的演讲家。反之，不论演讲者的经验多么丰富，若没有充分的准备，仍会在演讲中出现窘态。

一、树立演讲自信心

自信是演讲者必备的心理素质。许多人虽然害怕当众说话，但是又希望自己能在公众面前侃侃而谈。人们把当众说话产生的恐惧心理称为"怯场"，建立自信心的过程就是与怯场心理做斗争的过程。美国心理学家戴尔·卡耐基在总结他从事演讲教学生涯的毕生体会时说："我一生几乎都在致力于协助人们去除恐惧、培养勇气和信心。"

怯场是一种正常的心理反应，几乎每一位演讲者都必须越过这一道障碍。社会学家的调查表明，即使是文化层次较高的大学生，也有 80%～90%的人在练习演讲时，存在着不

同程度的怯场反应。有关的研究还表明，轻度的怯场对演讲反而有帮助，因为轻度的怯场会使演讲者对外来的刺激保持某种警觉性，临场反应能力也会因此而更加敏捷，并且说话会更加流畅。怯场心理会带来相应的生理变化，这些生理变化根据程度不同表现为：轻度——心跳加快、呼吸急促、面红耳赤；中度——手脚发软、肌肉震颤、小便频繁；重度——当场晕倒。

怯场心理的产生原因众说纷纭。美国演讲学家查尔斯·格鲁内尔提出了"自我形象受威胁"论，他认为每个人都具有理性的、社会的、性别的、职业的自我形象。当人们进行演讲时，就会把自我形象暴露于公众面前。由于担心自我形象会因为演讲而被毁坏，就产生了窘迫不安的怯场心理。例如，1969年，两位从事演讲学研究的教授在纽约开会，当他们向大会报告所研究的论文时，却因为怯场而晕倒。"自我形象受威胁"论解释这种现象的产生是因为两位教授的自我职业形象在诸多同行面前受到了严重的威胁。而充分的准备和大量的演讲实践是消除怯场心理的唯一途径。

二、明确演讲目的

演讲者在上台演讲之前，首先需要思考的一个问题是"我为什么要演讲？"即演讲的目的。只有当目的明确后，才能有的放矢地准备演讲内容。从总体上看，演讲的目的就是演讲者与听众取得共识，使听众改变态度、激起行动，共同推动人类社会向理想境界迈进。演讲者无论是宣传自己的主张、观点，还是传播道德伦理情操，抑或是传授科学文化知识和技艺，都是为了让听众同意自己的主张、观点和立场，以取得共识。同时，在此基础上激发听众的实际行动，向着理想的方向迈进。这就是演讲的公共目的和意义。

一般来说，演讲有4种目的：提供信息、劝说、激励和娱乐。演讲的目的一定不能模糊不清，否则可能会造成信息被他人误解。当然，演讲者可以在演讲中运用幽默的语言方式。但是，如果想要让听众得到他们可以使用的信息，就不能让笑话掩盖了演讲的实际内容。如果明确了想要达到的结果，听众就不必猜测演讲者究竟想表达些什么。演讲不仅是一种复杂的社会实践，更是一种工具。人们拿起工具总是有目的的，没有目的的演讲是不存在的。

三、了解听众

演讲是"语言"艺术，不是"表演"艺术。人们不是来听演讲者如何优异地发表演讲，他们之所以来是因为对演讲主题感兴趣。当然，演讲者希望尽可能好地发表演讲，不过更重要的是，演讲的实质内容值得听众投入时间。有丰富演讲经验的演讲者都知道，吸引听众不是件容易的事情。因此，演讲者必须了解听众的心理特征和听众的构成成分。

1. 听众的心理特征

当许多人聚在一起形成一个群体时，人们的心理状态会较独处时有一些明显的变化。下面讨论几种对演讲信息接收产生重大影响的听众心理特征。

（1）集体行为中的感染力量。"感染"指的是感情或行为从一群人中的一个参加者蔓延到另一个参加者。一个头脑冷静而具有较强理智的人，一旦进入某一规模的群体之中，常常会放弃平常抑制自身行为的社会准则，而与集体中的其他成员相互刺激并产生更强的情绪和行为的反应。即集体中的个体成员对任何种类的情绪暗示都易于接受，从而使他像周围的人那样行动。政治信仰者的狂热、足球迷的骚乱、"追星族"的疯狂，都表现了集体行为中感染的力量及后果。

演讲中，往往出现数人笑，众人皆笑；数人鼓掌，众人皆鼓掌；数人打哈欠，众人皆有睡意的现象。聪明的演讲者善于控制、调节听众的情绪，能把握演讲成败的关键时刻。他们不仅能适时煽动起听众的热情，把演讲推向高潮，还能及时发现听众的不耐烦情绪并以主动出击的方式控制消极情绪的蔓延。

（2）自我中心的功利目的。某些演讲之所以会失败，并不完全是由于演讲者缺乏足够的准备，而是听众对与己无关的演讲缺乏兴趣。这在某些形式主义的讲话场合中更为常见。听众往往只听那些与他们切身利益密切相关的事情。例如，职务晋升、工资调整、工作分配等话题总是比人口普查、道德教育等话题更引人关注。因此，演讲者应充分考虑听众的兴趣和利益，不论何种类型的演讲，都应从听众角度去精心选择和设计。经济利益的分配、疑难问题的解答、精神上的娱乐和放松等内容，对听众而言都是一种功利的收获，都能满足听众"自我中心的需求"。

（3）持续时间有限的注意力。人类注意力的持续时间非常有限。以一个单位对象为标准，人类的注意力持续时间大约只有 3 秒到 24 秒。人的大脑时刻准备接受新的刺激。演讲实践也表明，听众很难聚精会神地倾听关于一个问题的长时间的演讲。因此，演讲者应有意识地制造演讲内容的起伏跌宕，适时地变换语调和节奏，以保持听众的注意力。

2. 听众的构成成分

在演讲之前，演讲者必须事先了解听众的构成成分，以便有针对性地做好演讲材料、演讲技巧、演讲风格等准备。从参加演讲活动的目的来看，听众大致可分为以下几种类型。

（1）慕名而来。一般群众对各类名人都怀有一种敬仰、钦慕之心。因此，当著名政治家、科学家、演讲家、体育明星、影视明星等发表演讲时，往往会有大批听众慕名前往。此类听众的主要目的大多是为了一睹名人风采，他们一般不太计较演讲水平的高低。不仅如此，崇拜的心理还会使听众对名人们的演讲产生异乎寻常的热烈反响。

（2）求知而来。为了获取新的知识和能力，听众会自觉选择那些能满足自己求知欲的演讲。学术讲座、技术辅导、国外见闻等演讲能够吸引大批听众的原因，正是因为这些演讲能够满足听众的求知欲望。此类演讲只要内容充实、条理清晰，听众就不会过于挑剔演讲技巧。

（3）存疑而来。听众对自己渴望了解的话题总是抱有极大的兴趣。例如，调整工资、保健问答、产品介绍等演讲，如果关系到听众的切身利益，听众就会十分主动地参与到演讲交流之中。此类听众只要求演讲者把演讲内容交代清楚即可，他们对演讲者的身份、地位和演讲水平不会有苛刻的要求。

（4）捧场而来。在某些演讲比赛中，特别是命题演讲比赛中，往往有一些演讲者的同学、同事和亲属前来助威和捧场。这类听众的人数虽少，但在渲染演讲会场气氛、调动其他听众情绪方面却能起到极其重要的作用。演讲比赛和体育比赛一样，东道主往往因"地利、人和"而占据优势地位，其主要原因就是拥有自己的捧场者。

（5）娱乐而来。青年人喜欢演讲比赛，是因为演讲场上充满了激烈的竞争和热烈的气氛，具有一定的娱乐性。仅"看热闹"这一条理由就已经能够吸引许多热心的听众了。不过，在听众的潜意识中，隐藏着他们对高水平演讲者的崇拜和学习演讲的欲望。这是一批公正的听众。

（6）不得不来。工作报告、经验交流、各种庆典的会场上，有相当一部分听众是由于纪律约束或出于礼貌而不得不来的。这类听众对演讲内容不甚关心，在演讲过程中反响冷漠、心不在焉。要征服这类听众，演讲者就必须具有较高的演讲技巧。

以上仅分析了听众参加演讲活动的目的。在演讲实践中，演讲者还可以从其他角度了解听众的构成成分并采取不同的演讲方案。例如，人数多寡、男女性别比例、职业差别、文化层次高低等，都会影响演讲方案的制定。了解听众是一项十分严肃而又能够获得听众好感的准备工作。即使是成熟的演讲家，如果对听众缺乏必要的了解，也有可能会导致演讲的失败。

四、选择演讲主题

准备演讲的时候，应当选择些什么题材呢？凡是演讲者感兴趣的内容都可以讲。在自己的生活背景中，搜寻有意义、有人生内涵的经验，然后汇集由这些经验汲取来的思想、概念、彻悟等。真正的准备，就是要对题目加以深思。正如查尔斯·柏朗博士在耶鲁大学所做的一系列令人回味无穷的演讲中所说："对于你的话题，应先深思熟虑，然后再扩大范围慢慢地思考，逐一将想到的片段记录下来，目的在于固定你的想法，这样才能整理出有系统、有重点的演说题材。"

1. 符合听众要求，内容有的放矢

选题要有针对性，要能深刻地影响听众并极大地感染听众。由于民族不同、性格各异、职业有别、年龄差距，以及生活环境和文化修养不同，演讲的听众存在着很大的心理差异、风格差异、感情差异等。选题应考虑不同类型听众的需要，根据不同民族、不同职业、不同层次听众的知识水准、兴趣爱好、风俗习惯等来确定。只有适合听众心理和愿望的主题，才能调动听众的注意力，唤起听众的热情和兴趣。例如，对青年人谈男女恋情，谈如何看待流行歌曲等问题就很合他们的口味，但对中老年人谈这些就未必合适；对山区老农谈高能物理，谈得再好恐怕也不会受欢迎，倘若换成水土改良，情况就会大不一样。

为了适应不同类型听众的需要，选题要考虑"适应度"。选题的"适应度"较大，适应的听众面就较宽；"适应度"较小，适应的听众面就较窄。一般来说，选题的专业化程度越高，其"适应度"就越小。

2. 从自身经验、专长和兴趣中挑选主题

演讲者应选择自己比较熟悉、了解、感兴趣及体会比较深的主题，选择与自己的专业、知识面比较接近的主题，这样容易讲深、讲透、讲出水平、讲出风格。兴趣来自实践，来自对社会现实和客观事物的了解。演讲者比较熟悉和感兴趣的主题常常是其曾经思考过的或有一定了解和研究的。个人的经历可以从以下几个方面来考虑，即非同寻常的经历、专业知识或专长、强烈的看法和信念。同时要注意，在演讲中立场不客观或失去理智，又或是进行不恰当的自我披露，都会使听众尴尬不已，影响演讲的效果。

五、准备演讲材料

收集材料是演讲非常重要的一个步骤，它是充实演讲主题，充分证明论点的有力条件。只有收集到大量的资料，演讲者才能真正具有站在公众面前的勇气。演讲就是向听众传达信息，如果演讲者不能满足听众的需要，不能提供足够多的信息，那么他的演讲就一定不是好的演讲。根据演讲题目查阅相关资料或向他人请教都是很好的办法。

1. 围绕主题选择素材

主题是选材的依据。选择材料必须紧紧围绕主题，演讲者选择材料时，必须考虑它能否有力地支持主题或为主题服务。否则，再生动的材料也不能用。总之，就是坚持这样一条原则：凡是能突出、烘托主题的材料就选用，否则就舍弃。能够有力支持主题的材料一般包括演讲者自己受感动的材料、演讲者亲身实践证明了的材料，以及听众感兴趣的材料等。

演讲者在服从主题的前提下，选材还要有针对性。演讲者要从听众需要出发，有针对性地选择材料，在组织和选取材料时"因地制宜，因人施讲"，这样才能达到晓之以理、动之以情的效果，才能唤起听众的热情和兴趣。这种针对性包括以下几方面。

（1）针对不同场合，以及不同听众的具体特点、兴趣爱好来选择不同的材料。

（2）针对听众的文化程度，把材料具体化、形象化，多选择听众能看到、听到、感觉到的材料。

（3）选择符合听众心理和要求的材料，尽量使这些材料和听众的切身利益结合起来。

（4）选择那些能给听众指明方向、教给听众行动手段和方法的材料。

（5）选择那些正确、准确、科学性强的材料，使听众相信和服从。

（6）根据自身的特点，选择那些自己熟悉的、适合自己身份的材料，这样才能将主题表达得充分、深刻、有说服力，在演讲时才能胸有成竹。

2. 整理归类素材

演讲者可以采用许多不同的方式进行素材组织整理。选择适合自己的一种或几种方式，加以组合，起决定作用的可以是视觉效果或者演讲内容。这里介绍几种常见的方式。

（1）概念图。概念图是一种理清思路的方式，通过它可以直观表示某些概念之间的相互关系。演讲者可以按照其基本形式绘制简单的图表，用中间标有说明的圆圈或方框表示，再用线把它们连起来。从演讲的核心观点或主题入手，在一张纸的中间画圆圈或方框。然后利用整理的想法对其加以扩展，围绕主题写出几个要点，再留出足够的空白以备将来补充要点。围绕最初的想法可能会出现若干新的想法，演讲者把脑海中产生的新想法写下来，再用线将相关的要点连起来。

（2）调整可移动的想法。把演讲内容写在纸上，类似于列提纲，用线性方式连接内容。例如，你可以把自己的想法写在记事贴上，再把它们粘在墙上或桌上。你可以根据主题把它们集中起来，把某一组的某些部分移到另外一组，直到你对整体结构感到满意为止。或者，如果你更喜欢以线性方式考虑问题，则可以根据记事贴上的内容制定原始提纲，原始提纲可以写在任何地方，包括缩格记录的分要点。

（3）思维导图。演讲者可以选择用思维导图来设计演讲大纲，先将主题内容作为中心图，从右上角的空白处以顺时针方向开始思考演讲大纲，然后根据自己对演讲的规划开始画图。例如，先确定主题就可以先画主题明确的中心图，再从右上角依次思考开场白的规划，具体内容是按照什么结构展开，以及结尾用什么方式等。也可以根据演讲的内容分类展开，如按照演讲目标、演讲听众等分类来展开。总之，用思维导图确定演讲大纲或内容，是将脑海中的思考进行可视化展现的一种方式。

第三节　演讲语言结构

演讲语言结构的一般模式是古希腊哲学家亚里士多德（公元前384—公元前322）所认定的"三一律"。它由意义各不相同的3个部分即开头、正文、结尾所组成。"三一律"概括了任何演讲结构的形式特点。从形式上看，这3个部分不仅各自独立，而且各有各的意义和作用；从内容上看，却又是统一的，是同一个主题、题材和材料在不同部位的表现，要达到的是同一个目的。开头处于演讲的重要位置，演讲者应该力求迅速引起听众的注意，避免拖沓、冗长和客套。结尾则在于使整个演讲给听众留下一个完整、清晰的概念，力求做到揭示题旨、加深认识、促人深思及耐人寻味，注意内容不可过长。

一、演讲开场白

精巧的开头，不仅能画龙点睛、勾勒提要，还能顺畅自然地引领下文，把听众带进声情并茂的演讲情景中去，形成有利于接受演讲观点的心理定式。一段精彩的开场白有3种作用：第一，吸引听众的注意力，激发听众的好奇心；第二，概述你演讲的主要内容；第三，向听众阐明听你演讲的必要性。下面介绍5种演讲开场白的方式。

1. 语出惊人

如果演讲者想迅速吸引听众，那么开场白就要语出惊人。他可能会描绘一个异乎寻常的场面，透露一个触目惊心的数据，或者栩栩如生地描述一个骇人听闻的问题。听众不仅会蓦然凝神，而且还会侧耳细听，迫切地想要了解演讲者所描述的问题及其原因。南达科他州北部州立大学的希瑟•拉森在撰写她的演讲词"逆流而行"时，运用了一系列的惊人之语，迅速地把她的听众吸引过来——

"每11分钟就有一个美国人死于这种病。这个数量是死于谋杀犯罪人数的两倍。今年有4.6万人死于这种病，而8年越南战争的死亡人数也不过是这个数字。在近10年里，美国人死于这种病的人数是死于艾滋病人数的3倍。这种病将使美国今年在医疗费用上的花费超过60亿美元，更不用说我们所遭受到的生命损失了。我所说的疾病就是乳腺癌，这种疾病的浪潮可能会直接袭击我们在座的每一个人。"

2. 利用诙谐

演讲中幽默如果运用得恰当，那么其在吸引听众注意力上就能取得很好的效果。它有助于缓和现场气氛，使听众愿意继续听演讲。中国台湾著名作家李敖（1935—2018）在北京大学举行演讲时，一开讲他就说："各位终于见到我了。"全场几百名学生立即起立鼓掌。

随即,他又说:"今天来演讲,我没带演讲稿,记得罗马教皇说过:'演讲的时候不能用稿子,用稿子表示记不住,如果演讲者自己都记不住,又怎么能让听众记住?这样,演讲就失败了。'"说到这里,为了证明自己的"清白",李敖掀开西装上衣,展示给大家:"大家看,没有稿子,也没有小抄。"此举引起一片笑声。李敖很快接着说:"但你们不要以为我很有信心,其实我很害怕。我最害怕 4 种人,一种是根本不来听演讲的,一种是听了一半去厕所的,一种是去了厕所永远不回来的,一种是听演讲不鼓掌的。"李敖的话音未落,学生们自己就乐翻了天。

3. 抛出问题

演讲者一上台,就问听众一个或多个问题,让他们和自己一起思考。这会立刻吸引听众的注意力,促使他们迅速集中思想,同时快速地思考并聚精会神地继续听。带着问题去听,会大大增加听众对演讲内容理解的深度和广度。但演讲者提出的问题不能太过分,要新奇、有趣、发人深省;如果问题平淡无奇、枯燥无味,就会弄巧成拙,失去开场白的优势。例如,一位学生在主题为《走出误区,实现价值》的演讲中,开场白就很精彩:

"同学们,当前我们大学生求职出现了前所未有的困难,原因是什么呢?是我们国家的人才太多了吗?是我们学的东西过时了吗?还是我们眼光不再符合社会需求了呢?面对这么多的问题,我们这些即将走出校门的大学生又该如何应对呢?"

4. 热点新闻事件

人们总是关注自己所处的环境,而新闻事件就是在告诉我们这方面的信息。提到新近发生的新闻,并且做出某种解释,可以让演讲者与听众建立一种特殊的关系,即我们都属于同一种人,我们都生活在同一个世界里,或者我们都面临着相同的问题。因此,借助热点新闻事件能更容易吸引住听众的注意力。例如,世界卫生组织(WHO)发布了 2023 年全球疫苗市场报告,显示全球疫苗分配不均问题严峻。基于这一新闻报道,我们可以就这一热点新闻事件进行演讲开场:

"今天,我站在这里,要和大家共同探讨一个关乎我们每一个人健康权利的重要议题,这就是全球疫苗分配不均的问题。就在不久前,世界卫生组织发布了 2023 年全球疫苗市场报告,揭示了一个严峻的现实:尽管全球疫苗价值持续增长,但疫苗分配不均的问题却愈发凸显。正如报告所指出的,近年来,全球疫苗市场的增长主要由成人疫苗市场和私人 HPV 市场所驱动。然而,这种增长并没有惠及所有国家,特别是那些中低收入国家。在向低收入国家提供的疫苗中,成人疫苗占比不到 10%,而高收入国家的这一比例却高达 51%。这种巨大的差距,无疑加剧了全球公共卫生领域的不平等。"

5. 讲述故事

演讲者用故事开头,会显得平易近人,不但使听众接受度高,还容易吸引到大多数人。这个故事可以是演讲者看到的、听到的,也可以是自己亲身经历过的。以故事作为演讲的开场白,需注意故事要为主题服务,这样能够帮助听众在听故事的过程中,轻松地理解演讲的主旨。如果没有关联,听众听完最多也就是放松一下,甚至会让听众感到混乱或是莫名其妙。因此,演讲者可以事先思考这个故事有哪些启发,并把这个启发作为演讲的主题;也可以从原本想好的演讲主题入手,回忆、搜索与该主题相关的故事。例如:

"各位朋友,大家好!今天,我站在这里,想与大家分享一个古老而深刻的故事——管鲍

之交。这不仅是一段友谊的佳话，更是一份智慧的传承。在春秋战国时期，管仲和鲍叔牙是两位杰出的历史人物。他们之间的友情十分深厚，成为历史上的一段美谈。管仲虽家境贫寒，但才华横溢；鲍叔牙则出身于商贾世家，家境殷实。然而，他们的友情并没有因为身份的差异而受到影响，反而更加深厚。管仲和鲍叔牙一同经历了许多风风雨雨，他们一同读书、习剑，彼此扶持，共同成长。当齐国公子小白（即齐桓公）登上王位后，鲍叔牙深知管仲的才能远胜于自己，于是力荐管仲为相，自己则甘居其下。这种无私和谦让的精神，不仅体现了鲍叔牙的高尚品质，也彰显了管仲的卓越才能。

管鲍之交的故事告诉我们，真正的友情是无私的、高尚的，它能够超越身份、地位、财富的束缚，让我们在人生的道路上相互扶持、共同成长。同时，它也提醒我们，在人际交往中，我们应该学会识人、用人，珍视身边的每一份友谊，用智慧和勇气去开创美好的未来。"

6. 建立信任

听众之所以来听演讲，与演讲者的可信度密切相关。演讲者得让听众明白：我有资格站在这里阐述这个话题。有助于开场建立听众信任的策略包括分享个人经历或故事、展示专业知识或成就、强调共同目标或价值观等。例如：

"在过去的十年里，我一直致力于研究人工智能，并在多个国际会议上发表了论文。我所在的团队也成功开发了几款领先行业的人工智能产品。今天，我将基于我的专业知识和经验，与大家分享关于人工智能的最新发展趋势。"

以上所举的开场白的方法，应因人而异、因事而异、灵活掌握。无论使用哪一种方法，都要注意下列问题。

（1）开场白不能过长。

（2）如果是稍长的演讲，应对演讲的主要内容作预告。

（3）许多人用过的套话不要再用，如"我没什么要讲的，只因为……""我很不会演讲，可是……"。假如实在想不到更精彩的开场白，就以单刀直入开场，如"我与大家谈谈……问题""我赞成这样的说法，理由如下……""我不同意那样的观点，我有如下根据……"。

二、演讲正文

正文是演讲的主体，篇幅较长。要使演讲的观点站得住，立得牢，就必须做到内容充实丰满、有血有肉。演讲正文要围绕中心论点处理好论点与论据之间的关系，并且要合乎逻辑地逐层展开论述，做到结构有力、层次清楚、过渡自然。在这一部分中，要组织并安排好演讲高潮，使演讲者和听众在情感上产生强烈的共鸣。

1. 内容要紧扣主题

从开头到结尾，展开论证也好，进行叙述也好，纵然千波百转，也要紧扣主题。一个问题可能是多侧面、多角度的，但无论多少个侧面和角度，必定有其主要的一面；一篇演讲可能包含几个问题，但无论多少个问题，它们都应当相互联系并有主次之分。演讲者必须抓住主干、理清脉络，不可"开口千言，离题万里"。

2. 条理要清楚，层次分明

材料的组织安排一定要井然有序、有条不紊。要做到这一点，就必须在科学分析的基础上，把散乱的材料分门别类并分清主次和先后，从而更充分、更有力地表现主题。例如，哪些应该先说，哪些应该后说；哪些要详说，哪些要略说。演讲正文如何开头、如何结尾、如何照应、如何过渡，都要有周密的计划。并且，还要处理好层次与段落、过渡与照应之间的相互关系。演讲者要做到胸有成竹，这样演讲才不至于眉目不清、条理不明、乱七八糟、支离破碎。

3. 结构要富于变化

讲述的内容应当千回百折、有起有伏，使整个结构富于变化、多姿多彩，以结构的艺术性吸引、打动并说服听众。心理学家认为，人听讲话的有意注意力每隔5~7分钟就会有所松弛，而跌宕起伏、张弛有度的演讲结构，能很好地适应听众的这一特点。演讲者应当时而严峻说服、时而轻松谈笑、时而慷慨陈词、时而诙谐幽默，甚至还可以根据需要适当穿插一些奇闻轶事、诗文警句、谈资笑料等。这样会使演讲内容丰富多彩，形式摇曳生辉，使听众精神振奋、乐于倾听。

如果要展开一场生动有趣的演讲，那么演讲结构既要有条理，又要需富于变化。常用的演讲结构有时间结构、地理结构和分析结构。

（1）时间结构。时间结构就是以时间先后顺序为逻辑的演讲结构。当演讲需要描述一件事情的发展过程时，可以使用时间结构描述事情的开端、发展、高潮和结尾。例如，"过去30年中国大学生消费习惯的变化""不同年龄阶段的努力方向""从初识到成为合伙人的心路历程"等主题都可以按时间先后顺序展开演讲。

（2）地理结构。地理结构就是以不同空间位置为逻辑的演讲结构。当演讲需要突出不同地域或不同空间的特点时，可以使用地理结构。例如，"饮食习惯对身体健康的影响"这一主题，演讲者可以根据不同地域的饮食习惯对身体健康的不同影响展开演讲。

（3）分析结构。分析结构是指用于分析某个事件或某种现象的演讲结构。当演讲需要分析某种现象产生的原因时，就可以用分析结构来分析具体的几个原因。例如，"成功创业者的必要素质""如何看待求职时因有男友被拒""怎样治理不文明养犬现象"等主题，都需要有条理地分析，演讲者可以采用分析结构展开演讲。

4. 要限制主要论点数量

演讲者应该围绕几个论点整理自己的思路和演讲内容。但需要注意的是，如果把每条思路都作为论点，就会导致没有机会扩展其中任何一条。如果论点过于庞杂，反而无法从中选出适合自己演讲主题的内容。一般以3~5个论点为宜，因为论点太多的话会导致听众不易领会，并且容易忘记。此外，如果演讲内容只有一个论点，那么就谈不上所谓的整理和组织演讲。

三、演讲结尾

俗话说"编筐编篓，重在收口；描龙画凤，难在点睛"。演讲的结尾，就是演讲的"收口"与"点睛"。美国作家约翰·沃尔夫认为："演讲最好在听众兴趣未尽时戛然而止。"其意就是说,最好在演讲达到高潮时果断"刹车",以此来强化留给听众的最佳印象。

拿破仑(1769—1821)说过:"兵家成败决定于最后五分钟。"我们同样可以说,演讲的成败在相当程度上取决于演讲的结尾。这是因为,演讲者设计和安排的演讲开头和高潮都很精彩,如果再加上一个出人意料、耐人寻味的结尾,那么就如同锦上添花,会给听众带来一种精神上的愉快和满足。相反,如果演讲者设计和安排的结尾没有新意、没有波澜且陈旧庸俗、索然无味,那就会使听众深感遗憾、失望而去。因此,演讲的结尾要比开头和主体部分的要求更高,内容要更有深度、语言要更有力度、方法要更加巧妙、效果要更耐人寻味。可见,演讲的结尾是走向成功的最后一步,它在整个演讲中起着不可忽视的重要作用。

好的结尾不但能揭示主题,给听众留下完整深刻的印象,还能收拢全篇,使通篇浑然一体,更能调动激情、促人深思、令人觉醒,让听众在反复回味中受到教育和启发。常见的演讲结尾有以下几种方式。

1. 总结式

总结式是指以总结归纳的方式结尾。这种结尾用极其精练的语言,对演讲的内容和思想观点做了高度概括性的总结,以起到突出中心、强化主题、首尾呼应、画龙点睛的作用。

2. 号召式

号召式是指用提希望或号召的方式结尾。这种结尾是演讲者以慷慨激昂、扣人心弦的语言,对听众的理智和情感进行呼唤,或提出希望,或发出号召,或展示未来,以激起听众感情的波涛,使听众产生一种蓬勃向上的力量。

3. 余味式

余味式是指以留余味、泛余波的方式结尾。这种结尾语尽而意不尽,意留在语外,像撞钟一样,清音有余、余味袅袅、回味无穷、三日不绝。余味式结尾好像秋天瑰丽的晚霞一样,收得俊美漂亮,并且伴有"渔舟唱晚"的娓娓之声,让听众流连忘返、久久回味。

4. 名言式

名言式是指通过引用名言、警句、谚语、格言、诗句等作为结尾。这样,不仅使语言表达得精练、生动、富有节奏和韵律,还可以使演讲的内容丰富、充实,具有启发性和感染力,给人一种生动活泼、别开生面之感。

5. 点题式

点题式是指用重复题目的方式结尾。演讲的题目或标题是演讲的重要组成部分,是最具个性和特色的标志。在演讲结束时,如果演讲者重复题目,再一次点题,就能加深听众对演讲的印象,并使其产生强烈的共鸣。

6. 幽默式

幽默式是指用幽默、风趣的语言结尾。除某些较为庄重的演讲场合外,用幽默结束演讲不但可以为演讲增添欢声笑语,使演讲富有趣味,而且可以令人在笑声中深思,给听众留下一个深刻的印象。

演讲的结尾没有固定的方式。或对演讲全文要点进行简明扼要的小结；或以号召性、鼓动性的话收束；或以诗文、名言及幽默俏皮的话结尾，但一般原则都是要给听众留下深刻的印象。

第四节　演讲技巧

演讲是一门艺术，所谓"演讲"，是由"演"和"讲"两部分组成，不光"演"也不光"讲"。演讲艺术是有声语言和态势语言的结合。有声语言是指演讲要有修辞、有文采、有幽默、有提问、有排比、有对比、有譬喻等，要注意语音、语调和语气。若这些方法运用得好，就可以提高演讲的效果。态势语言是指演讲人的头、脸、手、脚的各种动作要恰当，特别是眼神、表情、姿态、动作都很重要。若这些态势语言表达、运用得好，就可以大大增强演讲的艺术性。

一、演讲心理技能

演讲是一种强烈的精神劳动的产物，因此，演讲不仅是对演讲者思想、文化、知识及表达能力的考验，也是对演讲者心理素质的严峻考验。良好的心理素质可以帮助演讲者获得演讲的成功，而较差的心理素质则会使演讲者还没有登场就败下阵来。因此，培养演讲者良好的心理素质，是演讲取得成功的先决条件。

1. 克服演讲恐惧

在人类的"恐惧榜单"上，公众演讲雄踞第一名，这已经是公开的秘密。人们对于公众演讲的恐惧，归根结底源于人类渴望被认同和受重视的本性。当一个人面对一群人时，这种恐惧会被强烈放大，没有人希望在别人面前显得失败或者像个"傻子"。因此，我们一旦接受了恐惧的事实并了解了它的来源，对于如何克服演讲恐惧，就有了一些办法。

美国佐治亚理工学院心理学博士张怡筠女士，将演讲恐惧的成因归结为不合理的期望、听众因素、过去经验和准备充分度4个方面。首先，中国的很多孩子是被人打着分数长大的，"99分不够，只求100分"的环境让许多人有完美主义倾向。一方面，他们容易对自己评价偏低；另一方面，他们对理想目标的设定又偏高。其次，人数众多、不相识、众口难调、意义重大等观众因素似乎都透露着一个信息：这次演讲就像一锤子买卖，不成功则成仁。这难免让人腿软。再次，一次失败的经历可能是许多人害怕当众说话的原因。例如，一个女生在演讲后，发现自己的口红被擦成了"香肠嘴"，自此每次演讲都战战兢兢。最后，有些人演讲前准备得不够充分，或者因为赶时间而气喘吁吁地跑到讲台上，以致身体的紧张感渗透到了唇舌和肢体中，继而又引起心理上的紧张。

针对演讲恐惧的4个成因，有4个心理秘技可将它们各个击破。

（1）放低期望。完美主义者最好经常给自己当头一棒：十全十美？开玩笑！我不是来竞选全球最佳演讲家的，只要大部分人能理解我的诚意就好了。

（2）化被动为主动。如果是受不了听众带来的焦点感，不妨把注意力转移到听众身上，你会发现最专心的考官其实是你自己：左边摆弄手机的女士可能在沟通今晚的菜谱，后边写写画画的男士可能在筹划工作。若实在害怕，还可以把他们想象成憨态可掬的大南瓜。

（3）豁出去。回避只会加重问题，不如横下心把洋相出到底。干脆走到听众中和他们零距离地互动，真实和坦然反而会带来久违的放松和信心。

（4）充分准备。一次成功的演讲，要把功夫都做在前面：首先，写下大纲并做成小张的提示卡，其中包括一个幽默的自我介绍和一套化解冷场的说辞；然后，"哈哈喝喝"数声，找到丹田发声的感觉，大声对着镜子或在别人面前练习，体会对自己声音的掌控感；接着，提前15分钟熟悉场地，花5分钟找个僻静处深呼吸并逐步放松身体；最后，在大脑里把自己如何精彩演讲的情景预演一遍。

2. 执行现场问答

作为对听众的尊重，在演讲过程中，演讲者会设计提问环节。聪明的演讲者知道这种方式不仅可以帮助他们深化主题在听众中的影响力，还可以推动他们向听众提出请求。同时，问答部分也是演讲者提出更多事实的唯一机会，它可以维持或者进一步加强与听众之间的联系。面对提问，演讲者可以先复述一遍问题，然后得到对方确认后再回答，以免回答偏题。这样做既可以为自己争取考虑时间，又可以避免别人重复问相同的问题。不管提问者的臆断有多么令人难以接受，千万不要使自己陷进与他的争论中，演讲者要保持尊重和礼貌的态度。如果对方提的问题是自己不知道的，那么可以说自己不是全能，会有一些自己不知道的地方，同时反问对方是怎样处理的，因为有些人不是来学习的，而是来确认的。

3. 处理自身失误

演讲者在演讲中的失误时有发生，如演讲忘词、讲漏，或者不小心摔了一跤、绊倒了东西等，这些都是常有的事情。出现这类失误以后，演讲者一定要保持镇定，这样才能想到有效的补救方法。

（1）忘词。在演讲的过程中，很多演讲者可能会因为紧张或不投入而忘了接下来要讲的话，这时千万不能紧张，不要想"糟了、忘了"等负面词汇，更不能面红耳赤的中途退场。此时，最重要的是保持沉着、冷静，想出好的解决方法。对于忘词的解决方法有很多，例如，让听众复习演讲内容，自己抓紧时间回忆忘掉的词语，如果实在想不起来，那么就根据原来的意思另换词语，或者干脆将下一段内容提前来讲。

（2）错字错话。一般来说，如果错字错话对演讲的内容主旨影响不大，完全可以不予理睬；如果错字错话影响了演讲内容与演讲主旨，甚至意义大相径庭，就必须做处理。演讲者在处理错字错话时，一定要注意方法。例如，加重语气、减缓语速，紧随其后再增添一个设问句，以自问自答的形式自圆其说。

（3）跌倒或扣错扣子。演讲者上台演讲时不小心跌倒了，或者听众发笑时才发现自己的衣服扣子扣错了、拉链没拉好、帽子戴歪了，等等，遇到这种情形，演讲者多半会感到尴尬。笨拙的化解方法是，演讲者可以先跟着听众一起笑，再慢慢恢复常态。对此，听众一般是不会介意的。而高明的化解方法当然是演讲者能够借事发挥，说几句巧妙的开场白。

雪莉·布丝莱的致词

1952年，获得最佳女主角的雪莉·布丝莱在上讲台时不小心被绊了一下，差点摔倒，她在接下来的致词中无比巧妙地说："我经历了漫长的艰苦跋涉，才到达这事业的高峰。"全场顿时掌声雷动，她的话成为演讲幽默中最成功的典范。

二、演讲非语言技巧

演讲的本质是向听众传播信息，演讲活动中不可避免地会出现非语言信息传播。演讲中的非语言传播不是以语言符号为载体，而是通过表情、手势、眼神、姿态、语调、节奏等其他形式来进行信息传播。演讲者面对听众演讲时，听众可以从其面部表情和体态手势等语言之外的其他形式中接收信息。

1. 形体语言

形体语言是演讲者的重要表现手段，它和口语一样，都是演讲者向外界表达自己意见和看法的工具。形体语言直接诉诸人们的视觉器官，是对演讲中有声语言的必要补充和烘托。形体语言因其独特的有形性、可视性和直接性，成为演讲的有机组成部分。形体语言主要包括以下几个方面。

（1）姿势。演讲者的姿势会带给听众某种印象，例如，堂堂正正的印象或者畏畏缩缩的印象。虽然演讲者个人的性格与平日的习惯对此影响颇大，不过一般而言仍有方便演讲的姿势，即所谓"轻松的姿势"。演讲者要让身体放松，反过来说就是不要过度紧张，因为过度紧张不但会令人表现出笨拙、僵硬的姿势，而且还会影响舌头的发音。对此，诀窍之一是张开双脚与肩同宽，挺稳整个身躯，站要直、立要稳。鲁迅先生（1881—1936）说过："演讲有三美：意美以感心，一也；音美以感官，二也；形美以感目，三也。"演讲者一般都是站着讲，因为只有站着讲，态势动作才能自如，才能给人一个完整的形象，才能给人美的感觉。

（2）手势。手势是形体语言的主要形式，使用频率最高。由于双手活动幅度较大，活动最方便、最灵巧，形态变化也最多，因而表现力、吸引力和感染力也最强，最能表达出丰富多彩的思想感情。

（3）身体移动。一般来说，在正规的场合中，演讲者站立好后是不宜移动的，但在特殊情况下，有时也要适当地移动。演讲者的身体如果需要移动的话，应注意以下3点。第一，动要在理。必须符合演讲内容的需要，或者出于其他的目的。例如，为了进一步鼓动听众或者制止一些特殊情况的发生，演讲者可以向前走动点。第二，动有规则。演讲者在走动方向、节奏、快慢等方面要保持一定的规则，这样既能活跃会场气氛，又能稳定听众的情绪。第三，动要适当，宁少勿多。移动范围不应过大，且不可来回走动。

（4）眼神。演讲者在运用语言传递信息的同时，也自然要通过自己的眼神，把内心的激情、学识、品德、情操、审美情趣等传递给听众。因此，演讲者既要保持视线的目标在正前方，使自己炯炯有神地面对听众，又要不断地兼顾全场，以便了解听众的反应。也就是说，要把目光注视前方与多方位观察巧妙地结合起来，全方位地观察听众。有效的眼神有以下3种：①环视：目光有节奏或周期性地环视全场；②虚视：目光似盯未盯地望着听众；③凝视：持续地与某个听众进行眼神交流。

演讲者的身体态势

上台前：要看好天气、路线并了解听众的情况；整理好自己的衣服、资料、道具、发型等；请工作人员调整好音响及话筒高度。

上台时：要从容不迫、落落大方、潇洒自信，不能松松垮垮、随随便便、弓背弯腰；不能矫揉造作、忸怩作态、怪模怪样；不能缺乏谨慎、匆匆忙忙、火急火燎；不能过于迟缓、拖拖拉拉、萎靡不振。

上台后：不要急忙开口，而应用亲切的目光注视或扫视会场几秒钟，使听众的大脑做好接收信息的准备，并且受到无声的感染。

（5）面部表情。演讲者的面部表情无论好坏都会给听众留下极其深刻的印象。如果演讲者的表情缺乏自信、畏畏缩缩，那么即使内容再精彩，也很难有说服力。微笑是一种良性的面部表情，能反映出一个人的内心世界，微笑是自信的标志、礼貌的象征、涵养的外化、情感的体现。在演讲中，微笑可以让人觉得演讲者性格温和，不但有利于营造融洽的气氛，还可以消除听众的抵触情绪。

2. 声音技巧

口齿清楚、语音纯正、语气生动、表情达意鲜明，这些都是有声语言的特征。若是演讲者的声音优美，往往能使演讲引人入胜，获得最佳的演讲效果。要让声音在演讲中发挥最好的效果，应该注意下面几个方面。

（1）发音。演讲在这方面的要求是字正腔圆、悦耳动听。所谓字正腔圆，是就读音和音质而言的。字正，是演讲语言的基本要求，它要求演讲者咬字准确、吐字清晰、读音响亮、送音有力，使听众明白易懂；腔圆，就是要求演讲者的声音清亮圆滑、婉转甜美、流利自然、富有音乐美。

（2）语调。演讲在这方面的要求是起伏有致、灵活多变。说话时声音高低、轻重、快慢、停顿的变化都可以被称为语调。一般来说，除了要求吐字准确、清晰外，声音的轻重疾徐应随着演讲内容的变化而变化。语调是最能表达感情色彩的，但需要和演讲内容相配合，才能充分地发挥其润色演讲的作用。

（3）节奏。演讲时抑扬顿挫、轻重缓急的声音，构成了语言的节奏。它是演讲中一切要素有秩序、有节拍的变化。离开变化，节奏便无从谈起，离开内容，节奏就毫无意义，所以节奏不是速度。演讲中影响节奏的因素包括：结构的疏与密、起与伏；情感的浓与淡、激与缓；速度的快与慢、行与止。

三、演讲注意事项

虽然演讲者精心准备了演示文稿，配置好了会议投影设备，并设计了出色的视觉图像，可是当面对观众演讲时，仍然会因一些细节问题而影响演讲效果。下面列举了一些演讲中常见的问题，以提醒演讲者注意。

1. 严格控制演讲时间

控制好演讲时间是一项重要的内容。一般情况下，主要内容应该占发言时间的4/6，开场白和结尾各占1/6的时间。以1小时为例，开场白用10分钟，正文用40分钟，结尾用

10分钟。当然还要检查要点之间的相对比例。例如，自己是否用了一半时间来阐述第一个要点，这样做值得吗？有些人对时间的估计非常精确，不需要外界的提示。而有些人则不太善于估计时间，那么演讲前可以坦然地把手表摘下来放在自己看得到的地方，或者请听众席上的同事到时候向你发出信号，但是要避免过于依赖钟表。

2. 演讲内容超时处理

如果演讲的内容太多，超出了预定的时间，演讲者可以采用以下几种方法来解决这个问题：①检查自己的证据和例子，不要反复重申同样的内容（把这些要除去的内容留在问答或讨论时用）；②取消较长的故事、笑话、叙述等，除非它们对演讲主题至关重要；③考虑把某个要点全部取消（相应地调整自己的主题）；④例子的描述不要太过详细（不要讲述整个故事的来龙去脉，只需包括所有关键要素的大概情况即可）；⑤考虑用演讲以外的其他方式来解说技术和细节，如分发资料或使用视觉道具；⑥修饰和简化语言及措辞，语言要深入浅出。

3. 演讲内容遗忘处理

在做演讲结尾的时候，如果演讲者发现部分内容在演讲中遗漏了，切记这时宁可不讲也不要在演讲结束时补讲，一定要空出时间做好结尾。好的开场是演讲成功的一半，而好的结尾的重要性不亚于好的开场。好的结尾能够起到"余音绕梁，三日不绝"的效果。所以，演讲过程中如有遗忘，那么忘了就忘了，并无大碍。

内容小结

演讲是演讲者在公众场合，以有声语言为主要手段，以体态语言为辅助手段，针对某个具体问题，鲜明、完整地发表自己的见解和主张，阐明事理或抒发情感，进行宣传鼓动的一种社会语言交际活动。一名合格的演讲者应该具备先进科学的思想、高尚的道德品质、丰富的学识及良好的心理素质。

演讲准备工作包括树立演讲自信心、明确演讲目的、了解听众、选择演讲主题、准备演讲材料。演讲语言结构包括开场白、正文和结尾3部分。开场白的常用方式有语出惊人、利用诙谐、抛出问题、热点事件新闻、讲述故事、建立信任。正文是演讲主体，内容要紧扣主题；条理要清楚，层次要分明；结构要富于变化；要限制主要论点数量。演讲的结尾方式有总结式、号召式、余味式、名言式、点题式、幽默式。

不合理的期望、听众因素、过去经验和准备充分度是造成演讲恐惧的原因。因此，演讲者可以通过放低期望，化被动为主动，用豁出去的心态去面对演讲，并且做好充分的准备工作来减少演讲的恐惧感。面对现场提问，演讲者可以先复述问题再回答，并且保持尊重和礼貌的态度。面对无法回答的问题，可以询问对方如何处理。面对忘词、错字错话、跌倒或扣错扣子等自身失误，演讲者需要保持镇定，这样才能想到有效的补救方法。

演讲中的非语言技巧包括形体语言和声音技巧。形体语言主要包括姿势、手势、身体移动、眼神、面部表情。声音技巧包括发音、语调、节奏。演讲过程中要严格控制演讲时间。如果演讲内容超时，可以考虑对部分内容进行调整或删除细节，并且简化语言及措辞。如果演讲中出现遗漏，那么宁可不讲也不要在演讲结束时补讲。

问题讨论

1. 结合自身的一次演讲活动，说明在演讲中如何使用声音技巧和形体语言。

2. 设计一个演讲题目，根据这一题目准备一份演讲稿。

3. 选择某一门课程，分析该课程授课教师的讲授方式，学习该教师讲授方式中的优点并分析其不足之处。

小 故 事

我宣布，会议现在开始

德国著名诗人和戏剧家贝托尔特·布莱希特（1898—1956）讨厌那些冗长、单调且没有多大效果的会议。有一次，他要去参加一个会议，并应邀致开幕词。开会当天，布莱希特准时到会，默默地坐在了最后一排。主办人看到后，把他请到了主席台就座。一开始，主办人讲了一通很长却没有什么实际内容的贺词，向到会者表示欢迎，然后，情绪激昂地宣布："现在，有请特邀嘉宾布莱希特先生为我们这次大会致开幕词。"布莱希特听后，迅速站了起来，快步走向演讲桌前。到会的记者们赶紧掏出笔和小本子，照相机也咔嚓咔嚓响个不停。不过，布莱希特却让某些人失望了，因为他只讲了一句话："我宣布，会议现在开始。"

启示：

抓住关键的要点，开宗明义，说出你要谈论的主题，其余的客套话尽量少说或不说，这样你的听众才不会感到心烦意乱。

沟通游戏

即兴演讲

游戏准备：

人数：不限

场地：室外

时间：不限

材料：写有各种不相关话题的纸条（可以是任意内容，如足球、可乐、网络等）、透明的瓶子

规则：

1. 主持人将准备好的纸条放入透明的瓶子内，面向参与者。

2. 每个参与者从瓶内任意抽取一张纸条，由主持人宣读内容后，参与者不允许有任何思考时间，就纸条上的内容进行5分钟的即时演讲。

3. 活动结束后，由主持人对所有参与者的演讲情况进行总结和打分，并现场评述。

游戏说明的道理：

此游戏既能锻炼人们的表达能力，又能使人们在演讲的过程中激发自信心。自信心是一种"良性情感"，拥有自信心的人，做事情常常毫无畏惧，更容易获得成功。而不自信是大多数人都会有的弱点，人们要学会克服这种心理，将自己的优势展示出来，从而增强自己的自信心。

第九章 书面沟通

学习目标

1. 理解商务文书的特点
2. 掌握商务文书的写作步骤和技巧
3. 熟悉商务报告的主要类型
4. 掌握商务报告的写作步骤
5. 掌握商务合同的书写原则

开章引例

五字定稿

虞松，作为我国古代的杰出"秘书"，曾在司马懿的麾下，随军远征辽东。他才华横溢，无论是檄文还是露布（即向朝廷传递捷报的文书），皆出自其妙笔。随后，虞松因表现出色，被提拔为中书令，成为司马师的得力助手。一日，司马师要求虞松撰写一篇奏章。虞松精心构思，几易其稿，但每次呈上，司马师都觉得有所欠缺，要求他继续修改。这让虞松倍感压力，自觉才思已尽，难以再有所突破。恰逢此时，名士钟会与虞松偶遇，见虞松面色凝重，钟会好奇询问，虞松便向他诉说了自己当前的困扰。钟会听罢，细细阅读了虞松的奏章，对其中 5 个字做了微调。这简单的改动，却令虞松眼前一亮，大为折服，立即将修改后的奏章呈给司马师。

司马师审阅后，对奏章赞不绝口，但也察觉到了其中的变化并非虞松的风格。他好奇地询问，虞松如实相告，并向司马师极力推荐钟会。司马师对钟会产生了浓厚的兴趣，当即表示要重用他，并派虞松前去传达自己的意愿，召见钟会。经过数日的精心准备，钟会与司马师终于会面。两人从清晨畅谈到深夜的二更时分，交谈甚欢。司马师对钟会的才华大为赞赏，待钟会离开时，他不禁感叹："钟会此人，真乃国家之栋梁也！"自此，钟会成了司马家族的忠实支持者。

第一节　商务文书

当今社会是市场经济社会，商务活动则是各种经济活动的基础。伴随着改革的深入发展，商务文书写作已成为当前应用写作的一个热点。企业内部的大部分沟通也是以商务文

书的形式进行。商务文书，是企业在市场经济环境中经营运作、贸易交往、协调公关、开拓发展等活动所涉及的各种文书的总称。规范、严谨的商务文书，已经成为现代企业管理的重要内容，也是贯彻企业执行力的重要保障性因素。

一、商务文书的分类

实际工作中有形形色色、各种各样的商务文书，根据其形式、内容和用途可以大致将其划分为以下类型。

1. 按形式来划分

以形式作为划分标准，商务文书可以大致分为两类。

（1）固定格式的商务文书。常见的主要有：商务合同、邀请信、通知、请示及批复。相比较而言，这类商务文书的格式是有比较规范的要求的。

（2）非固定格式的商务文书。所谓非固定格式的商务文书，在日常工作中往往应用得更为广泛，其中最为熟悉的就是随着计算机和网络一起兴起的电子邮件。

2. 按内容和用途来划分

以内容和用途作为划分标准，商务文书主要分为商务通用文书和商务专用文书。常见的通用商务文书主要有：通知、会议纪要、请示、批复、总结、备忘录等。而商务专用文书从其作用和写作体例来划分，可分为商务行为规范性文书、商务活动分析性文书、商务活动介说性文书和商务宣传公关性文书4类。

（1）商务行为规范性文书。它由对内行为规范性文书和对外行为规范性文书组成。对内行为规范性文书主要有章程、条例、规定等，例如，公司组织章程、董事会工作条例、股票发行办法、股份有限公司内部细则、财务人员守则等。对外行为规范性文书主要指契约性文书，包括意向书、协议书、合同等，例如，中外合资意向书、投资协议书、海外合资经营企业合同等。

（2）商务活动分析性文书。它主要包括市场调研报告、市场预测报告、经济活动分析报告、可行性研究报告、企业咨询诊断报告、事故调查报告、质量检查分析报告等。

（3）商务活动介说性文书。它主要包括产品说明书、商品介绍、计划、方案、总结、述职报告及各种填制类文书等。

（4）商务宣传公关性文书。它主要包括各种各样的经济新闻、形形色色的广告词，以及五花八门的礼仪性文书。这一类文书使用频率高、范围广。

二、商务文书的作用

商务文书写作是很多人工作的一部分，而每个人或多或少都会有私心，即工作首先是为了生存而不是为了做贡献，然后再将私心通过公心来实现——只有公司或单位好，个人才可以好。因此，商务文书写作对于更好地完成工作是非常重要的。

《福布斯》杂志的创始人马尔科姆·福布斯曾经说："一封好的商务信函，可以让你得到一次面试的机会，帮助你摆脱困境，或者为你带来财富。"也就是说，写好商务文书在一定程度上能够带来很大的经济利益。

从另一个角度来看，商务文书写作与其他任何文本的撰写一样，其作用和最终目的都是为了与别人进行某种形式的交流与沟通。而需要强调的一点是，沟通不只是所传递出来的信息，而是被别人理解的信息。如果理解了这一点，我们就应该认识到，在日常工作及生活中普遍谈及的"沟通的障碍"，其实都来自简单传递的单向沟通。

因此，在商务文书写作方面最为重要的一点，就是避免陷入单向沟通的误区，撰写者要站在读者的角度来思考问题并形成最后的文字表现，让商务文书的接收方能够理解自己的意图，这样才能发挥商务文书的沟通作用。

三、商务文书的特点

叶圣陶（1894—1988）老先生曾经说："公文不一定要好文章，但必须写得一清二楚、十分明确、字稳词妥、通体通顺，让人家不折不扣的了解说的内容是什么。"这个论述其实就提到了商务文书与标准公文相一致的规范性特征。唐宋八大家之一的白居易（772—846）在某种意义上也是一个书写商务文书的典范，之所以这样评价，是因为白居易写的文章和诗歌非常直白并通俗易懂，少有引经据典，并不通过辞藻的堆砌来追求华丽的文风。

通过以上的比较，商务文书的语言区别于议论文体和文学艺术文体，其语言要遵循以下7项原则。①准确。所谓"准确"，就是用词确切、组句恰当、表意明确、概念准确，能使人正确无误地理解文章的内容。"一字入公文，九牛拔不出"，在意思清楚的前提下，商务文书写作应追求尽量用一段话、一句话甚至是一个词将核心意思表达出来。②简洁。所谓"句中无余字，篇内无赘语"，简洁常被视为商务文书写作的重要原则和语言特色，它可以节省双方的时间。简洁也意味着商务文书应短小精悍、言简意赅。③清晰。商务文书表达含糊会给双方带来麻烦，所有语句都应清晰明确地表现出真实的意图，避免双重意义或模棱两可的表示。④具体。商务文书中涉及的内容要言之有物，信息要翔实具体、丰富生动，表达要完整。⑤朴实。所谓"朴实"，就是质朴平易、通俗易懂、朴实无华。在商务文书写作中不要去刻意地堆砌辞藻。⑥庄重。所谓"庄重"，就是端庄、郑重。这是处理经济事务应有的严肃持重的态度。商务文书的整体风格不应过于诙谐幽默。⑦规范。商务文书在很多方面还具有规范性强的特点，其中标点符号的规范性就尤为重要，但是却往往被忽视。

第二节　商务写作

语言学家史帝芬·里德发现，在具备较高学历的劳动者中，写作能力居于前20%的员工同那些写作能力位于后20%的员工相比，前者收入是后者的3倍还要多。管理者每天都要进行书面沟通，发送电子邮件、写信和起草报告。为了有效地沟通，管理者必须能够进行清晰、简明和有说服力的写作。商务写作是指以文字的形式进行的，处理政务、商务、人际关系等工作的写作活动。

一、商务写作的步骤

在真正动手起草一份商业文件前，管理者需要思考一下想要实现的事项，他们必须精准把握文件的目的、受众和他们所想传递的要点。一位优秀的撰写者不仅能更有效地分析原始问题，还能更全面、更有深度地理解写作任务，并且能运用更多的写作策略和技巧，以便更清晰地设计篇章结构。

写作过程中的注意事项

> 构思时，要明确你的写作意图和目标读者，如果没有灵感，可寻求公司同事的帮助，与他们讨论你的写作方案。
>
> 写作时，要提供完整、准确的信息，要选用可信的材料，必要时要加以证明，告诉读者你所提供的信息的局限性或危险性，不做不切实际的承诺。
>
> 修改时，要检查遣词造句，不使用带有偏见的词语，利用反馈信息来修改那些容易引起读者误会的文字、图片等；要核查资料来源，确定所提供的文档是非机密的，电子邮件可随意转发和打印，且无须通知你。电子邮件和书面文档都可以作为法庭证据。

商务写作的步骤可以具体归纳为以下几点。

1. 制定正确的行动目标

在撰写商务文书之前，应该先思考一个问题，即该文书的接收对象在收到文书之后会采取怎样的行动？这个问题的答案也就是撰写商务文书的行动目标。需要强调的是，这个行动的主体是接收商务文书的一方。因此，撰写商务文书所表达出来的意愿只是一个"被动目标"，而对方的实际行动才是"主动目标"。大多数人在撰写商务文书时往往会陷入一个误区，即将自己的被动目标当成了主动目标，只关注自己的主观想法或者需要完成的工作任务，而忽略了接收商务文书一方的感受。

在认识到这个误区后，就需要撰写者在之前第一个问题的基础上，再获取以下问题的答案，即商务文书的撰写者在乎什么？换而言之，撰写者从成功撰写商务文书、正确传递信息并获得对方实际行动的响应中，能够收获什么成果？只有将撰写者在乎的内容与希望对方采取的行动达成一致，才能有效地把被动目标转化为主动目标。

2. 决定商务文书的正式程度

商务文书的正式程度，主要由以下3个问题来决定。①商务文书的撰写者本身是否很了解目标读者？②商务文书的撰写者比目标读者的地位低吗？③商务文书的内容是好消息吗？如果商务文书的撰写者不太了解目标读者，或者目标读者的地位比较高，又或者商务文书的内容是不太好的消息，那么商务文书就应该正式一些。

商务文书正式程度表现在3个方面。①形式，是指商务文书所采用的媒介的形式。例如，发电子邮件、寄书信或者留便签等。不同的媒介形式，决定了商务文书的体裁、格式及称谓等具体内容。按照正式程度来划分，宣传册、政府公文、带抬头的信件、请柬，以及行文正式的电子邮件附件都是正式的商务文书，这些通常会给目标读者以受重视的感觉。而一般的电子邮件、便签等则属于非正式的商务文书。②称谓，是指对目标读者的称呼。③语气，是指在撰写商务文书的过程中，是选择相对轻松、愉快的语气，还是选择比较凝重、严肃的语气。

3. 设定商务文书的总体风格

对商务文书总体风格进行判断和把握，可以参考图9-1所示的"游说矩阵"应用工具。

在游说矩阵中,纵坐标表示资源的充足程度(即沟通的内容是否在目标读者的资源及能力范围之内,是否强人所难),横坐标代表商务文书的撰写者与其目标读者在立场上的一致程度(即双方是否相互认可)。这两个方面的因素共同决定了商务文书总体风格的最终选择。

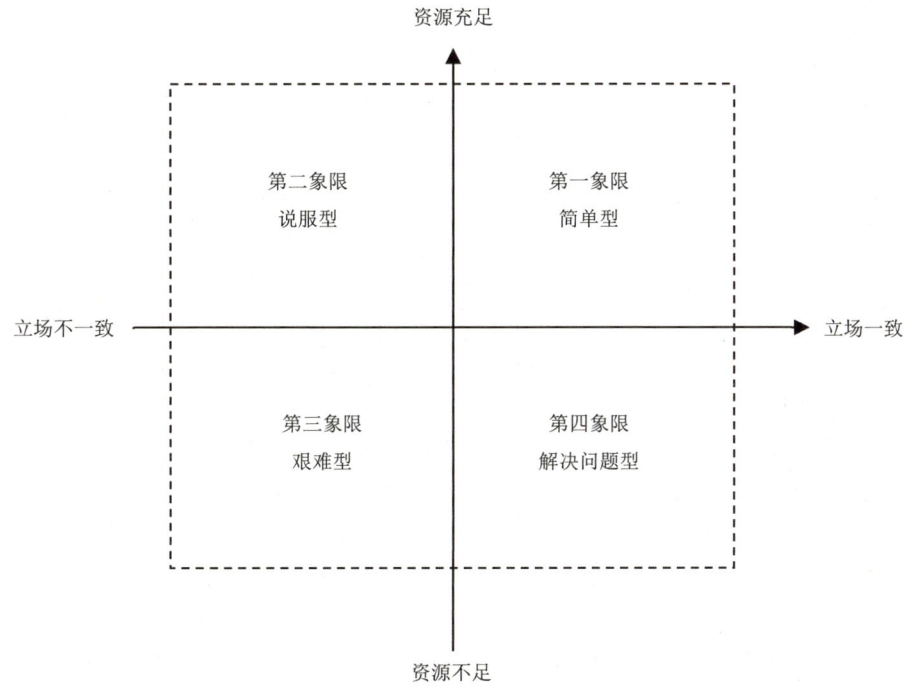

图 9-1　游说矩阵

(1)简单型。游说矩阵的第一象限代表着"撰写者与目标读者站在同一立场上,并且资源充足、不存在障碍"的情形,这种情形即"简单型"。简单型的商务文书,总体风格以罗列事实为主。因为这类商务文书的行动目标对目标读者而言难度并不大,并且双方在立场上也持一致的态度,所以这类商务文书只要告诉目标读者有这样一件事情即可,在篇幅上可以相对简短。

(2)说服型。游说矩阵的第二象限代表着"资源充足,但撰写者与目标读者立场并不一致"的情形,这种情形即"说服型"。由于说服型的商务文书的行动目标与目标读者的初衷并不一样,撰写者需要通过商务文书来使其改变原来的想法或者认识,所以尽管资源状况是充足的,但仍然需要与目标读者进行反复多次的沟通才能达到目标。因此,这类商务文书通常篇幅较长(简短的形式无法表达清楚),不仅要特别强调目标读者的利益所在,还要充分分析自己观点的优势和好处,以达到转变目标读者立场的目的。

(3)艰难型。游说矩阵的第三象限代表着"撰写者与目标读者立场不一致且资源也不充足"的情形,这种情形即"艰难型"。这类商务文书在资源和立场两个方面都遇到了障碍,因此达到有效沟通的概率会很小。这样的商务文书是否值得花费精力去撰写,应该三思而行。

(4)解决问题型。游说矩阵的第四象限代表着"尽管撰写者与目标读者立场保持一致,但资源并不充足"的情形,这种情形即"解决问题型"。解决问题型的商务文书通常用于员工与领导之间的沟通，并且是意见并不一致的时候，其总体风格有问有答且篇幅较长。换言之，在这种类型的商务文书中，撰写者通常会运用将问题和答案打包的形式，向目标读者提供多种解决方案。

4. 选择商务文书的层次结构

文章的层次结构，又称布局或谋篇，是指撰写者按表达主旨的需要对材料进行组合、排列的方式，这些组合、排列因表达方式不同而体现出不同的特点。商务文书的层次结构主要包括以下5种类型。

（1）连贯式层次结构，是指商务文书的层次结构按照事情发展的时间顺序来展开。连贯式层次结构突出的重点在于事情的前因后果及发展脉络。由于采用这种层次结构的商务文书从整体上看是融会贯通、连成一体的，因此读者不能颠倒前后顺序或者从中间节选来阅读，否则其表达的意思将不再完整。在日常工作中，适用于这种层次结构的商务文书主要有工作报告、事故调查报告、工程报告及程序安装说明等，这些商务文书的共同要求都是内容要清楚明白。

（2）并列式层次结构，是指商务文书中层次与层次之间是并列关系的一种层次结构。并列式层次结构要求在商务文书中的每一段前面都要有前提撮要，作为后续并列内容的引子。正因为各个层次是并列的关系，所以这种层次结构的商务文书便于读者按照兴趣或关注的重点来分段阅读。在日常工作中，这种层次结构在报告、总结及建议书等商务文书中常常被运用。值得注意的是，不同的层次结构在同一份商务文书中是可以互相穿插使用的。例如，某个事故报告在总体上采用的是连贯式层次结构，但在分析原因的时候又采用了并列式层次结构，最终目的都是为了能够将商务文书的核心意思清楚地呈现给读者。

（3）分析问题式层次结构，是指围绕问题的出现直到最终解决而展开的一种层次结构。在实际工作中，出于不同需要，分析问题式层次结构还有以下4个类型：①"只有结果"，这样的商务文书包括批复、指示及命令等，它们通常没有问题的原因，也没有相关的分析，因为并没有这个必要；②"提出问题并分析问题"，情况简报就属于这样的类型；③"提出问题并解决问题"，公告和通知就属于这样的类型；④"提出问题、分析问题，最后解决问题"，这种类型包括了处理问题自始至终的整个逻辑关系，在实际工作中指导性的通报和决议就是最好的例子。

（4）问答式层次结构，是指运用问答的形式来撰写商务文书的一种层次结构。运用问答式层次结构要注意对问题的设计，问题并不是胡乱设计的，而是为了突出商务文书的主旨而进行的一种利益上的引导。因此，设计问题时要注意使用突出利益及避免不良后果的方法。在日常工作中，采用这种层次结构的商务文书主要有企业的内刊、内部通信及操作程序指南等。

（5）行动结果式层次结构，是指在商务文书中先提出问题，然后突出结果并阐明实现结果的方式的一种层次结构。例如，下面这段广告宣传采用的就是行动结果式层次结构，"夏天草坪长得特别快，一个星期不剪就会很难看，夏日剪草是一件非常痛苦的事情，我们公司生产的XYZ型号家庭剪草机，可以使剪草这项繁重的体力劳动变得轻松。我们公司的剪草机与同类型机器相比较，可以节省30%的时间及20%的能源。使用我们的产品将是您明智的选择。"

5. 列出商务文书的大纲

在撰写商务文书之前列出文章的大纲，实际上是"磨刀不误砍柴工"的环节。如果撰写者在动笔之前先列出一个大纲，那么在撰写的过程中就能够有的放矢，写起来会更加容易。撰写商务文书是一个"七分想，三分写"的过程，列提纲的过程实际上就是一个建立自己思维次序的过程。在合理的撰写次序确立了之后，具体内容的行文就是水到渠成的事情了。

利用大纲来有序地组织撰写者的思路，可以有两种方法：①提纲法，这是很常见的一种方法，实际上就是围绕商务文书的核心主旨，按照时间顺序及逻辑关系将主要内容全都罗列出来，然后往里边填充具体的内容；②辐射法，这是一种发散的思维方法，即撰写者从一个中心点出发，随性地把联想到的东西或者想法都集中在纸上。在这个过程中，一开始并不必着急去考虑其是否具有价值，也不着急整理这些想法的内在逻辑关系，而是等到所有的想法都呈现出来之后，再将它们梳理清楚。辐射法的好处在于不会漏掉撰写者的任何一个想法，这种方法在西方被称为"脑力激荡法"或者"头脑风暴法"。

6. 撰写初稿

在经过以上5个步骤之后，商务文书的写作进入撰写初稿阶段。实际上，有了以上5个步骤的铺陈之后，撰写初稿就变得相对简单了。撰写者只需给自己留出一段比较完整的时间及一个相对安静的空间，排除干扰、一鼓作气地完成即可。当然，初稿撰写完成之后，还应该进行细致的校对，以使得文章更加规范和生动。

二、商务写作的技巧

除了遵循严谨的步骤之外，写好商务文书还需要合理使用一些技巧，这些技巧的运用实际上是对商务文书的润色，可以使其变得更加生动有效。商务文书的写作技巧主要包括以下6个方面。

1. 运用情感指数增加亲和力

情感指数，是指对读者的关注程度，它可以在很大程度上衡量商务文书的亲和力。情感指数的高低可以真实地反映商务文书的撰写者是否能站在目标读者的立场上来从事这项工作。西方心理学家通过研究发现，人类有13个共同的特性，其中的一个就是希望被尊重和被理解。然而，绝大多数人在自然情况下都更加关注自身的利益和情感，而往往忽视他人相同的需求。如果商务文书能够体现出更多对目标读者的关注，那么商务文书的亲和力自然就会得到很大提高。

情感指数，是指在商务文书中，用提到目标读者的次数减去提到撰写者自己或公司的次数。如结果为正值（即情感指数为正），则说明商务文书以目标读者为中心；如结果是负值（即情感指数为负），则难以使目标读者获得良好的感受。因此，在商务文书中应尽量少提撰写者自身，而多提目标读者。具体而言，增加情感指数有如下4种方法。

（1）增加第二人称代词。这是一种最为直接的方法，即在商务文书中增加"你"、"您"

及"你们"这样的第二人称代词。

（2）增加第三人称的专有名词。所谓"第三人称的专用名词"有很多，例如，"消费者"、"纳税人"及"员工"等，这些专有名词出现在商务文书中也是一种对目标读者的尊重。

（3）增加目标读者的姓名。由于人的天性使然，在商务文书中，如果能在适当时机加入目标读者的姓名，则会使其倍感亲切。

（4）增加对目标读者的暗指。所谓"对目标读者的暗指"，实际上就是在商务文书中对祈使句的使用，这是因为祈使句中往往省略了指代目标读者的代词。

2. 努力做到"读者为尊"

"读者为尊"，是上一条技巧的一种延伸，其核心思想是要求从对方的角度来表述问题。如果说情感指数是倡导商务文书在表达方式上要多提及目标读者，那么"读者为尊"就是强调撰写者要站在目标读者的角度和立场上来看待、分析问题。在"读者为尊"的理念中，要遵循"最先提及读者而非自己"的原则，即商务文书在表述的时候应首先提到目标读者，然后再继续其他的内容。以下是两种不同的表述，我们能够明显地看出其中的区别。

一般的表述："我很高兴地宣布，我们公司 2022 年的业绩超过了预期的目标，完成了任务。"

"读者为尊"的表述："非常感谢在座各位的努力，由于你们的努力，我们公司 2022 年的业绩超过了预期的目标。"

3. 进行有效的反馈

商务文书写作的第 3 个技巧是进行有效的反馈。在商务文书中，不同的反馈会收到不同的效果，具体有以下几种类型。

（1）正面反馈，是指对别人的一种认可。美国心理学家威廉·詹姆斯的研究结果表明，人类最深层的驱动力就是希望自己具有重要性。换言之，也就是说人们最殷切的需求是渴望得到他人的肯定。例如，在小孩子的培养方面，家长应该经常地予以鼓励和引导，而不能只是一味地批评。在商务文书写作方面也是一样，撰写者应该有意识地多用一些正面的反馈去称赞目标读者做得好的地方，多给予对方一些关怀。

（2）修正性反馈，是指当目标读者出现一些问题的时候，撰写者应该在商务文书中给予其一个反馈，但这种反馈是以称赞为前提的。修正性反馈可以在向目标读者提出相应问题及建议的同时，最大可能地给予目标读者体贴、温暖的感觉。尽管在日常工作中由于意见分歧而出现矛盾是不可避免的，但如果能够将修正性反馈有效运用，则可以使自己的人际关系得到很大的提升。

（3）负面反馈和没有反馈。负面反馈是与正面反馈相对应的一种反馈形式，而"没有反馈"则可以从字面上予以理解。相较于负面反馈容易导致工作中的矛盾升级而言，没有反馈则更加不利于工作的顺利展开和人际关系的改善与巩固。没有反馈，一方面会使实际问题得不到解决，另一方面会使团队的向心力减弱。因此，在商务文书的写作中，一定要注意就目标读者的良好表现进行正面反馈，对其缺点和不足予以修正性反馈或者负面反馈，绝不能听之任之而没有反馈。

4. 增加商务文书的紧迫性

在日常工作中，撰写者希望自己所发出的商务文书在目标读者那里能够被第一时间阅读，从而使自己的沟通目的能够尽快达成。要做到这一点就必须增加商务文书的紧迫性，激发目标读者在最短的时间内采取我们所希望的行动。

在商务文书中，增加紧迫性的方法主要是加入体现时间敏感性的句子，注意限定事情的最后期限。在增加时间敏感性的过程中，要注意以下 3 个方面的问题。

（1）时间的规范性。这主要指应该要避免使用昨天、今天、明天、今年等时间约束不明确的词，这样的表述并没有太大的实际意义。

（2）时间的精确性。在会议记录或者电报等商务文书中，要强调时间的精确性，应该注明几月、几日、几时、几分，甚至几秒，越精确越好。

（3）时间的通用性。首先，商务文书中一律使用公元的全称，例如，2010 年不能缩写为 10 年；其次，商务文书成文落款日期的年度要采用中文形式，如"二〇一〇年"；再次，尽量不要用农历；最后，注意汉字和阿拉伯数字之间的搭配使用规则，不能出现"腊月 18"及"星期 3"等错误。

5. 增加可信度

增加可信度，就是让商务文书在目标读者那里看起来非常值得相信。要做到这点，就必须在商务文书的撰写过程中做到言之有物，将撰写者自己实际经历的事情表达出来。例如，"我们在努力爱护环境"，这句话就比较空洞。如果将爱护环境的具体行动加进来，则会极大地增加其可信度，例如，"我们通过回收塑料、玻璃、铝材和纸张的方式，尽最大努力地去爱护环境"。

6. 做到行文简洁

商务文书写作要尽量做到行文简洁。在日常商务环境中，目标读者并不一定总是有时间来阅读并分析商务文书。因此，商务文书在意思鲜明的基础上，一定要尽量简洁，不要啰唆冗长。要做到行文简洁可以采用以下 5 种方式。

（1）采用电报文体。电报文体是指文章中一个字可以表示很多意义，这需要撰写者对文章中的每一个字都要进行斟酌，做到惜字如金。

（2）另加附件。如果商务文书中有太多需要说明的内容，那么为了达到行文简洁，可以将冗长的说明部分以附件形式与正文分开。

（3）词句力求简单精练。商务文书写作不是语言功底考试，在商务文书中应尽量选用简单的词，避免采用比较晦涩的词。与此同时，还应做到"一式一文，主旨明确"，即用简单的一句话表达一个意思即可，不要试图用一个句子表达多个意思。另外，商务文书只是为了说明情况，而不是为了让撰写者发表感慨，所以应少用描写性的词汇，而尽量使用陈述性的词汇。

（4）多用主动语式。在英文语言环境中，被动语式应用较多，但在中文语言环境中，主动语式更加符合读者的阅读习惯。因此，商务文书写作也应该尽量采用主动语式。

（5）适当运用缩略语。虽然运用缩略语可以使整个文章显得简洁流畅，但是使用缩略语应该把握适当的原则，不能在商务文书中使用没有通用性的、自创的缩略语，否则容易引起不必要的歧义。

第三节　报告撰写

商务报告是针对某种特殊的、有意义的商务目的,向一个或多个目标读者提供公正、客观、有计划的事实陈述。商务报告中所陈述的事实必须与事件、条件、质量、进展、结果、问题或提议的解决方案有关,帮助目标读者了解复杂的商业情况,使其就一系列事件做出具体回应。

一、商务报告的种类

很多文件都可以被称为报告。有的公司的报告很长,包含了很多数据信息;有的公司则把1~2页的备忘录称为报告。正式报告应包含扉页、过渡页、目录和图标索引等;非正式报告可以是信函或备忘录,甚至可以是计算机打印出来的生产、销售结果等。但是所有的报告,无论长度和正式程度如何,都提供了组织计划和解决问题所需要的信息。

商务报告的种类,如表9-1所示。报告可以仅仅提供资料,也可以既提供资料又分析资料,还可以提供、分析资料用以支持某项建议。如果报告仅仅是为目标读者收集资料,则可以称之为资料报告;如果报告中只分析了资料而没有提出建议,则可以称之为分析报告;如果报告中推荐了相应的解决办法或措施时,则可以称之为建议报告。

表 9-1　商务报告的种类

种类	名称及特点
资料报告	销售报告:星期或月份的销售数据 季度报告:某季度的生产力和利润情况
分析报告	年度报告:过去一年公司的财务数据和业绩 审计报告:解释审计中发现的问题 投资回收报告:新投资项目的回报率计算过程
建议报告	可行性报告:对两种或两种以上的备选方案进行分析,然后向公司推荐一种可行的方案 辩护报告:说明购买、投资、人员需求和生产工艺变动的理由 问题解决报告:找出公司存在的某一问题的原因和相应的解决办法

二、商务报告的写作步骤

撰写商务报告离不开调查。调查可能很容易,只需用某种计算程序将数据汇总即可;调查也可能很复杂,需要拜访各类人物、举行焦点座谈会、进行问卷调查,甚至要进行试验。要使资料可信,就必须认真做好报告的计划、建议和调查等诸多环节的工作。撰写报告时,要遵循以下4个基本步骤。

1. 界定问题

优秀报告中的问题应该来自现实问题,比如现实和理想之间的不协调之处或某些必须做出的选择等。另外,借鉴更广泛的视角来构思问题也是有益的。例如,考虑行业内的常见问题;专业社群(无论其社会背景和地域分布)所面临的挑战;地方企业的运营难题;

县、市、省级乃至国家级政府机构的工作障碍等。因此，建议撰写者定期浏览地方、全国性新闻报道及行业期刊，关注电视新闻及广播节目等，以保持信息的时效性。优秀商务报告中的问题一般应符合下列标准。

（1）问题：真实、重要且值得解决，内容具体但是富有挑战性。

（2）目标读者：有能力实施建议的行动方案。

（3）资料、证据和事实：翔实并可以说明问题的严重程度；足以证实建议的方案可以解决问题；易于获得，易于理解。

在着手撰写报告之前，明确并精准界定问题是至关重要的一步，它直接影响到解决方案的有效性和实施性。以下是关于界定问题的 4 个关键要点。

（1）问题通常应尽量具体化。例如，"改善在华留学的外国大学生的经历"就显得过于空泛。首先，选择一所学校或学院。其次，确定具体要解决的问题，例如，想加强中国学生同外国留学生的交流？帮助外国学生找宿舍？还是增设更多具有民族特色的商店和饭馆？最后，确认那些有权利将所建议的解决办法付诸实施的目标读者群。依据具体内容的不同，这样一份报告的目标读者可以是学校的外国学生办公室、城市住宅委员会、校园或城市某服务机构、商店或某些投资者等。

（2）选择的问题应该能够在给定的时间内解决。例如，你带领一班同事，全天候工作（甚至加班加点），准备用 6 个月的时间将一家商店的利润大幅提高。但是，你在诸多工作之余还要完成一份报告，并且只有 6~12 周的时间，那么最好将题目定得具体一些。根据个人的兴趣和知识面，你可以考察某家商店服装的款式和价格、盘点方式、经常开支数额、店堂的布置和设计，以及其广告预算等。

（3）界定问题的方式决定着将来选择的解决办法。例如，有一位冷冻食品加工商正处于亏损之中。假如商家认为是市场营销方面的问题，那么接下来的工作方向就是要分析产品的价格、形象、广告和市场定位等。但是，也许真正的问题是不科学的盘货方式导致日常开销过大，或者低效的分销策略使得产品没能及时送到目标消费者手中。因此，要找到有效的解决办法，确认问题所在是关键。

（4）问题一旦确定，即可起草一份目的说明。在建议书和最终的报告中都应包含这部分内容。一份完整的目的说明应包含 3 个方面：①组织方面的问题或矛盾；②为了解决问题，所选择的具体技术方案；③预期要达到的效果（如解释、推荐、要求或建议等）。

2. 搜集必要的信息

搜集信息可以采取口头形式或书面形式。口头形式包括面对面沟通或电话沟通等；书面形式包括办公室便函、电子邮件、问卷调查等。此外，查阅公司的相关材料（如产品目录、价格单等）也属于书面搜集信息。

3. 分析和整理信息

选择有利于目标读者决策的信息包含在报告中。如果撰写者对目标读者十分了解的话，就会对他们习惯的标准很清楚。在不太了解对方时，可以通过向他们展示一份目录草稿（标题清单）来探知对方认为重要的是什么，并可以直接问他们："还有什么补充吗？"在找不到公司以外的人帮助分析信息时，可以将目录草稿交给上级帮忙审查。有位撰写者曾被要求对一幢暖气、制冷和空气循环系统均有问题的大楼进行调查。这幢大楼的主人，也就是调研项目的委托人,要求对以下 3 个问题做出及时的答复:有没有补救措施?需要多少资金?几时能收回此次投资?这份报告正文只有3页,但是后面附了一份长达7页的附录,列明了投资回报的数字和计算过程。报告中应该包含的信息量取决于目标读者喜欢何种风格。

另外,某信息放在报告的正文还是附录中也要安排适当。假如该信息是很重要的证据或篇幅较短时,可以放在正文中(不超过半页的文字一般不会影响读者的注意力)。虽然细致的读者可能需要的,但是对你并非很重要的证据资料可以放在附录中。附录可以包括以下 4 个方面。

- 调研问卷或面试用问题
- 调研中作答人对每个问题的回答
- 调研中未予回答的问题
- 以前关于同一题目的报告

4. 撰写报告

正式报告同非正式信函、备忘录的区别在于其不同的长度和组成部分。一份完整的正式报告应包含以下 3 个部分。

(1)内容简介。这一部分目的在于引入报告的正文部分。一般内容简介要告知读者,文件是关于什么内容的。它们对文件中提出的建议及依据加以总结,描述能够讨论的主题并说明讨论的深度等。好的内容简介易读、简明而清楚。起草内容简介时应注意保持行文的紧凑,减少多余的用词。内容简介可以重复报告正文的某些内容,与其他种类的商务文件相比,内容简介通常采用正式的风格,且不使用缩略语。内容简介可以不必遵照原文的组材、用词或部分划分方式等。

(2)报告正文。正文部分是在内容简介和最后部分之间的内容,其中列出所有的事实,包括调查的性质、关于采用方法的详细解释、整个程序、得到的结果等,并分析这些事实,引导读者合乎逻辑地得出最后部分的结论和建议。

(3)结论部分。结论部分的作用在于简要、清楚、总结性地提出得到的结论建议。结论总结是在报告正文中推知的种种观点,建议则是为了解决或缓解问题所应采取的行动的内容。假如这些部分很短,通常可以合并为结论和建议。

第四节 合同书写

随着现代商务活动的日益频繁,社会对商务合同的要求越来越迫切。《中华人民共和国民法典》第四百六十四条:"合同是民事主体之间设立、变更、终止民事法律关系的协议。"商务合同,是指有关各方之间在进行某种商务合作时,为了确定各自的权利和义务而正式依法订立的、经过公证的、必须共同遵守的协议条文。

一、商务合同的结构

商务合同是一种通用合同。在国际贸易中,若双方对合同货物无特殊要求,一般都采用商务合同的内容和形式。商务合同的内容由签合同的双方约定，一般来说，商务合同包括以下条款。

1. 当事人的名称或者姓名和住所

这是每一个商务合同必须具备的条款，当事人是合同的主体。如果商务合同不写明当事人，那么谁与谁做交易都搞不清楚，更无法确定权利的享受和义务的承担，一旦发生纠纷就会难以解决，特别是在涉及多方当事人的时候更是如此。签订商务合同时，不仅要把相关当事人都列入合同之中，而且要把各方当事人的名称（姓名）和住所都写准确、清楚。

2. 标的

标的是商务合同当事人的权利与义务指向的对象。标的是商务合同成立的必要条件，是一切合同的必备条款。如果没有标的，合同就不能成立，合同关系也就无法建立。商务合同的种类很多，标的也多种多样，主要分为以下几类。①有形财产。有形财产指具有价值和使用价值并且法律允许流通的有形物。根据不同的分类方式可划分为生产资料与生活资料、种类物与特定物、可分物与不可分物、货币与有价证券等。②无形财产。无形财产指具有价值和使用价值并且法律允许流通的、不以实物形态存在的智力成果。例如，商标、专利、著作权、技术秘密等。③劳务。劳务指不以有形财产体现其成果的劳动与服务。例如，运输合同中承运人的运输行为；保管与仓储合同中的保管行为；接受委托进行代理、居间、行纪行为等。④工作成果。工作成果指在合同履行过程中产生的、体现履约行为的有形物或者无形物。例如，承揽合同中承揽方完成的工作成果；建设工程合同中承包人完成的建设项目；技术开发合同中委托研究开发人员完成的研究开发工作等。

商务合同对标的的规定应当清楚明白、准确无误，对于名称、型号、规格、品种、等级、花色等都要约定得细致、准确、清楚，防止差错。特别是对于不易确定的无形财产、劳务、工作成果等，更要尽可能地描述准确、明白。当事人在订立商务合同时还应当注意各种语言、方言及习惯称谓的差异，避免造成不必要的麻烦和纠纷。

3. 数量

在大多数的商务合同中，数量是必备条款。若没有数量，合同是不能成立的。许多商务合同只要有了标的和数量，即使对其他内容没有规定，也不妨碍合同的成立与生效。因此，数量是商务合同的重要条款。对于有形财产，数量是对单位个数、体积、面积、长度、容积、重量等的计量；对于某些无形财产，如特定数量的专利权或商标权，可以按个数或件数计量；对于劳务，数量是劳动量；对于工作成果，数量是工作量及成果数量。一般而言，商务合同的数量要准确，并且要使用双方均接受的计量单位、计量方法和计量工具。同时，要根据不同情况使用不同的精确度，并且允许一定范围内的尾差、磅差、超欠幅度、自然耗损率等。

4. 质量

对有形财产来说，质量是物理、化学、机械、生物等性质；对于无形财产、服务、工作成果来说，也有质量高低的问题，并且要有特定的方法对其进行衡量。对于有形财产而言，质量亦有外观形态问题。质量指标准、技术要求，包括性能、效用、工艺等，一般以品种、型号、规格、等级等体现出来。质量条款的重要性是毋庸赘言的，许多合同纠纷都是由此引起的。商务合同中对质量问题应当尽可能地规定细致、准确和清楚。国家有强制性标准规定的，必须按照规定的标准执行。如有其他质量标准的，应尽可能约定其适用的标准。当事人可以约定质量检验的方法、质量责任的期限和条件，以及对质量提出异议的条件与期限等。

5. 价款或者报酬

价款或者报酬，是一方当事人向另一方当事人所付代价的货币支付。价款一般是指对提供财产的当事人支付的货币，例如，买卖合同的货款、租赁合同的租金、借款合同中借款人向贷款人支付的本金和利息等。报酬一般是指对提供劳务或者工作成果的当事人支付的货币，如运输合同中的运费、保管合同与仓储合同中的保管费，以及建设工程合同中的勘察费、设计费和工程款等。如果有政府定价和政府指导价的，要按照规定执行。价格应当在商务合同中规定清楚，或者明确规定计算价款、报酬的方法。有些商务合同比较复杂，包含货款、运费、保险费、保管费、装卸费、报关费，以及一切其他可能支出的费用，这些由谁支付都要规定清楚。

6. 履行期限

履行期限是指商务合同中规定的当事人履行自己义务（如交付标的物、价款或者报酬；履行劳务；完成工作）的时间界限。履行期限直接关系到商务合同义务完成的时间，涉及当事人的期限利益，也是确定商务合同是否按时履行或者迟延履行的客观依据。履行期限可以是即时履行的，也可以是定时履行的；可以是在一定期限内履行的，也可以是分期履行的。不同的商务合同，对履行期限的要求是不同的，期限可以以小时计、以天计、以月计、以生产周期计、以季节计，也可以以年计。期限可以是非常精确的，也可以是不十分确定的。不同的商务合同，其履行期限的具体含义是不同的。在买卖合同中，卖方的履行期限是指交货日期，而买方的履行期限是交款日期；在运输合同中，承运人的履行期限是指从起运到目的地卸载的时间；在工程建设合同中，承包方的履行期限是从开工到竣工的时间。因此，期限条款还是应当尽量具体，或者明确规定计算期限的方法。

7. 履行地点和方式

履行地点是指当事人履行合同义务和对方当事人接受履行的地点。不同的商务合同，履行地点有不同的特点。例如，在买卖合同中，买方提货的，在提货地履行，卖方送货的，在买方收货地履行；在工程建设合同中，在建设项目所在地履行；在运输合同中，从起运地运输到目的地为履行地点。履行地点有时是确定运费由谁负担、风险由谁承担，以及所有权是否转移与何时转移的依据。履行地点也是在合同发生纠纷后确定由哪一地法院管辖的依据。因此，履行地点在商务合同中应当规定得明确、具体。

履行方式是指当事人履行合同义务的具体做法。不同的商务合同，决定了履行方式的差异。例如，买卖合同是交付标的物，而承揽合同是交付工作成果。履行方式可以是一次性的，可以是在一定时期内的，也可以是分期、分批的。履行方式包括运输方式、结算方式等。运输方式可以分为公路运输、铁路运输、海上运输、航空运输等；结算方式可以分为现金结算、转账结算、托收承付、支票结算、委托付款、限额支票、信用证、汇兑结算、委托收款等。履行方式与当事人的利益密切相关，应当从方便、快捷和防止欺诈等方面考虑，采取最为适当的履行方式，并且在商务合同中进行明确规定。

8. 违约责任

违约责任是指当事人一方或者双方不履行合同或者不适当履行合同，依照法律的规定或者按照当事人的约定，应当承担的法律责任。违约责任是促使当事人履行合同义务，使对方免受或少受损失的法律措施，也是保证合同履行的主要条款。违约责任在商务合同中非常重要。因此，有关合同的法律对于违约责任都已经做出了较为详尽的规定。但法律的规定是原则性的，即使细致也不可能面面俱到地照顾到各种商务合同的特殊情况。因此，当事人为了特殊的需要，或为了保证合同义务严格按照约定履行，又或为了更加及时地解决合同纠纷，可以在商务合同中约定违约责任。例如，约定定金、违约金、赔偿金额，以及赔偿金的计算方法等。

9. 解决争议的方法

解决争议的方法指合同争议的解决途径、对商务合同条款发生争议时的解释，以及法律适用等。解决争议的途径主要有：一是双方通过协商和解；二是由第三方进行调解；三是通过仲裁解决；四是通过诉讼解决。当事人可以约定解决争议的方法，如果意图通过诉讼解决争议，那么是不用进行约定的，但若想通过其他途径解决，就要事先或者事后约定。依照仲裁法的规定，如果选择适用仲裁解决争议，除非当事人的约定无效，即排除法院对其争议的管辖。但是，如果仲裁裁决有问题，可以依法申请法院撤销仲裁裁决或者申请法院不予执行。当事人选择和解、调解方式解决争议，都不能排除法院的管辖，当事人仍可以提起诉讼。

二、商务合同的书写原则

书写好坏，决定商务合同能否顺利履行；书写优劣，决定商务合同争议多寡。在起草商务合同的时候，有以下 15 个原则需要特别予以关注。

1. 采取封闭型的写法

所谓"封闭型的写法"，就是对商务合同中时间期限的界定一定要明确。例如，"合同签订之日起 3 日之内，要进行标的物的转移"，如果写成"自合同签订的 3 日之后，把标的物转交给甲方"这种开放式的界定，就无疑会留下时间期限上的漏洞。

2. 采用结果性的语言

在商务合同中要采用结果性的语言。例如，"完成方案设计"与"进行方案设计"就是完全不同的含义，后者这种进行式的语言是难以对具体合同内容进行描述的，会对后期合同的执行造成很大的负面影响。值得一提的是，这个原则与"采取封闭型的写法"原则应结合运用。

3. 确定合同双方的简称

开始签订商务合同的时候，需要确定明确的合同双方的简称。简称的确定除要求精确之外，还应该注意其文雅性、有代表性及公认性。例如，"北京赛特中心"可以简称为"赛特"，但如果简称为"中心"就过于宽泛。

4. 前后指代保持一致

在商务合同中注意保持前后指代的一致性，可以确保合同清晰明了。否则，如果前后

指代的对象不一致、不明确，或者滥用代词，就会造成歧义。一旦出现纠纷和问题，就会引起法官的质疑。例如，在一份销售合同中，如果你想用"货物"来指整个商务合同的标的物，就不要时而称它们为"货物"，时而称它们为"产品"。

5. 并列使用"包括"与"但不限于"

如果你想用"包括"这个词，就要考虑在其后加上"但不限于……"。除非你能够列出所有被包括的项，否则最好用"但不限于……"来说明你只是想举个例子。例如，"我公司同意支付医疗费人民币×××元作为乙方工伤的处理，另一次性包干支付包括但不限于整容费、伤残补助、伤残津贴、就业补助、营养费、交通食宿费等总计人民币×××元。"这种方式可以有效地保护商务合同中某一方的利益。

6. 采用主动语态

在商务合同中，一定要尽量避免使用被动语态，而要采用更加符合中国人语言习惯的主动语态。例如，"甲方委托乙方为新加坡的独家销售代理商"。相对而言，主动语态的句子更简短、措辞更精练、表达更明白。

7. 避免相近词语的重复使用

在商务合同中，应该尽量避免"出租人""承租人""留置人""留置权人""抵押权人""抵押人""保证人""被保证人""许可人""被许可人"等专业称谓的重复使用，可以从一开始就界定清楚哪些属于甲方，哪些属于乙方，以避免麻烦。

8. 不要创造词语

商务合同文书不是创造性的作品，不应因为意思的细微差别而引起思考或争论。商务合同文书应该是清晰、直接且准确的。因此，要使用普通的词语来表达普通的意思，为普通人撰写商务合同。例如，不要用"双周"之类的词，因为这有可能产生歧义——是两周还是每隔一周？所以最好写"两周"或"每隔一周"。

9. 对术语进行准确定义

例如，如果商务合同只是在中国大陆予以执行，那么在界定执行范围时，就应该清楚说明"此合同中的中国，仅指中国大陆地区，不包括中国的台湾、香港、澳门地区"，以避免事后产生争执。

10. 善用限制词

商务合同中常见的限制词包括"应当""有义务""将""可以"等，这些词的严格意义是不一样的，相比而言，前面两个词要更加严格一些。撰写者在撰写商务合同时，应对己方义务采用相对模糊和约束较松的词语来予以界定，这样实际上是为自己将来在商务合同的执行中留有一定的余地。

11. 不用公司带抬头的信纸打印合同

法律规定，如果是用有某一方抬头的信纸打印出来的商务合同，会被认为该合同偏向于该方，那么在产生分歧、进行解释的时候，法官会稍微偏向于另一方。因此，这种做法实际上是对合同纸上抬头所指的一方不利的。

12. 禁用一些词语

"及时""力争""相关""争取"这4个词是不可以在商务合同中出现的,因为它们过于口语化,难以进行准确的衡量与界定。一定要记住:商务合同必须使用书面语。另外,在商务合同中应该尽量使用汉语,并且避免用符号来表示,否则会使合同的内容含糊不清,产生一些问题。

13. 文字与阿拉伯数字并用

在商务合同中,通常会涉及与数字有关的内容。在表述数字的时候,一定要注意将中文大写数字与阿拉伯数字同时使用,例如,拾(10)。这样才不会让别有用心的人有可乘之机。

14. 留下争议解决地的约定条款和适用法律

在商务合同中对不同的争议解决地的约定,以及适用法律的确定,通常会对可能发生的合同纠纷产生重要的影响。订立合同时,当事人可以在商务合同中加入所依据的法律、合同发生地、律师费等条款。一旦商务合同引起诉讼,这些条款就相当于打赢这场诉讼战所需的"弹药"。

15. 每个段落只写一个主题;且尽量写短句

一般来讲,商务合同当中每一段只能写一个主题。否则,多个主题只会增加商务合同产生歧义的风险。另外,要尽量写短句子,因为短句子比长句子更容易理解。

内容小结

商务文书,是企业在市场经济环境中经营运作、贸易交往、协调公关、开拓发展等活动所涉及的各种文书的总称。商务文书按形式划分,包括固定格式的商务文书和非固定格式的商务文书;按内容和用途划分,包括商务通用文书和商务专用文书。商务文书写作要避免陷入单向沟通的误区,撰写者要站在目标读者的角度来思考问题并形成最后的文字表现。商务文书的语言要遵循7项原则:准确、简洁、清晰、具体、朴实、庄重、规范。

商务写作的步骤包括制定正确的行动目标、决定商务文书的正式程度、设定商务文书的总体风格、选择商务文书的层次结构、列出商务文书的大纲、撰写初稿。商务写作的技巧包括运用情感指数增加亲和力、努力做到"读者为尊"、进行有效的反馈、增加商务文书的紧迫性、增加可信度、做到行文简洁。

商务报告,是针对某种特殊的、有意义的商务目的,向一个或多个目标读者提供公正、客观、有计划的事实陈述,主要有资料报告、分析报告和建议报告3种类型。商务报告的写作步骤包括:界定问题、搜集必要的信息、分析和整理信息、撰写报告。

商务合同,是指有关各方之间在进行某种商务合作时,为了确定各自的权利和义务而正式依法订立的、经过公证的、必须共同遵守的协议条文。商务合同包括当事人的名称或者姓名和住所、标的、数量、质量、价款或者报酬、履行期限、履行地点和方式、违约责任、解决争议的方法等条款。起草商务合同要遵循以下15条原则:采取封闭型的写法;采用结果性的语言;确定合同双方的简称;前后指代保持一致;并列使用"包括……"与"但不限于……";采用主动语态;避免相近词语的重复使用;不要创造词语;对术语进行准确定义；善用限制词；不用带公司抬头的信纸打印合同；禁用一些词语；中文大写数字与阿拉伯数字并用；留下争议解决地的约定条款和适用法律；每个段落只写一个主题，并且尽量写短句子。

> **问题讨论**
>
> 1. 请分析围绕以下主题而撰写的商务文书的行动目标、正式指数及总体风格。
> 某公司总经理吩咐其秘书制定一份购买计算机的预算，而这个秘书通过了解得知，由于计算机的更新速度非常快，所以租赁计算机比购买计算机所付出的费用更低。该秘书打算起草一份商务文书，就这个将购买计算机转为租用计算机的想法向总经理进行汇报。
> 2. 如何增加"我们很高兴地宣布，我们的新图书馆会在6月份对外开放，欢迎光临。"这句话的情感指数？
> 3. 请找一篇公司的报告，试分析该报告格式的合理性和逻辑性。
> 4. 请找一份公司起草的商务合同，检查该合同有无原则性的错误。

小故事

老板不允许我那样写

一位写作顾问曾建议某公司研发部门的工程师用第一人称"我"进行写作，但他们却说："不可以，因为老板不允许我们这样做。"于是，该顾问就向公司负责研发的副总裁进行核实。该副总裁说："我不介意他们用什么词汇，只是希望他们清楚自己写的是什么。"

副总裁本人已获得博士学位，有在研发部门工作的经历，但多年来一直都在从事管理工作。因此，对技术性细节的了解程度并不如下属。下属付出的努力不但没有得到他的认可，反而惹恼了他。副总裁之所以责令下属重写，是因为他读不懂下属送来的报告。

启示：

当你察觉到领导不喜欢某些词汇时，学会巧妙地提问是很重要的。虽然有些领导偏爱使用华丽的辞藻，但大多数领导其实并不倾向于这种风格。

尽管领导可能与你拥有相同的背景，但这并不意味着他们一定能读懂你所写的东西。因此，一定要把备忘录和报告修改得清楚、易懂。

档案柜中的文件并不一定可以当作公司规范公文的参考范例。

写作训练

卡片笔记写作

卡片笔记写作法由德国社会学教授尼克拉斯·卢曼（1927—1998）创立，他改变了传统写笔记的方式，将笔记写在卡片上，然后专门设计了一套巧妙的编号系统，来实现卡片笔记之间的知识连接。从笔记内容的记录和存放的角度来看，卢曼的卡片分成以下4类。

闪念笔记，可以是草稿纸等随意的纸片，用于随时记下自己的灵感和想法，或者随手抄写看到的有意思的东西。在定期整理归纳为永久笔记后可被废弃。

文献笔记，是对已有文献内容吸收后所做的阅读笔记。要使用完整的句子，清楚地标明出处。

　　永久笔记，是指定期（最好是每天）整理上述两类笔记后，把可用的观点精确记录下来，做成可随时被理解的文字卡片，永久存放在卡片盒中。

　　项目笔记，是为特定的某项工作而记录的相关笔记。在项目结束后可废弃。

写作步骤：

　　1. 记闪念笔记。随时记录你脑中闪现出的各种想法，并在事后整理。

　　2. 阅读后记录文献笔记。用来正式记下你看到的书中需要记下的内容。文献笔记要简短，并用自己的语言记录自己的想法。笔记内容要精挑细选，并保证自己已理解透彻原文的含义，即使离开书的上下文，也能够读懂笔记。文献笔记的背面要记录时间和文章出处（如书名+页码）。

　　3. 整理前两类笔记后，记永久笔记。最好每天仔细阅读闪念笔记和文献笔记，并且将得出的想法精准、简短、清晰地记录下来。整理后可以丢弃闪念笔记。

　　4. 将永久笔记按规律编号后，放入卡片盒。编号的目的是找到卡片的上下文。

　　5. 整理笔记并产生洞见。按顺序从每张卡片中，发散思维寻找相关的主题，并为有关联的想法建立新的卡片和链接。

　　6. 整理并扩充笔记，确定写作主题。

　　7. 整理成连贯的写作内容。把笔记转化成连贯的内容，并且将它们嵌入你论点的上下文中。同时，用笔记的内容说明你的论点，并且检查论点中的漏洞，想办法完善或改变论点。

　　资料来源：【德】申克·阿伦斯，卡片笔记写作法，北京：人民邮电出版社，2021

第十章　非语言沟通

学习目标

1. 了解非语言符号的重要性
2. 掌握非语言符号的类型
3. 掌握非语言符号的特点
4. 了解常用的商务礼仪

开章引例

空城计

三国时，蜀国丞相诸葛亮错用马谡，失去街亭后，只有约 2500 名军士驻守在西城县。忽然，哨兵飞马来报："司马懿引大军 15 万人，往西城蜂拥而来！"这时，诸葛亮身边无一员大将，只有一班文官。众官员听得这个消息，个个大惊失色。诸葛亮登上城头，果然尘土冲天，魏军分路往西城县杀来。诸葛亮当即传令道："将旌旗全部隐藏起来，军士们各守卫在城上巡哨的岗棚，如有随便出入城门及高声讲话的，杀！大开 4 个城门，每个城门用 20 个军兵扮作百姓，打扫街道。魏兵到时不可乱动，我自有计谋对付。"

传令下去后，诸葛亮披鹤氅、戴纶巾，引两个少年携带一张琴，来到城头上凭栏而坐，焚香操琴演奏。魏兵的前哨急忙将这个情况报告司马懿。司马懿立刻命令军队停止前进，自己飞马向前观望。果然见诸葛亮在城楼上，笑容可掬，焚香弹琴，左边一个少年，手捧宝剑，右边也有一个少年，手执麈尾。城门内外，仅有 20 余名百姓，低头打扫，旁若无人。司马懿看后，怀疑城中有重兵，连忙指挥部队撤退。他的儿子司马昭说："莫非诸葛亮没有多少兵力，故意这样的？父亲为什么要退兵呢？"司马懿板着脸说："诸葛亮平时一向十分谨慎，从不冒险。今天大开城门，必定有重兵埋伏。我们若是冲进去，一定中计。你们懂得什么？还不快退！"

诸葛亮见魏军远去，哈哈大笑起来。众官员问他说："司马懿是魏国的名将，今统率 15 万名精兵来到这里，见到丞相却慌忙撤退，这是什么原因呢？"诸葛亮说："他料定我平生谨慎，从不冒险，见我们这样镇定，怀疑有重兵埋伏，所以退去。我并非在冒险，只因为不得不这样啊！"大家敬佩地说："丞相的计谋，鬼神也不能预料啊。如果我们来指挥，必定会弃城而走了。"诸葛亮说："我们只有大概 2500 人，如果弃城而走，必定走不远，不是很快就会被敌人追上吗？"

第一节　非语言符号

美国传播学者雷蒙德·罗斯认为，在人际传播活动中，人们所得到的信息总量中，只有35%的信息是语言符号传播的，而其余65%的信息是非语言符号传播的，其中仅面部表情就可传递55%的信息。美国心理学家艾伯特·梅瑞宾也认为，面部表情最具信息冲击力，并且远远超过声音和言辞。他为此专门设计了一个信息冲击力的计算公式：信息冲击力＝7%的语言＋38%的音调＋55%的面部表情。可见，非语言符号在成功的信息传播中，占有很大的分量。因此，有效的沟通不在于语言多少，而在于那些用于辅助的非语言符号。

一、非语言符号的重要性

非语言符号作为沟通活动的一部分，在信息准确传递的过程中起着重要的作用，它不仅能使有声语言表达得更生动、更形象，也能更真实地体现人的心理活动状态。我们在沟通时，通过对非语言符号进行解读，可以得到准确的信息，有时候甚至胜于语言符号所传递的信息，正所谓"此时无声胜有声"。

1. 传播丰富的信息

在现实生活中，许多只可意会不可言传的内容，只能以富有表现力的非语言符号表现。非语言符号所表达的内容比语言符号所表达的内容要多得多。语言符号固然是最为先进的传播符号，但毕竟是人为设计的，其容量和作用有限。人类使用语言符号传播的同时，不可能完全不使用非语言符号。现代实验证明，人类使用的非语言符号极其丰富，至今无法完全统计。据科学推测，单是人的面部，就能做出大约25万种不同表情——没有任何语言体系有如此众多的"字""词"及代码。面对面交流能使语言符号与非语言符号相互结合，这种传播效果是非面对面交流所不可企及的。

2. 强调语言意义，加强情感表达

非语言信息常常以行动加强语言意义，就像我们在书上重要的语句下画线一样，当语言讲到比较重要的地方时，当以手势、面部表情或声调来强调，以增强传播效果。非语言信息也可以表示否定和拒绝对方。例如，一个人交叉双臂、看着地上，并在毫无肯定的表情中露出鄙夷的神色，虽然口头上说"同意"，但无疑是一种敷衍。又如，体育节目主持人在一些现场比赛的报道中，一方面向观众介绍比赛情况，另一方面会被现场的气氛所感染而做出一些表情和动作，这种感染自然又会传递给观众。感染常常是难以言说的，一般以非语言符号表现出来。人们在沟通过程中，随时会受到对方谈话内容和思想情感的感染，这种感染不管是有意识还是无意识的，大部分都会通过非语言符号流露出来。

3. 体现真相，验证语言信息

非语言沟通大多是人们的非自觉行为，所荷载的信息往往会在交际主体不知不觉中显现出来。它们一般是交际主体内心情感的自然流露，与经过人们的思维进行精心组织的有声语言相比，非语言沟通更具有显现性。非语言符号在沟通过程中的可控性较小，它所传递的信息更具有真实性。正因为非语言符号具有这个特点，所以非语言沟通所传递的信息

常常可以印证有声语言所传递信息的真实性。在现实交际中，常出现"言行不一"的现象。想正确判断一个人的真实思想和心理活动，就要观察他的身体语言，而不是听他怎么说，因为有声语言往往会掩饰真实情况。在日常工作中，同事之间的一个很小的助人动作，就能验证谁是真的想帮助你；在商务谈判中，通过观察对方的言行举止，就能判断出对方的合作诚意和所关心的目标等。

常见的拒绝方式

沉默。有时不必把"不"字说出口，你只要一直注意听他说话，当对方要你发表意见时，你就以沉默或一笑置之，别人即会明白。

推脱。例如，男士想请你吃饭，他对你说："今天晚上有空吗？我想请你吃饭。"如果你不想去，就可以说："真不巧，我今天晚上正好有事，改天吧。"

回避。例如，你的朋友请你去听了一场古典音乐会，散场后，朋友问："你觉得音乐会如何？"你可以说："我更喜欢流行音乐。"

用"当然……但是……"。心理学研究表明，当一个人说"是"的时候，他的肢体就呈现开放状态，使他在轻松的心理感受中继续接收信息。尽管最终是拒绝，但是柔和的叙述反对意见，对方较易接受。如果你的意见和领导的看法不一致，不妨这样说："当然，您说的并没有错。但是这样会出现一些问题。请允许我谈谈我的看法，好吗？"

二、非语言符号的类型

非语言符号的作用往往需要由不同的非语言符号来承担，而不同的非语言符号亦会释放出不同的功能。在对各种各样的非语言符号进行鉴别和分析后，可分为 6 种类型：外貌与衣着、表情与眼神、姿态动作、触摸行为、空间与距离、类语言。

1. 外貌与衣着

人的外貌与衣着可以传播不同的信息，所产生的影响也有差异。这不仅影响人本身的个性，还影响人的行为模式。只要相信自己外貌与衣着的吸引力，人的行为举止就会表现出自信的感觉。但是，传播者应对外貌与衣着有正确的判断和认识，因为只有适当的、恰到好处的外貌与衣着，才有助于信息有效而准确地传播，过分美丽的或过分丑陋的外貌和不适当的衣着会直接影响信息的传播。对于接收传播的人来说，应该避免以貌取人和衣帽取人。

2. 表情与眼神

美国传播学者拉里·萨默瓦说："我们大家都是演员，都戴着各种各样的面具。"面孔是我们人体的一部分，我们走到哪，它也跟到哪。面部表情千变万化、含义复杂，但不论是有意还是无意的，人们使用和操纵面部表情的原因不外以下 4 种：强化真实情绪、减弱真实情绪、中和真实情绪、掩饰真实情绪。实验证明：女性对于面部表情的判断较男性更为敏捷且更加精确。

眼睛是心灵的窗户，是传播的主要源泉。人们利用眼神传出的信息几乎是无限的。研究发现，在社群传播中，人们大约用 30%～60%的时间跟别人用眼神交流。当人们倾听时，就会注视讲话者；当人们讲话搜索词句时，就会避开目光转向空间；当人们对讲话内容有兴趣时，就会长久地注视讲话人；当人们与地位低的人谈话时，就会减少目光接触。另外，当有人盯住我们长达 10 秒钟以上时，我们就会感到很不舒服。

3. 姿态动作

人们对体语（身体语言）学的兴趣骤增。许多研究表明，我们也许能停止有声语言的发出，但不能停止无声语言的传播。我们的姿态动作总是有意无意地"泄露"自己内心的秘密和隐藏的信息。这是因为，人的每一种姿态动作都是人的心理状态和生理状态的信息外化。同时，它们同那一刻作用于我们的某种事情息息相关。每个人都能够根据传播经验和文化背景从体语中推断或"破译"出有关的信息并加以运用。研究发现，人体能够发出多达 70 万个不同的信号，不论身体动作多么复杂、众多，它们都可以被归入符号势、图解势、调节势、心情展示和适应势这五大类别之中。"V"型手势和"OK"手势（用一只手的食指尖与拇指尖相接），就是有准确含义的符号势；与语言密切相连并有助于"图解"言词的手势为图解势，如给人指路时的手势，这类手势具有加码和译码的双重功能；那些能帮助我们与其他人相互作用的身体动作，如点头、手势、变换姿势等，叫调节势，因为通过这些动作能调节人们的相互关系；心情展示是反映我们的情绪（紧张、激动、伤心、沮丧）强度的一些行为；适应势通常与自己或对别人的消极感情有联系，例如，当某人的不舒服感和焦虑感增加时，他在人前的掐、抓、摸等适应动作就会增加。从传播学的角度分析，人们使用姿态动作不外两个修辞目的：第一，加强某种思想或观点；第二，帮助描绘某些事情。但有一个总的要求，那就是适宜和协调，即姿态动作应与讲话内容相宜，并与受众的期望相符；讲话内容应与姿态动作合拍一致，并且与身体的各部位有机协调。

SOFTEN 原则

S：Smile，微笑
O：Open Posture，注意倾听的姿态
F：Forward Lean，身体前倾
T：Tone，音调
E：Eye Communication，目光交流
N：Nod，点头

4. 触摸行为

触摸作为传播的一种象征性手段，可以用来表述和说明相互作用的性质，具有职业性、礼貌性、友爱性、情爱性等交流功能。触摸行为能传递各种不同的信息。首先，它可以传递情绪信息。美国学者研究发现，触摸能够传达 5 种不同的情绪：漠不关心、母亲般的照顾、害怕、生气和闹着玩。另一项研究发现，60%的人在向对方致意和说"再见"时，都使用触摸，而长久分别时的触摸（握手、拥抱等）更为强烈些。其次，触摸可以传递地位信息。一般来说，主动触摸对方的人往往是地位较高的人，而且两人之间没有障碍和矛盾。同理，具有支配性个性的人或者企图显示这种支配性的人，往往也会主动采取触摸行为。还有，触摸可以传递安全信息，使被触摸者有种慰藉感、舒服感、满足感和受保护感。触摸者和被触摸者都承认，触摸传播的信息往往比讲话更重要。

5. 空间与距离

每个人都生活在一个无形的空间范围内，该范围相当于这个人的领地，人们的领地空

间大小不一。首先，空间的大小与人们所属的文化有关。拉丁美洲人、阿拉伯人和日本人谈话时喜欢靠得很近，而英国人和澳大利亚人则喜欢有一个宽敞的空间。因此，不可用此文化中的距离感去评价彼文化中的传播情境，否则易造成错误的传播。其次，空间大小还与每个人的个性有关。大多数脾气暴躁、不太友善的人往往占有较大的空间。再次，空间的大小与传播情境也有密切的关系。大量研究还表明，人们和他们所喜欢的人交谈要比和他们不喜欢的人交谈靠得近；和朋友交谈要比和点头之交交谈靠得近；和熟人交谈要比和陌生人交谈靠得近；和性格外向者交谈要比和性格内向者交谈靠得近；两个女人交谈要比两个男人交谈靠得近。我们每个人都应尊重别人的领域或空间，但在现实生活中总有人以"并非有意"、"表示亲近"、"侵入"和"污染"等形式侵犯他人的领域或空间。面对来犯者，由于"侵犯"的原因有的是表示友好，有的是求爱，有的是怀有敌意，有的是准备"占有"，被侵犯者若不能接纳，就可能做出撤离、隔离或者反击的举动。所以，侵犯他人的领域或空间，若不受欢迎，必然会影响互动行为和交流效果。沟通距离、沟通情境、沟通音量与沟通方式之间的关系，如表 10-1 所示。

表 10-1 沟通距离、沟通情境、沟通音量与沟通方式之间的关系

沟通距离	沟通情境	沟通音量	沟通方式
贴近：7.6~15 厘米	讲高度机密的内容 恋爱、安慰和守护	柔和的耳语	情侣交谈式
靠近：15~30 厘米	讲非常机密的内容 朋友、知己、关系亲近	轻声细语	朋友交谈式
接近：30~50 厘米	讲较为保密的内容 工作关系、控制对方	小声低语	和谐交谈式
近距：0.5~1.2 米	讲一般的内容 小团体聚会、一般工作会议	声音较轻，音量较低	工作交谈式
中距：1.2~1.6 米	讲公共事务 社交集会、事务交往、团体谈判	普通声音	开放交谈式
公共距离：1.6~2.5 米	对着 20~40 人讲话 课堂、小型会议、新闻发布会	声音偏大	公开交谈式
演讲距离：2.5~6 米	对着 50 人以上的听众讲话 在公共集会上演讲	大声	公共演讲式
远距离：室内 6~7 米；室外 9~30 米	知名人士做公开大型讲演 在大型集会、大会议厅演讲	高呼	广泛宣传式

6. 类语言

上述 5 种类型属于视觉性非语言符号，而类语言是听觉性非语言符号。类语言是人类发出的没有固定意义的声音，是一种类似语言的符号，但是它既不像语言一样有明确的字形和读音，也不像语言一样有固定的语法规律可循。类语言包括辅助语言和功能性发声。辅助语言是指辅助人类口头语言的声音要素，主要包括音调、音量、音速和音质。当声音要素系统中的诸要素在口头语言的传播过程中发生变化时，就会导致口头语言意义的变化。通俗地说，说话时的抑扬顿挫会使同一句话产生不同的意思。而功能性发声是指人发出的哭、笑、哼、叹息、呻吟、口头语等声音。它们不具有固定意义，往往在不同的情境中表达

不同的意义。简而言之，类语言是口语的附加或补充。

三、非语言符号的特点

不管非语言符号有多少种或采用哪一种传播方式，也不管它是有意而为还是无意而为的，几乎所有非语言符号都有一些共同的特点。

1. 连贯性

语言符号是依据语法、逻辑的规则排列的。在一个句子中，不同性质、特点的词汇都有自己大体的位置，而且它们各自独立、相互分离。因此，语言符号也是数位符号。非语言符号则相互连贯，并且没有很强的数位性，它在传播信息时，只是在一连串的符号中着重突出某个符号，该符号的表述并没有固定的位置，而且它总是与语言符号或其他表达方式结合在一起，很少单独出现。因此，非语言符号也可称作连贯符号。

2. 相似性

非语言符号与指称对象之间具有某种相似性，因为它把客观事物符号化了。例如，竖起食指可以代表数字"1"；伸出拇指与食指可以代表手枪；伸出双臂上下扇动可以代表飞鸟；用双手的距离、位置可以表示某一物件的大小或形状，等等。语言中的表意文字（如汉字）在产生的初始阶段也许具有某种相似性（如日、月、山、水），但一旦成熟就会失去相似性，而表音文字（除拟声词）则没有相似性。符号与实物相似，似乎只存在于非语言符号之中。

3. 通义性

非语言符号，几乎可以被称为"世界语"。要认识文字、听懂话语，通常要经过学习或接受教育，尤其对于母语之外的语言，更是如此。但是非语言符号的译读、理解却无须接受专门教育，因为非语言符号与实物之间的相似性可以产生出通用的意义。例如，向人作恫吓或威胁的姿态；向人表示乞求或可怜的行为；向人做出欢迎或喜爱的动作，等等。对于这些非语言符号所传达的意义，不同国家的人都能做出相似的理解。

4. 协同性

传播学者雷蒙德·罗斯曾说："各种非语言符号在传播中是相互关联、互为依托、协同一致的，如果它们不是这样，你的意图就要受到怀疑。"当人们愤怒至极时，虽然自己竭力克制，但沁出汗珠、迅速眨眼、轻微哆嗦、声音沙哑等非语言符号却在"协同造反"，纷纷暴露真相。即使是为迷路者指示路线，人的眼睛、表情、身体也会随着手臂的指向配合行动。除了单幅图片，现实中的非语言符号都是协同传播、同时送出的。

5. 即时性

语言符号总是经过一定的思考方才输出，而非语言符号往往未经思考就立即做出条件反射式的传播。例如，驾驶汽车时，红灯一亮，司机就会立即踩刹车；看电影、电视时，一出现人体的敏感部位，观者的瞳孔就会立即放大；一看到美味佳肴，饥者就忍不住要流口水；突然一声巨响，听者立即大惊失色，等等。对于外在变化的事物，人体立即做出反应，输出非语言符号，是精神正常的表现；而延时反应，则可能是不正常的。

6. 真实性

语言是行为的指标，眼睛是心灵的符号。人浑身都可遮盖，唯独面目无法掩饰。因此，除非训练有素的演员，一般人很难以非语言符号骗人。如果人们的讲话同自己的目光和面部表情不一致，那么聪明的听者就会依据非语言符号做出正确的判断。甚至，连孩子也会从父母严厉批评之后的一丝不易觉察的微笑中，将批评的分量降到适当程度。因为，非语言符号显得更加真实。

第二节 商务礼仪

中国有句古话叫"礼多人不怪"。在商务交往中，遵守礼仪规范可以给人友善、真诚、值得信赖的感觉。在共同的礼仪规范背景中，如果对自己有清楚定位的同时也给别人准确的定位，那么沟通就会更加方便和有效。商务礼仪涉及大量的非语言沟通的内容。因此，在这里介绍一下常见的商务礼仪。商务礼仪是商务人员交往时遵守的规范，也可以说是商务人员的交往艺术。

一、服饰礼仪

服饰礼仪是人们在交往过程中为了表示相互尊重与友好、达到交往的和谐，而体现在服饰上的一种行为规范。俗话说"佛要金装，人要衣装"，服饰具有极强的表现功能。在社交活动中，人们可以通过服饰来判断一个人的身份、地位、涵养；通过服饰可以展示个体内心对美的追求，体现自我的审美感受；通过服饰可以增进一个人的仪表、气质。所以，服饰是人类内在美和外在美的统一。要想塑造一个真正美的自我，首先就要掌握服饰的礼仪规范，让和谐、得体的服饰来展示自己的才华和美学修养，以获得更高的社交地位。

一般而言，服饰礼仪主要有4个要点。第一，符合身份。符合身份就是要正确地进行自我定位。着装一定要注意符合身份，即男女之别、长幼之别、职业之别、身份之别和民族之别。着装时，我们一定要谨记上述5"别"。第二，扬长避短。穿着打扮，在一般情况下都要注意扬长避短。每个人的身材都有优点和缺点。有的人脖子比较短，不宜穿高领衫，应该穿U领或者V领的服装，露出一段胸部；有的人腿比较粗短，则尽量不要穿超短裙。第三，区分场合。服装不仅要与穿着场合的气氛相和谐，还要与欲达到的目的相一致。从服饰礼仪的角度来讲，着装实际上存在三大场合：①办公场合，指上班的场合，它的基本要求是庄重保守；②社交场合，指工作之余交往应酬的场合，即下了班之后跟朋友、熟人相约活动的场合，例如，宴会、舞会、音乐会、聚会等，社交场合着装的基本要求是时尚个性；③休闲场合，指工作之余个人活动的场合，例如，家中、健身房、游乐场、超市等，这些场合穿着打扮的基本要求是舒适自然。第四，遵守常规。一定要自觉遵守有关着装的约定俗成的规矩，例如，西装上衣下面两个口袋不能放任何东西；男士的西装一般以深色为主，上装和下装的颜色应尽量保持一致，袜子的颜色也要与西装的颜色协调搭配；女士的套裙可以采用上深下浅或上浅下深的颜色，同时所佩饰物的颜色也要与服装的颜色和谐搭配。

二、见面礼仪

在商务交往中，是要讲究见面礼仪的。见面礼仪是日常社交礼仪中最常用与最基础的礼仪，人与人之间交往时都要用到见面礼仪，以给人留下良好的第一印象，为以后的深入交往打下基础。见面礼仪分为介绍礼仪、握手礼仪和名片礼仪。

1. 介绍礼仪

人们在社交场合中要相互介绍或自我介绍，介绍时的称谓和先后顺序等都有一定的礼仪规范。由于人际接触的日益广泛，人们在公共关系活动中会经常结识一些新的公众、新的朋友。这就离不开自我介绍和为他人介绍等环节。但无论哪种介绍，都必须遵守一定的礼仪规范。

自我介绍，需要注意4个要点。①最好是先递名片再介绍。②介绍的时间要简短，越短越好，一般在半分钟以内为宜。③内容要全面，自我介绍一般包括4个内容：单位、部门、职务、姓名。④即使单位和部门的名称较长，也要在第一次介绍的时候使用全称，后面才可以改用简称。尤其在国际交往中，用字母或者中文来做简称时，一定要注意，先讲全称，再讲简称，否则容易产生误会。

为他人介绍，需要注意两点。①谁当介绍人，按社交场合的惯例，介绍人一般是由女主人来当。在国际交往中，介绍人一般是3种人：第一种是专业对口人员；第二种是公关礼仪人员；第三种是在场职务最高的人（如果对方是贵宾，那么在礼仪上要讲究身份对等）。②介绍的先后顺序是：尊者居后、男先女后、轻先老后、主先客后、下先上后。如果双方都有很多人，那么要先从主人方的职位高者开始介绍。

2. 握手礼仪

通常情况下，行握手礼时应注意以下几个方面。①上下级之间，只有上级伸出手后，下级才能伸手相握；长辈和晚辈之间，只有长辈伸出手后，晚辈才能伸手相握；男女之间，只有女士伸出手之后，男士才能伸手相握。②握手时，男士应该脱下手套，女士如果有戒指戴在手套的外面，可以不脱手套。③握手时，应该伸出右手，决不能伸出左手。④握手的力量要把握适中，既不能有气无力，也不能过于用力。⑤在主动与人握手之前，你应该先考虑自己是否受对方欢迎，如果你认为对方欢迎你，那么即使对方是你的上级，你先伸手与他握手也未尝不可。因此，你是否先伸手，主要取决于你们之间的关系如何。另外，当一人与多人握手时，有两种排序方法。第一种，由尊而卑。先从地位高的人开始，再依次往下而行。第二种，由近而远。先伸手跟最近的人握手，再由近而远地依次而行。

3. 名片礼仪

在商务交往中，没有名片的人，将被视为没有社会地位的人。一个不随身携带名片的人，是不懂得尊重别人的人。名片不仅要有，而且要随身携带。在外国企业中，员工的名片放在什么地方都有讲究，一般放在专用名片包里，或放在西装的上衣口袋里，不能乱放。

名片在制作上，讲"三个不"。第一个"不"：名片不随意涂改。在商务交往中，名片代

表个人的脸面，而脸面是不能涂改的；第二个"不"：不提供私宅电话。商务礼仪讲究保护个人隐私；第三个"不"：名片上不显示两个以上的头衔。倘若一张名片上显示的头衔过多，就有三心二意、用心不专、蒙人之嫌。所以，很多外国人身上会有好几种名片，对于不同的交往对象，会使用不同的名片。

如果你希望和对方进行长期沟通，那么索要名片就很有必要。你可以主动递上自己的名片，对方按照礼仪规范也会拿出自己的名片作为交换。你还可以用委婉的方式索要，比如"以后怎么向您请教啊"，一般情况下，对方出于礼貌会将自己的名片给你。当他人向你索要名片时，如果你不想给对方，那么要注意委婉地拒绝，比如"对不起，我的名片发完了"或"对不起，我忘了带名片"，这样就不会让索要名片的一方觉得没面子。

在将自己的名片递给对方的时候，一定要用两只手，并且眼神专注，不要四处看。而接收名片的一方也要用两只手接，或者是用右手接，但是绝对不能用左手接。当你收到别人的名片后，一般的做法是读一下名片上的内容，比如对方的名字、单位或头衔，跟对方确认一下基本信息，比如对方的名字是多音字，应该发哪个音。这样做会让对方觉得你很重视他。

三、位次礼仪

在商务活动中，位次的排列往往备受人们的关注。因为位次是否规范，是否符合礼仪的要求，既反映了商务人员自身的素养、阅历和见识，又反映了对交往对象的尊重和友善程度。为了避免贻笑大方或造成负面影响，必须特别注意不同场合的位次排列礼仪。位次排列最重要的规则有 5 条。①面门为上。在商务会面中，房间内面向门的位置为尊贵的位置。座位面向门口时，可以有较好的视野，能够较好地把握周边的情况。②居中为上。在商务会面中，座位的安排以中间为最优，在中间的位置可以方便倾听并表达自己的意见，还可以十分方便地协调整个会面的进程。③前排为上。商务会面中，如果是多排位置，则前排高于后排。④以右为上。我国的传统习俗是以左为尊，历来就有"虚左以待"的说法，而国际上通行的惯例是以右为尊。公关礼仪采用国际惯例，也讲究以右为上。⑤以远为上。在商务会面中，座位离门越远越好，远离门口就可以避免打扰，且相对安全一些。

在商务礼仪活动中，位次排列有着严格、细致的规范，它体现了主方的修养及对客方的尊重。其涵盖了行进、会客、谈判、签字仪式、宴会及乘车等多个方面的内容。下面对这几方面的位次礼仪进行详细说明。

1. 行进位次

行进位次，指的是人们在步行的时候位次排列的次序。在陪同、接待来宾或领导时，行进的位次会非常引人关注。并排行走时，中央高于两侧，内侧高于外侧，一般让客人走在中央或内侧。实际上内侧就是指靠墙走，我国道路游戏规则行进规则是右行，所以在引领客人时，客人在右，陪同人员在左。换句话说，客人在里面你在外面，把客人安排在靠墙的位置，客人受到的骚扰和影响少。与客人的距离不宜太远或太近，标准化的位置是在客人左前方 1 米到 1.5 米处。单列行走时，前方高于后方，如没有特殊情况的话，应让客人在前面走。

一般而言，上下楼梯要单行行进，并靠右侧行进。引导客人上楼梯时，客人走前面，陪同者紧跟后面；下楼梯时，陪同者走前面，并将身体转向客人。楼梯中间的位置是上位，但若有栏杆，就应让客人扶着栏杆走，如果是螺旋梯，则应该让客人走内侧。在客人之前进入电梯，一手按住"开"的按钮，另一只手示意客人进入电梯；进入电梯后，按下客人要去的楼层数，侧身面对客人，可做寒暄；到目的地时，按住"开"的按钮，请客人先下。若无特殊情况，位高者先出入房门；若有特殊情况，如室内没开灯很暗或者是室内仍需引导，陪同者宜先入；出门时也是陪同者先出，为客人拉门引导。

2. 会客位次

会见客人时，让座于人有两方面需要注意。一方面，必须遵守有关惯例；另一方面，必须讲究主随客便。总之，会客时应当恭请来宾就于上座。会见时的座次安排，大致有以下5种主要方式。

（1）相对式。宾、主双方面对面而坐，这种方式显得主次分明，往往易于使宾、主双方公事公办，并且能够保持距离。这种方式多适用于公务性会客，通常又分为两种情况：①双方就座后，一方面对正门，另一方背对正门，此时讲究"面门为上"；②双方就座于室内两侧，并且面对面地就座，此时讲究"以右为上"。

（2）并列式。宾、主双方并排就座，以暗示双方"平起平坐"、地位相仿、关系密切。具体分为两类情况：①双方一同面门而坐，此时讲究"以右为上"；②双方一同在室内的右侧或左侧就座，此时讲究"以远为上"。

（3）居中式。当多人并排就座时，讲究"居中为上"，即居于中央的位置为上座并请客人就座；两侧的位置为下座，由主人一方就座。

（4）主席式。主要适用于正式场合，由主人一方同时会见两方或两方以上的客人。此时，一般应由主人面对正门而坐，其他各方来宾则应在其对面背门而坐。这种安排犹如主人正在主持会议，故被称为主席式。有时，主人亦可坐在长桌或椭圆桌的一端，而请各方客人坐在他的两侧。

（5）自由式。会见时有关各方均不分主次、不讲位次，而是一律自由择座。自由式通常用在客人较多、座次无法排列，或者大家都是亲朋好友、没有必要排列座次时。进行多方会面时，常常采用此法。

3. 谈判位次

一般情况下，标准谈判厅的谈判桌是横放的。当谈判桌横放时，面对门的是客方，背对门的是主方。双方人员中位于中间的一般是主谈，就是一把手。通常主谈右侧是二把手，左侧是三把手。如果是涉外谈判或者民族间谈判，主谈右侧一般是翻译。如果谈判桌竖放，以进门时的右侧为上，主方推门而进时，一般会把右侧让给客方，自己去左侧。其他人员的具体位次也是中央高于两侧，右侧高于左侧。

4. 签字仪式位次

签署双边合同时，主方签字人应坐在签字桌的左侧，客方签字人应坐在签字桌的右侧。双方的助签人应分别站在己方签字人的外侧，以便在签字过程中随时为签字人提供帮助。双方的其他随行人员可以按顺序在己方签字人的对面就座，或站在签字人的身后并按照职位由高到低排列，主方自右向左，客方自左向右，如果一排位置有限，可以多排几排。

签署多边合作协议时，签字桌后面仅设一把座椅的情况居多。各方签字人可以依照事先约定的顺序,依次前去签约。各方助签人应遵照"以右为尊"的惯例,站立于签字人的左侧。各方的其他随行人员应按照一定的顺序,面对签字桌站立或就座。

5. 宴会位次

当宴会厅有很多桌时,位次是中央高于外侧,右侧高于左侧,内侧高于外侧。当房间只有一张圆桌时,面对房间正门的位置是主位,主客一般坐在主人的右侧,其他客人也都坐在主人的右侧,并按照职位高低就座,离主人越远职位越低。主方人员都坐在主人的左侧,同样以职位高低为序。

6. 乘车位次

一般情况下,乘坐轿车时由客人先上车、后下车。公务出行时,上座为后排右座;社交应酬时,上座为副驾驶座;接待重要客人时,上座为司机后面之座。在有专职司机驾车的双排五座轿车上,座次由尊至卑依次应为:后排右座、后排左座、后排中座、副驾驶座;在有专职司机驾驶的三排七座车上,座次由尊而卑依次应为:后排右座、后排左座、后排中座、中排右座、中排左座、副驾驶座。

四、拜访与接待礼仪

商务拜访必须提前预约。对拜访者来说,提前预约可以避免出现受访者不在的情况,或者避免出现因受访者没有充分的准备而使拜访效果收效甚微的情况;对受访者来说,接到预约可以合理地安排好自己的时间,并充分做好访谈准备,避免因仓促应对而出现差错。一般可以采用打电话或寄书信的形式提前预约时间,一旦双方约定好,就必须要遵守。如果受访者答应了某个预约,但是有更加重要的事情要处理,应该在第一时间采取与拜访者预约时相同的方式(打电话或寄书信)向对方说明情况,并重新约定时间。有时遵约要根据事情的轻重缓急和对公司影响的大小来区别对待。总之,除非有更重要的事或者意外的事发生,否则双方都没有理由爽约。随意爽约是非常损害职业形象的行为,并且很难有更正和弥补的机会。

接待 3S

> **Stand up**:用身体语言表示欢迎之意,起立是最基本的礼貌。
> **Smile**:微笑的魅力总是无穷的,当客户到达时,微笑会把欢迎和欣喜之意无言地传递给对方。
> **See**:如果你起身、微笑,却不看着对方,那么客人未必会觉得你之前的动作与他有关,你只有通过眼神才能真正把诚意传达给对方。

假如你是拜访者,在进入对方公司前,你应先整理自己的着装,如果在夏天,应及时擦掉汗水,准备以最佳的形象、最从容的姿态进行商务拜访。接下来,你应再次检查自己的资料是否带齐,并将手机调到静音状态。进门时你应用食指轻叩房门,即使对方的房门是开着的,也不应擅自进入。如果对方有前台或专职接待人员,你应向其递交名片并说明自己作为预约之人的职务及姓名,听从接待人员的安排进入接待室或者被引入受访者的办公室。进入对方公司后应尊重其办公环境,你应做到非礼勿视、非礼勿听、非礼勿言、非礼勿动,不能随意吸烟。如果被引入接待室等待,你应向引领人员表示谢意,在得到对方允许后方可就座。你可以把公文包放在自己背后或者脚边,外套等物品应征求对方意见看是否有合适的地方放置。在等待的过程中你可以看自己的文件,思考拜访的问题,但是不能随意走动,否则容易给对方工作人员留下不好的印象。见到要拜访的人员时,你应主动递交自己的名片,并再次说明来访的事由和目的,但是要掌握节奏,等待对方主动握手。双方都遵守恰当的拜访与接待礼仪才能使访谈有一个良好的开端。

当商务拜访接近尾声时,你应该以自己的职业表现为此行画上圆满的句号。即将离别时,不要毫无征兆地忽然起身告辞,而要有些许示意。例如,把茶杯的杯盖盖好,把咖啡杯稍稍推移开,轻轻地收起自己的文件,或者把对方的名片放进名片夹等。迅速看表或者快速地收拾公文包,会使受访者觉得你不重视此次拜访或者此行不愉快,容易造成误解。离别时你应先起身并伸手向受访者道别,如果由受访者先起身并主动握手告别,会有逐客之嫌。同时,你应该真诚地向受访者表示感谢,如"感谢您在百忙之中接受我的拜访"。当你向外走时,对遇到的、有眼神接触的工作人员应微笑点头致意,对引领过自己的接待人员可以简单地说声"谢谢"以示礼貌。当受访者送行时,你应该请对方留步,如果受访者执意送别,那么走到电梯门口或者办公区门口时应该再次请对方留步,并再次握手与对方道别。

虽然日常接待不必像大型商务活动一样布置得很隆重,但是干净、整洁的接待环境是最基本的要求,不但会使来访者心情愉悦,也会为其留下良好的印象。在办公室环境管理中,容易被忽视的角落要和醒目的地方一样进行精心整理;位于入口处的公告板应保持干净并及时更新内容;办公室的物品应定时整理,不能乱作一团;室内光线和温度应令人舒适。

很多公司接待来访者时使用一次性纸杯,严格来讲,这是不符合礼仪规范的。从礼仪的角度来讲,接待来访者用的杯具应该事先被仔细清洗并进行严格消毒。接待来访者时,茶水应该用茶杯冲泡,咖啡也应该用咖啡杯来盛放。茶叶、咖啡、杯具、热水等都应该保证随时能够被使用。有的企业会将企业内刊或者相关的行业杂志摆放在接待室的一角,以备来访者翻阅,这不但适时地宣传了自己,还能避免来访者因等待而产生不好的情绪。

接待人员在接到商务预约后,有必要提前了解来访者的基本情况,如来访者的姓名、年龄、民族、籍贯、学历、专长、爱好等。此外,对来访者的具体人数、来访目的及行程安排也都要事先了解充分。当来访者到达时,接待人员应该从确认身份开始,仔细阅读对方的名片,问清来访目的及是否预约过相关人员。对已经预约的来访者可以引领其至接待室等待,或者直接引入受访者的办公室;对未预约的来访者,应请其稍事等候,然后与相关人员取得联系,对不方便接待或因某种原因不予接待的来访者,应礼貌地向其说明情况。对领入接待室等待的来访者,接待人员应该照顾周到,例如,问清对方喜欢饮用茶水、咖啡,还是矿泉水,即使是白开水,也应问清对方喜欢饮用凉的还是温的,同时根据情况调整好室内的光线和温度等。

内容小结

非语言符号作为沟通活动的一部分,在完成信息准确传递的过程中起着重要的作用:传播丰富的信息;强调语言意义,加强情感表达;体现真相,验证语言信息。非语言符号的作用往往需要由不同的非语言符号来承担,而不同的非语言符号亦会释放出不同的功能。

在对各种各样的非语言符号进行鉴别和分析后，可分为6种类型：外貌与衣着、表情与眼神、姿态动作、触摸行为、空间与距离、类语言。非语言符号的特点包括：连贯性、相似性、通义性、协同性、即时性、真实性。商务礼仪是商务人员在交往时遵守的规范，常见的有服饰礼仪、见面礼仪、位次礼仪、拜访与接待礼仪。

问题讨论

1. 通过现实生活中的例子说明非语言符号的重要性。
2. 分别找出沟通失败和沟通成功的例子，分析其中非语言符号的内容，说明参与者成功和失败的原因。
3. 结合实际例子，说明如何在商务交往的过程中运用商务礼仪促进双方之间的交流。

小知识

你了解"中山装"吗

"中山装"是以中国革命先驱者孙中山先生的名字命名的一种服装。20世纪20年代，孙中山先生以西服、南洋华侨中流行的"企领文装"等服装的造型结构为基础，结合中国传统的审美理念和具体的使用功能，运用"洋裁法"的剪裁方式，设计制作出了适合国人穿着的新款服装。正是由于孙中山先生的积极创制、率先垂范和极力倡导，所以这种新款服装得名"中山装"。"中山装"将中华民族的传统审美精神、社会革命思想、时代生活需要这3个主体需求成功地结合在一起，得到了广大民众的认可和接受。

"中山装"结构的形成与发展过程深受传统文化的影响，其上身前面的4个口袋代表"国之四维"（即礼、义、廉、耻）；前襟的5粒纽扣象征"五权分立"（即行政权、立法权、司法权、考试权、监察权）；袖口的3粒纽扣代表"三民主义"。翻领闭合、前衣襟纽扣系结，体现了中正、坚韧、挺拔的中国传统文化精神。上部小口袋的倒山形体架式袋盖，寓意中国革命需要依靠知识分子，这种暗喻的方式是中国传统服饰文化和服饰审美思维中最具代表性的特征。

虽然现在"中山装"在民间逐渐被人们遗忘，但它仍然具有一定的影响力。许多人在特殊场合或重要活动中仍然会选择穿着"中山装"以表达对传统和文化的尊重。"中山装"承载着中国近现代历史的记忆，它见证了中国从封建帝制走向民主共和的历史进程，也体现了中国人民对自由、平等、博爱的追求。因此，"中山装"不仅是一款服装，更是一种文化符号和历史见证。

沟通游戏

肢体语言

规则：

1. 将学员们分为2人一组，让他们进行2~3分钟的交流，交谈的内容不限。
2. 当交流停止以后，请学员们说一下对方用了什么非语言符号，包括肢体语言或者表情，如眨眼、撩头发等。然后问做出无意识动作的学员，是否注意到了自己的这些行为。

3. 让学员们继续讨论 2~3 分钟，但这次注意不要有任何肢体语言，看看与第一次有什么不同。

相关讨论：

1. 在第一次交谈中，有多少人注意到了自己的肢体语言？
2. 对方有没有什么动作或表情让你觉得极不舒服，你是否告诉对方了？
3. 当你不能用动作或表情辅助自己的谈话时，有什么样的感觉？是否会觉得很不舒服？

游戏说明的道理：

1. 人与人之间的交流有两个方面，一个是语言方面的。另一个是非语言方面的。这两个方面互为补充，缺一不可，有时候非语言方面传达的信息比语言方面还要精确。例如，一个人不停地向你以外的其他地方看，你就可以理解为他对你们之间的谈话缺乏兴趣，需要调动他的积极性了。

2. 在日常的生活工作中，为了让别人对你有一个更好的印象，一定要注意改掉自己那些不招人喜欢的动作或表情，并注意使用一些良好的手势、表情帮助自己交流。因为良好的肢体语言会促进我们沟通，不良的肢体语言会阻碍我们沟通。

第十一章　跨文化沟通

学习目标

1. 理解文化的概念和文化的层次
2. 理解不同文化之间产生差异的主要原因
3. 了解跨文化冲突的原因与形式
4. 了解东西方沟通文化的差异
5. 理解跨文化沟通模型和注意事项

开章引例

电影《刮痧》中的跨文化差异

许大同是移民到美国发展的华人知识分子，其与妻子简宁经过8年的努力奋斗，事业有成，家庭幸福。儿子丹尼斯聪明可爱，一口流利的英语暗示着其俨然已成长为一个地道的"美国孩子"。在业内的年度颁奖大会上，许大同兴奋地向世人宣称自己的"美国梦"终于得以实现。当他还沉浸在幸福和胜利的喜悦当中时，随后的一场意外却令他如梦初醒。一天，5岁的丹尼斯腹痛难忍，从北京来探亲的爷爷看不懂西药的英文说明，只好对丹尼斯采取了中医疗法——刮痧，而正是刮痧在丹尼斯背上留下的紫红刮痕，成为许大同虐待孩子的铁证。在听证会上，在一个个意想不到的证人及证词的轮番轰炸下，许大同有口难辩，东方传统的中医疗法在美国不被承认，并且无法通过以解剖学为基础的西医理论来证明其合理性。作为父亲，对孩子的爱甚至需要靠寻找证据及法庭争辩这样的途径去证明……法官无情地剥夺了许大同对儿子丹尼斯的监护权，并令其禁足。最后，为了要回儿子，他们夫妻俩不得不分居；为了父亲回国前能再见一面孙子，许大同出于无奈偷偷带走丹尼斯，却被警察通缉直至被抓……一个原本美满幸福的家庭转眼间被接二连三的悲剧敲打得支离破碎，一场近乎"荒谬"的官司也将许大同的"美国梦"彻底粉碎。直到许大同的父亲找到儿子的老板昆兰先生，描述了是自己为孙子做的刮痧。于是昆兰来到中国城，在详细地了解并亲身体验了一次中医刮痧的治疗过程及疗效之后才恍然大悟，其在圣诞之夜劝说儿童福利局的官员一起找到大法官为许大同正名，最终撤销了对他的禁足令。最后，一家人抱头痛哭，终得团聚。主人公许大同从业界的佼佼者到后来沦落到被迫租住在贫民窟；从获奖后宣称已实现自己的"美国梦"并已完美地融入了这个国家，到后面的近乎妻离子散和被禁足。他从荣誉的天堂坠入不幸的谷底，这一切的根源都是由中西方的文化差异所致。

资料来源：付珊，电影《刮痧》中的跨文化交际差异解读，电影文学，2013年第16期

第一节 文化的内涵

文化之于社会如记忆之于个体。在过去的生活中，可行的事被沉淀下来，变成语言、文字、音乐、艺术、工具、建筑，甚至变成服装款式及饮食起居方式。它们影响着后世之人的思维、体验和行动。法国香水、美国电影、意大利油画、俄罗斯音乐等，都是文化的印记。

一、文化的定义

在人们的脑海里，文化最基本的定义经常和地理位置有关。例如，一个部落的文化、一座城市的文化、西海岸的文化或者大不列颠岛的文化等。地理位置是区分不同文化的可行方法。透过这些方法，既可以从一个更宏观的视野看待文化（如西方文化、东方文化等），也可以从一个更精确的微观角度观察文化（如格林威治村的文化、姻亲文化等）。不过，文化也有非地域性的因素。翻开现代汉语词典，可以查阅到文化是指"人类在社会历史发展过程中所创造的物质财富和精神财富的总和，特指精神财富，如文学、艺术、教育、科学等。"

文化的广义定义来自美国人类学家赫斯科维茨（1895—1963）《文化人类学》一书，他认为文化是一切人工创造的环境。也就是说，除了自然界的原生态之外，所有由人添加上去的东西都可以被称为文化。这里，人工创造的东西包括两大类：一类是客观文化，那些看得见摸得着的物品，例如，房屋建筑、交通公路、电视电脑，以及各种机器、工具等；另一类则是主观文化，那些触摸不到，但似乎又无处不在的东西，例如，信念、理想、价值观和社会规范等。它们就像空气、阳光一样无时无刻不在影响着人类。主观文化被用来定义文化的概念，即文化是"被一个群体的人共享的价值观念系统"。与此相似，文化也被其他学者定义为"人为创造的、被他人认可的观念，它给人们提供聚合、思考自身和面对外部世界的有意义的环境，并由上一代传递给下一代。"

另外一个不甚相同的文化定义出自英国弗恩斯·特朗皮纳斯教授，他认为文化是某一群体解决问题和缓和困境所采用的途径和方法，而非仅仅是一套价值观念系统。这个文化定义隐含了一个基本假设，即所有的人都面临着一些共同的问题和困境，例如，时间、空间、外界的自然环境等。一个群体的人对时间的共同理解和感知，对外界自然环境的态度和行动，会形成这个群体的独特文化。

美国华盛顿大学的陈晓萍教授在《跨文化管理》一书中认为文化是由人类创造的，经过历史检验沉淀下来的物质和精神财富，它具有以下4个特点：第一，文化是一个群体共享的东西；第二，文化可以是客观显性的，也可以是主观隐性的；第三，客观显性的文化和主观隐性的文化同时对生活在该群体中的人产生各方面的影响；第四，文化代代相传，虽然会随时代变化，但变化速度却极其缓慢。

跳 水

有一艘轮船在大海上航行，当航行到一半路程时，轮船出了故障需要弃船逃生，船长想让游客转移到救生艇上。他到船舱里向游客解释了轮船目前遇到的状况，要求大家马上

跳到救生艇上，但是等他解释完之后，居然没有一个人愿意这样做。

船长十分生气，懊恼地回到甲板上。大副见他一个人从船舱里出来了，感到十分奇怪，了解到情况以后，他自告奋勇向船长请命去说服这些游客。五分钟后，这些游客居然都自愿跳到了救生艇上。船长感到十分奇怪，问大副是怎么做到的。

大副对船长说："我对来自不同国家的人说了不同的话。

我对英国人说，这是一件很有绅士风度的事；

我对德国人说，这是命令；

我对法国人说，这是一件很浪漫的事；

我对美国人说，你是有保险的。"

二、文化的层次

文化如同洋葱，有层次之分。文化有3层：表层、中层、核心层。表层文化是指我们平时能观察到的东西。比如在日本看见他们的服装与我们不同，他们的音乐恬静悠远，他们的寺庙外观更方、棱角更鲜明。这些由表层文化表现出来的文化特征常常给人以强烈的冲击，让人感受到文化的存在和力量。表层文化通过外在物品表现，而外在物品除了上面描述的那些东西之外，另一个非常特殊的存在就是该文化中人们使用的语言。语言不可视、不可触，却可以听到，亦是一个客观存在。语言是文化的一个重要产物，其余的文化如艺术品、电影、绘画，甚至商店、市场，也都属于表层文化。任何表层文化都可以折射出一个更深层的社会理念，都是社会价值观的直观体现。

中层文化指的就是社会的规范和价值观。每个国家都有一些自己独特的社会规范，比如说与陌生人见面时如何行礼：美国人热情握手；日本人拱手作揖；印度人双手合十，放之鼻端，身体微微前倾；意大利人则拥抱亲吻，彼此间有很多的身体接触；而中国人常常通过握手和点头微笑的方式来表达友好和尊重。价值观则是指一个群体对什么是"好"、什么是"坏"、什么是"对"、什么是"错"的共同认识。一项测验表明，给墨西哥工人增加工资，反而减少了工人愿意工作的时间长度，其与美国的工人很不相同。这种表层文化的差异事实上反映的也是价值观念的不同。美国人追求物质，对金钱有强烈的需要，所以越给钱越愿意加班；墨西哥人则珍视与家人、朋友在一起的时间，钱够了正好把业余的时间给家人和朋友，因此拒绝加班。

核心文化是指一个社会普遍认同的关于人为什么存在的假设，它触及社会中人们最根深蒂固、不容置疑的东西。例如，人与生俱来的权利、人存在的价值、个人与他人的关系等。中国的核心文化包括儒家思想、家国情怀、以人为本、和谐理念等多个方面。这些思想理念共同构成了中国文化的丰富内涵和独特魅力，影响着中国人的价值观、生活方式和社会结构。同时，这些核心文化也体现了中华民族的精神特质和文化认同。美国的核心文化中，最重要的一部分是人人平等，是个体的独立和自由。这些理念是在美国生活的人无须多加思考的，这是他们生活中所依据的基本原则，是不可动摇的社会存在的基础。相反，在印度，人生来不平等是根深蒂固的观念，这在他们社会长期存在的种姓等级制度中可以得到体现。

三、文化的维度

在跨文化沟通中，经常会遇到文化冲突，这些冲突以词汇、语义、思维、行为、沟通模式及审美观念等各种各样的差异体现出来。表面差异之下的真正原因是文化的深层结构不同，它决定了人们对他人、对事情的反应。文化的深层结构与一个民族的价值观密切相关，价值观主导跨文化沟通，跨文化沟通反映价值观。了解一个民族的价值观是理解不同的语言、社会和文化差异的前提，也是实现跨文化沟通的基础。对文化行为产生重要影响的价值观有5个维度。

1. 个人主义与集体主义

个人主义与集体主义表示个人与集体之间的关联程度。个人主义文化注重个体目标，相反，集体主义文化强调集体目标。在个人主义文化的社会当中，人们会把对自己的责任感看作最为重要的事情。在这种文化背景下成长的小孩都常常受到教导"做你自己""你是独一无二的""世界上没有人和你一样独特"，这些信息强调了个人的自我认知、自我满足，以及对自我意愿的真诚态度。此外，它同时还强调自力更生的重要性，"要靠自己的努力走出困境"成为许多人自我鞭策的座右铭。他们不会等待别人的帮助，相反，他们会好好照顾自己。研究表明，美国、加拿大、英国及澳大利亚是世界上个人主义最为明显的几个国家。

与个人主义不同，在集体主义文化中，人们从小被教导对家庭、社区或者公司的责任感才是最为重要的。集体主义文化更加关注群体利益，而较少考虑个人得失。在这种文化背景下成长的人往往拥有比较高的责任感及忠诚度。他们会觉得自己只不过是群体之中的普通一员，没有什么独特的地方。例如，多哥共和国的卡布列族常常会因为维护群体的利益而付出自己的财物。崇尚集体主义文化的国家包括韩国、日本及大部分非洲和拉丁美洲国家。

个人主义与集体主义如何影响沟通行为呢？个人主义强调个体的独立、自由和自我实现。在这种文化背景下，人们更倾向于以自由交换和市场竞争为基础进行交易。相比之下，集体主义则强调集体利益、团结和互助。在这种文化背景下，人们更倾向于通过建立和维护人际关系来进行交易或合作。例如，生活在个人主义文化下的人们发生了矛盾，他们可能会很直接地把矛盾表达出来，并且寻求方法去解决这个矛盾；而生活在集体主义文化下的人们则会用间接的方法来处理矛盾，为了保持社会的和谐及人际关系的和睦，他们往往选择忍耐。

公开演讲的不同风格在另一方面体现了这种文化上的差异。许多人在公开演讲的时候可能会紧张，而生活在集体文化背景下的人们更是如此。在集体主义文化中，人们常常被教导要"韬光养晦"，而不要"锋芒毕露"。但个人主义文化则鼓励人们果断坚决地"站出来表现自己"，而这往往会使集体主义文化背景下的人们尴尬或者羞愧。个人主义文化与集体主义文化的比较如表11-1所示。

表11-1 个人主义文化与集体主义文化的比较

个人主义文化	集体主义文化
交易导向（关注结果）	关系导向（关注过程）
短期收益	长期发展

续表

个人主义文化	集体主义文化
强调内容（事实、统计数据）	强调情境（经验、直觉、关系）
直线式的推理	迂回式的推理
独立	相互依赖
竞争、决策驱动	合作、一致同意
直接、明确的沟通	间接、迂回的沟通
个人职责	注重"面子"
私人办公室	开放型办公室
不可变通的时间，缺乏耐心	可变通的时间，充满耐心

2. 高语境与低语境

高语境与低语境反映了文化对语言清晰程度的要求。在低语境文化中，人们常常被要求直白地表露自己的意思，不要拐弯抹角、含糊其辞。低语境文化下的人们更看重人的自我表达、个人观点的陈述和说服他人的能力。低语境文化下的人们是通过直接的表达和符号传递进行交流的。美国就是这样一个低语境文化的国家。并且加拿大、以色列还有大多数的现代欧洲国家，都属于这样文化的国家。

在高语境文化的国家中，人们从小被教育说话要婉转，不能太过直接。这样的人群包括韩国人、新西兰的毛利人及美国的土著人。在这些社会当中，保持社会的和谐并防止与他人发生冲突显得更为重要一些。因此，人们讲话更加婉转，行为也更加谨慎，他们往往通过面部表情及声调等更加微妙的行为信息或语境线索来表达自身的意思。高语境文化成员表达感情和传递信息的方式是隐晦的、间接的。

从人们处理批评和反对意见的方式中，可以一窥这种文化差异对沟通行为的影响。在低语境文化中，领导可能会严厉地公开训斥一个不负责任的下属，并拿他来做例子以儆效尤。这个领导可能会不留情面地揭露下属的错误，并直截了当地说出希望其改正的地方，以及如果再达不到期望的话，会有怎样的后果等。

然而，在高语境文化中，领导可能会为顾及下属的"面子"而不当众训斥他，一般会私下向下属提出批评，同时会选择一些婉转的语言来表达批评的意思。他不会直接说出下属哪里做错了，但是他会通过"绕圈子"的表达方式引导下属自己发现错误。例如，一个员工经常迟到，领导不会直接针对迟到这件事情来批评他，可能会不断强调同事之间的责任感，暗示其成为团队里面"拖后腿"的人是一件可耻的事情等。在这个时候，这个员工通过领导的语气声调、肢体动作及面部表情，应该能够明白其想表达的意思。高语境文化与低语境文化的比较如表 11-2 所示。

表 11-2 高语境文化与低语境文化的比较

高语境文化	低语境文化
依赖含蓄的沟通	依赖直接、明确的沟通
强调非语言沟通	强调明确的语言
任务从属于人情关系	把工作任务和人情分割开来
强调集体的主动性和集体决策	强调个人的主动性和个人决策

续表

高语境文化	低语境文化
以人情关系来看待主雇关系	以条约来看待主雇关系
依赖直觉，而不是事实和统计数据	依赖事实、统计数据及其他细节资料
在书写和言谈中倾向于采用间接的风格	在书写和言谈中采用直接的风格
喜欢迂回或间接的推理方法	偏爱直线式的推理方式

3. 低权力距离与高权力距离

权力距离即一个组织（如家庭、学校或社区）当中权力的集中程度和领导的独裁程度，以及社会接受组织当中权力分配不平等的程度，比如在企业当中可以理解为员工和管理者之间的社会距离。低权力距离与高权力距离体现了权力是否能够公平地分配到社会成员之中。在美国，人们拥有平等的观念，即人人生而平等，没有任何团体或者个人能够拥有特权。这是典型的低权力距离文化的特点。美国、加拿大、以色列、新西兰、丹麦、奥地利等国家都属于这种文化的国家。生活在这种文化背景下的人从小被教育人人生而平等，尽管有些人的出身带有一定优势，如财富和名誉等，但他们并非理应比别人更优越。不过这并不代表生活在这种社会中的人们一定会受到平等的待遇，他们只是比别人更拥有平等的观念。

在高权力距离文化里面，权力是分等级的。某些群体（如贵族或执政党）比一般的平民拥有更多的权力。生活在这种文化背景下的人从小就被告知有些人生来高贵一些，这些人拥有更多的权力，他们认为尊重权力比尊重平等更有意义。墨西哥、巴西、印度、新加坡和菲律宾都属于这种文化影响下的国家。

权力距离影响沟通行为的诸多方面。高权力距离社会中的人们更倾向于在同等的社会地位下寻找友谊及发展恋爱关系，讲究"门当户对"。相反，低权力距离社会中的人们通常会超越社会地位发展友谊及恋爱关系。高权力距离的社会强调对权威的服从和尊敬，人们从小被教育要无条件地听从父母和老师的话。相反，低权力距离社会中的孩子从小就被教育要勇于挑战权威，那是他们的权利，甚至是义务，向父母和老师反问"为什么"，一点也不稀奇。

这种文化上的差异在主雇关系的沟通风格中尤为常见。低权力距离社会中的员工更加看重自由的权利，同时希望得到更多的决策机会，尤其是对那些关系到他们自身工作的事情。这些员工可能会通过工会或者员工满意度调查来反映自己的意见。但是在高权力距离社会里面，员工往往习惯于工作的现状而很少提出意见，他们希望领导能够直接下达命令，他们只要按照命令去做就可以了。

4. 长期取向与短期取向

长期取向与短期取向即对待长期利益与短期利益的价值观，主要反映人们对将来与短期利益进行权衡时，考虑长远利益的相对程度。长期取向的人表现的是一种实用主义，注重长期利益，并不注重短期利益；而短期取向的人总是期望能快速得到结果，注重短期利益。亚洲国家和地区有一个共同的特点，就是对传统的重视，并且有凡事都想到未来的倾向，而非只做一锤子买卖，这是典型的长期取向。西方国家的人则大多是短期取向的价值观。长期取向的人习惯从边缘切入，在了解清楚全部情况之后，再进入中心谈"正事"。短期取向的人喜欢从最主要的"正事"开始谈起，如果成功，再拓展关系，了解其他方面的

情况。

中国人的思维和行动就是长期取向。例如，即使第一次与对方公司的代表见面，并且只是商谈一次短暂的合作，我们也会先花很多时间介绍公司的历史、发展方向、各类产品线，以及人事组织结构等，然后在让对方公司介绍完自己的情况之后，才进入具体的项目谈判。如果是外商来中国谈判，一般都不会在第一次会议上就详谈生意细节，总是先带对方参观一下工厂或公司，并且宴请对方，或请对方游山玩水，又或请对方参与休闲社交活动。然后等到最后一两天才比较严肃地进入正题谈生意。为什么？因为我们想了解对方的底细是否可靠，是否值得信任。我们下意识想的是与该公司或该代表未来的长期合作，而不是这桩眼前的生意。美国商人常常对此不解，因为他们是短期取向的文化，把所有生意都看成一锤子买卖，觉得介入那些与生意没有直接关系的活动纯粹是浪费时间，有时甚至认为中国人在玩花样，想让他们上当，使他们在所剩无几的时间里必须被迫做出让步并定下决策。

5. 单时间取向与多时间取向

不同的时间观念区分不同的文化。单时间取向与多时间取向体现的是，时间是一种商品还是一种无限的资源。瑞士、德国及美国的大部分地方都属于单时间取向文化。在这些地方，人们把时间看作一种商品，他们会节省、填充、投资甚至是浪费时间。时间对他们来说，像是一种实际而可触摸的东西。因此，人们把时间看成一件宝贵的东西，强调"时间就是金钱"，经常会讨论如何合理规划和利用时间。

对时间理解的单一取向，会影响人们的许多社会行为。在单时间取向文化中，人们把时间看得很重要，他们讨厌一切浪费时间的行为。例如，他们希望会议或课程能按时开始（或误差在一两分钟之内），当开会或上课被拖延时，他们往往不愿再继续等待。同时，他们希望其他人也能够同自己一样不浪费时间。例如，他们会对迟到的同事或者同学感到不满。

相比之下，多时间取向文化对时间的理解就很不相同了。他们认为时间是一个流动的整体，而非结构性的事物。拉丁美洲、中东阿拉伯地区及撒哈拉以南的大部分地区都属于这种文化。与单时间取向文化不同，生活在这些地方的人们不会把时间看作一种实实在在的东西，一不小心就会被浪费掉。他们把时间看作一条永不停歇的河流，源源不断地流向未来。

这种文化下的人们往往会制订更为灵活的工作计划。例如，在巴基斯坦，如果一场婚礼是 4:30 开始，而你正好在 4:30 到那里，你可能会发现自己是最早到场的那一个；银行及餐馆不会按时开门营业，而是由店主自行决定开门的时间；老师不一定会按时上课，虽然有时学生已经等了很久了，但上课时间由老师说了算。在多时间取向文化下，人们对效率及准时性并没有给予太多的关注。相反，他们更关注生活的质量，以及与他人的关系。

第二节 跨文化冲突

跨文化冲突，是指不同形态的文化或者文化要素之间相互对立、相互排斥的过程。例如，跨国企业在他国经营时与所在国家的文化观念不同而产生的冲突，或者企业内部由于员工来自不同文化背景的国家而产生的冲突。

一、跨文化冲突的原因

跨文化冲突的原因多种多样，究其根本，是冲突双方有着不同的文化和不同的历史背景，这必然会造成人们思想、行为等多方面的差异，甚至引起冲突。跨文化冲突产生的原因主要有以下几个方面。

1. 思维模式存在差异

文化会影响人们对外界事物的看法和认识，因为不同的国家有不同的文化，所以在思维模式方面必然存在差异，这一点在东西方文化之间表现得尤为明显。西方文化的思维模式注重逻辑和分析，而东方文化的思维模式则表现出直觉整体性，这一点也是中国传统文化思维的特征。由于这种传统文化的影响，中国人往往特别重视直觉，注重认识过程中的经验和感觉，在交往中也往往以这种经验和感觉去"以己度人"。与西方人的思维模式相比，中国人的这种思维模式具有明显的笼统性和模糊性，久而久之就形成了一种思维定式，可以解释为识别和简化对外界事物的分类感知过程。从本质上说，思维定式往往会忽视个体事物的差别，而夸大与另外某一社会群体相关的认知态度，并且常常带有感情色彩，以及固定的信条。在所有的思维定式中，有些是正确的，而有些则是错误的。错误的思维定式不仅会直接影响跨文化沟通，还会导致沟通失败。

2. 行为规范不同

行为规范的具体含义是指被社会所接受的道德标准和行为准则，简单地说，就是告诉人们该做什么和不该做什么的一种规范。不同文化背景的人们在沟通时，经常会套用自身所在社会的行为规范来判定对方行为的合理性，由于双方的行为规范存在差异，常常会产生误解、不愉快甚至更坏的结果。例如，中国人会轻拍小孩子的头部表示友好，而在西方国家，这是一种极不尊重小孩子的做法，父母会对此非常愤怒。所以说，在跨文化沟通中，人们是否能够正确地识别和运用行为规范，是保证跨文化沟通顺利进行的重要因素。人们要保障跨文化沟通的顺利进行，就必须了解对方的行为规范，知道什么行为是被禁止的，最好的办法就是遵循入乡随俗的原则。

3. 价值取向不同

人们的沟通能力是在社会化的过程中产生的，必然与价值取向联系在一起。每一种文化都有自己特有的价值取向，它能够帮助人们区分美与丑、善与恶，是人们的处世哲学、道德标准和行为规范。但是价值取向不能脱离具体的文化而存在，每一种文化的判断标准都是不同的，有的文化是好的，有的文化可能是不好的，但是它们在自己的文化体系内都有存在的合理性，绝不可以理解为某种文化的价值取向是先进的或是落后的。以中西方文化差异为例，在中国文化中，人们推崇谦虚知礼，追求随遇而安，不喜欢争强好胜。同时，社会风气也往往会"封杀"过于突出的个人，正所谓"行高于众，人必非之"。在中国文化中，集体取向占据主导地位，追求个人发展被视为一种严重的个人主义，必然会受到谴责。而西方文化则非常崇尚个人主义，"随遇而安"被看作是缺乏进取精神的表现，是懒惰、无能的同义词，为社会和个人所不齿。人本位的思想根植于他们心中，人们崇尚独立思考、独立判断，依靠自己的能力去实现个人利益，并且认为个人利益至高无上。

4. 语用迁移造成影响

人们对遇到的现象、事物、行为的解释和评价是建立在自身文化的基础之上的，在跨文化沟通中也同样如此。因此，造成沟通障碍的根源往往在于忽略了语用的迁移。不同文化的语言使用规则也不同，一种规范只能在自身文化中按特定条件加以解释，而不能以此为规范来描述另一种文化，否则必然会导致跨文化沟通的失败。其深层原因就在于人们缺乏对社会语言差异的敏感性，会无意识地进行语用迁移，而这种后果有时会很严重，甚至会导致巨大的经济损失。例如，日本曾有一则英文广告"we love v.d"在美国出尽了笑话，车站、码头的广告画全都被揭掉了，实在出人意料。这则广告中"v.d"，本来是录像设备的英文缩写，但 v.d 还是"venereal disease（性病）"的缩写，整个广告语竟成了"我们喜欢性病"，难怪美国人要以这个广告开玩笑了。

二、跨文化冲突的形式

跨文化沟通中出现的文化冲突有很多种，在这里不能一一叙述，只能列出比较常见的几种，具体如下。

1. 隐私方面的冲突

中国人的隐私观念比较薄弱，认为个人要归属于集体，在一起讲究团结友爱、互相关心。故而中国人往往很愿意了解别人的酸甜苦辣，对方也愿意坦诚相告。而西方人则非常注重个人隐私，讲究个人空间，不愿意向别人过多提及自己的事情，更不愿意让别人干预。因此，中西方经常在隐私问题上发生冲突，例如，中国人第一次见面常会询问对方的年龄、婚姻状况、儿女、职业，甚至收入。在中国人的眼里这是一种礼貌，但在西方人眼里则认为这些问题侵犯了他们的隐私。

2. 时间观方面的冲突

西方人的时间观和金钱观是联系在一起的，时间就是金钱的观念根深蒂固，所以他们非常珍惜时间，在生活中往往对时间做了精心的安排和计划，并养成了按时赴约的好习惯。在西方，要拜访某人，必须事先通知或约定，并说明拜访的目的、时间和地点，经双方商定后方可进行。而中国人则属于多向时间习惯的国家，在时间的使用上具有很大的随意性，一般不会像西方人那样严格地按照计划进行，西方人对此往往会感到不适应。

3. 客套语方面的冲突

中国人注重谦虚，在与人交际时，讲究"卑己尊人"，并把这样做看作一种美德。这是一种富有中国文化特色的礼貌现象，在别人赞扬我们时，我们往往会自贬一番，以表谦虚有礼。西方国家却没有这样的文化习惯，当他们受到赞扬时，总会很高兴地说一声"Thank you"表示接受。由于中西方文化差异，我们认为西方人过于自信，毫不谦虚；而当西方人听到中国人这样否定别人对自己的赞扬或者否定自己的成就，甚至把自己贬得一文不值时，会感到非常惊讶，认为中国人不诚实。

4. 餐饮习俗方面的冲突

中国人素有热情好客的优良传统。例如，在交际场合和中，热情的中国人常常互相敬烟、敬酒。中国人宴客，即使美味佳肴摆满一桌，主人也总习惯讲几句"多多包涵"等客套话。主人有时会用筷子往客人的碗里夹菜，用各种方式劝客人多吃菜、多喝酒。而在西方国家，人们非常尊重个人权益和个人隐私，所以他们不会做强人所难的事。在吃饭的时候，他们绝不会硬往别人碗里夹菜，也不会用各种方式劝别人喝酒。

第三节 沟通的跨文化差异

沟通是通过语言和动作发送并接收信息的过程，完成这个过程的编码和解码会受到个人文化背景的影响。文化背景会影响我们对事物的基本假设，而对事物的基本假设又会影响我们的感知、态度及情绪的表达方式，最终影响我们的行为。文化背景会加剧沟通的困难，因为在种种变量之外，又加进了文化这个关键变量。沟通的跨文化差异，有语言沟通差异和非语言沟通差异。

一、语言沟通差异

语言是一种交际工具，同思维有着密切的联系，是思维的载体和物质的外在表现形式；语言是一种符号系统，是以语音为外在表现，以语义为内在含义的，音义结合使词汇和语法构成了有规律的体系；语言是一种社会现象，是人类最重要的交际工具，是表达思想和传递信息的工具，具有稳固性和民族性。语言沟通的跨文化差异有多种表现，在这里主要讨论3种：直接与婉转、插嘴与沉默、联想与抽象。

1. 直接与婉转

美国人说话直截了当，开门见山；中国人喜欢拐弯抹角，犹抱琵琶半遮面。例如，拒绝别人的要求，一般美国人如果不喜欢，就会直接说"不"；中国人通常会说"让我考虑考虑"。美国人若不了解中国人的说话方式，会以为那人是真的去考虑了，过两天说不定又会回来问中国人考虑得怎么样了。在谈生意的时候也常常遇见这样的风格差别。中国人谈具体的生意之前总要把自己公司的背景、组织结构和人员组成等情况向对方详细介绍清楚，一两个小时后也许才谈及真正要谈的生意。而美国人很可能一上来就直奔主题，所以双方常常会产生误解。

谈到说话的婉转，日本人可能比中国人更有过之而无不及。日本人在生活和工作中通常不愿意直截了当地拒绝别人，而会委婉地说："你们的产品非常好，设计新颖、造型美观、包装也很别致，让我们考虑考虑再说""我理解您的要求""我将把贵方的意思尽快向领导汇报"。这实际上就等于明确地拒绝。

2. 插嘴与沉默

在语言沟通中，另一个跨文化差异表现在讲话的合理程式上。是一个接一个有条不紊地讲话，还是大家彼此打断、七嘴八舌地讲话？是你说完一句我接着说下一句，还是你说完我思考一下再往下说，或者你没说完我就插话？什么样的讲话程式在某一文化中被视为正常合理？不同民族、不同文化的人在这一点上有明显的差异。例如，在欧美国家，讲话有问有答、顺序清楚，如果一个人在别人还没说完时就插嘴进来，会被视为不礼貌。在拉美国家，这样的方式却未必会被视为正常合理。他们的对话方式是，一人说话尚未停下时，另外一人就应该插嘴，打断对方并接着往下说，然后在还未结束时，对方又插嘴进来继续说。打断对方会被看作是对对方的谈话感兴趣，而且迫不及待地要分享自己的感受，如果不插嘴，则说明话题无趣。在东方国家，当一个人回答或接另一个人的话题时，应该有一个小小的停顿，这个停顿能说明自己在思索对方的话。因此，短暂的停顿是对对方的尊重，同时也能表现出自己在深思熟虑。

3. 联想与抽象

在用语言沟通时，同质文化中的人由于共享的背景很多，所以常常能让倾听者通过联想来理解自己所说的意思。这样的文化可以被称为"联想型文化"，并且与高语境文化有相似之处。例如，在中国文化中，"龙"通常与吉祥、权力等概念相联系，我们提到"龙"时，可能会联想到这些相关的概念和意象。但在异质文化中，由于背景知识的差异较大，人们可能难以通过联想来理解对方所说的话。因此，他们需要使用更明确的语言来进行沟通。当美国人与中国人交流时，他们可能会使用更具体的词汇和句子来描述自己的想法和感受，以避免因文化差异而导致的误解。例如，美国人可能会说"我觉得你的观点在逻辑上有些问题，因为……"，而不是仅仅说"我觉得你的观点不对"。

二、非语言沟通差异

非语言沟通是相对于语言沟通而言的，是指不通过语言在沟通中传达信息的过程，这些非语言包括动作、体态、眼神、表情、语气、语调、空间距离等方式。在沟通中，沟通的大部分含义不在语言之中，而在语言之外体现。在高语境文化中尤其如此。

1. 目光接触

目光接触是沟通中一个非常重要的组成部分。在欧美文化中，没有目光接触的沟通几乎是不可能的事。他们在与对方讲话时，或听对方讲话时，一定要看着对方，否则会被视为对话题没兴趣，或心里有鬼不敢正视，又或性格过于羞怯。总之，都是一些负面的评价，即使是地位不相等的两个人对话也是如此。但在东方文化中，目光接触并不是一定要有的，当两个地位不相等的人对话时，地位低的那个人一般都不看对方，因为直视会被认为不尊敬对方。在这一点上，不少在美国生活的中国人都受到过教训，尤其是在见面访谈时，他们常常不看着对方，或不一直看着对方。访谈者完全想不到这是对方对他们尊敬的表现，反倒觉得他们隐瞒了什么，认为他们没说真话，因而很难实现有效的沟通。

2. 面部表情

面部表情是通过眉毛、眼睛、嘴巴和鼻子这些面部主要器官的谐调配合而实现的。但在不同的文化背景下会被人们赋予特有的含义，面部表情的共性与个性由此产生。大部分人都会用哭泣来表达自己悲伤的情绪，用笑容来传递友好、赞同、满足、开心及安心等情绪，脸红则是害羞或愤怒等情绪的表现，这些都说明了面部表情在不同文化中的共性。然而，由于文化的差异，这些情绪表达的含义也有所不同。例如，中国人与长辈讲话时，如果嘻哈打闹会被认为不尊重长辈；而英美人与长辈说话时更注重平等，气氛相对会随意得多。又如，日本人擅长用微笑来掩饰自己的情感，这种微笑通常是出于礼貌或者婉拒，即使心中不快也依然会面带笑容，这常常令其他文化背景的人感到费解。

3. 手势与触摸

在交谈过程中，使用手势的多少，以及是否触摸对方，都因文化背景不同而有所差异。地中海以南国家的人，如土耳其人或者西班牙人，其彼此之间的触摸程度远比北欧人或亚洲人高得多；很多亚洲人或印第安土著人都不习惯触摸对方，甚至连家庭成员之间的触摸都很少，更遑论陌生人之间了；意大利人在交谈时喜欢不停地拍一拍、碰一碰对方，以表示亲热和友好；大部分美国人都不喜欢触摸，除非是熟人或友人。

手势在不同的文化背景中有时也会有不同的含义。在美国表示赞成之意的手势，换种文化背景的话，其含义就会大相径庭。比如，对美国人和大多数西欧人来说，竖起拇指表示"做得好"或"可以继续"之意，而对希腊人来说，这是一种侮辱的手势；又如，美国人常用来表示"OK"的手势在意大利南部代表淫秽，而在法国和比利时，则表示"你一无是处"的意思；再如，摇头在大部分国家都是"不"的意思，但在保加利亚和印度南部就成了"是"的意思；还如，拉美人握手时力度较轻，而北美人握手时强劲有力，因此，北美人可能会认为拉美人太软弱，而拉美人可能会觉得北美人攻击性太强。

4. 身体空间

在沟通时，人与人之间保持距离的远近，在不同文化之间也有很大差别。距离最近的要数拉美人和阿拉伯人了，距离最远的是日本人。在中国文化中，对话距离并没有固定的标准，而是根据具体情况和关系亲疏来灵活调整。一般来说，中国人在与熟人或朋友交流时，可能会保持较近的距离，以表达亲密和友好；而在与陌生人或不太熟悉的人交流时，可能会保持较远的距离，以维护个人的隐私和尊严。此外，中国人在对话时还会受环境、场合和身份等多种因素的影响，因此对话距离也会发生相应变化。对美国人来说，最合适的对话距离是 3 英尺左右（约 0.9 米，大概一臂之长）；阿拉伯人就不同了，他们彼此之间的对话距离要比一臂距离近得多；而日本人却要比一臂距离远得多，否则他们就会感觉不舒服。

空间行为分为 3 个领域，即侵犯距离、交往距离及办公室空间的概念和使用领域。文化会对个人空间领域的形成产生非常显著的影响。由于所处环境、文化背景的不同，人们对个人空间距离也有不同的理解。阿拉伯人一般不会有被侵犯的概念，因为他们喜欢聚在一起，触碰对方、感觉对方，甚至距离可以近到能闻到对方的气味。而德国人则恰好相反，他们有很强的自我意识，极其注重通过间隔距离来保护自己的个人空间领域。中国文化讲究集体性，人们在公车上或者电梯里，摩肩接踵、肩肘相抵的情景随处可见，人们对此皆已习惯，并以平常心对待。这对西方国家的人来说难以容忍，当他们被迫靠近别人的身体时，通常会先向对方说一声"Sorry"，以示并非故意侵犯别人的空间领域。

不同文化对办公室空间的概念及使用也各有不同。德国是个严谨的民族，平时工作也习惯关闭办公室的门，制造一个封闭的空间，以保证个人活动的独立性。因此，他们对门的要求极高，如双层隔音门，若没有经过他们允许就直接进入办公室或擅自打开门，会被视为举止粗鲁或严重的侵犯行为。在中国，人们习惯于把门敞开，如果门被关上了，则表示某个重要的、紧急的会议或者特殊的谈话正在进行。英国人处理公务都是在议会大厅进行，这显示出他们喜欢在宽敞、开阔、开放的环境中工作。而美国人处理公务都在自己独立的办公室里，他们对英国的办公地点不太适应或者深感恼火。相反，英国人也对美国人要求使用独立的办公室而颇为费解。

5. 其他非语言符号

很多非语言信号都可以表达特定的含义，如衣着、色彩、年龄等。在北美，有些颜色和款式的衣服被认为更"专业化"、更"可靠"。在日本，衣着不仅是个人身份的象征，更是所属职业团体和社会地位的重要标志。例如，高级西装、和服等服饰往往被视为高贵、典雅的象征，能够展现出穿着者的社会地位和品位；医生、律师、教师等职业通常要求穿着统一的制服或正装，以体现职业的专业性和严谨态度；工人、服务员等职业则可能穿着具有行业特色的工装或制服，以便于识别和区分。

文化中的颜色也能表达不同的意义。比如，红色是我国文化中的崇尚色（中国红），它象征着喜庆、吉利；而在西方文化中，红色更多代表危险、暴力和战争。又如，白色在汉语和英语中都有纯洁的含义。但在中国文化中，白色常常使人联想到死亡；而在西方文化中，白色是吉祥之色，象征着高贵、纯洁和善意。还如，美国人很喜欢年轻化的打扮，不论男性还是女性，都喜欢染发、做面部整形等，想尽一切办法使自己看上去更年轻。但是，美国人到日本去谈判的话，谈判队伍中应至少有一名成员有明显的白发，因为日本的年轻人对年长者十分顺从，如果队伍中有年长者的话，日本人就会更郑重地对待这场谈判。

第四节 有效的跨文化沟通

跨文化沟通是指发生在不同文化背景的人们之间的沟通。密切的跨文化沟通是当今世界的一个重要特征。随着经济全球化进程的加速，跨国、跨文化的交往活动日益频繁，不同文化背景的人们跨国往来与日俱增，大量跨国公司的出现使得劳动力的文化背景多元化趋势日益明显，跨文化沟通也变得越来越重要。

一、跨文化沟通模型

跨文化沟通模型是一个有助于我们分析和理解不同文化背景下人们的沟通方式和沟通差异的重要工具，用4个维度或影响沟通倾向的4个文化变量来表现，分别是：沟通的直接程度、沟通语境的高低、使用情感的多寡和交往互动的正规程度。以中国、德国、美国、印度和墨西哥为例，对这4个沟通维度和与其相关的行为特征做一些介绍。

1. 沟通的直接程度

这个维度有两个相反的沟通导向或倾向，即直接导向和间接导向。沟通的直接程度是指在表达自己的观点和立场时，特别是面对分歧或冲突时，沟通者所能接受的表达程度。

一般而言，等级和群体意识较强、强调合作与关系的人，会倾向于间接的沟通方式；而等级意识较弱、个人意识强、强调竞争和任务导向的人，则会倾向于直接的沟通方式。例如，大部分德国人和美国人倾向于有话直说、就事论事，不会时时担心面子、关系和群体和谐的问题，沟通的目的就是为了高效地交换信息和观点，从而有效解决问题；而大多数印度人、中国人和墨西哥人则倾向于间接的沟通方式，比如在发生观点和立场上的分歧时，或者是在与上级沟通时，一般会婉转地表达自己的想法，甚至会通过第三方来传递信息，目的是使大家都不会丢面子，以维护相互之间的和谐关系。

如果这两个不同导向的人或群体缺乏相互了解，那么在沟通与合作过程中就会产生误解。例如，德国人认为，中国下属说话不算数，开会时说好的事情，到规定的时间了却不能按照要求完成任务。美国人甚至认为中国人喜欢撒谎。由于他们是直接沟通导向的人，他们把中国人的间接和客气解读成了完全负面的"不专业"或"不诚实"。然而，倾向于间接沟通的墨西哥人、印度人和中国人，通常对德国人和美国人的看法也是消极的。例如，有话直说的特朗普总统让大半个世界看不惯，美国人和德国人给许多人留下了"傲慢"、"冷酷"和"不礼貌"的印象。

2. 语境的高低

这个维度的两个导向分别是高语境和低语境。语境的高低是指在沟通过程中摄取和包装信息的方式或倾向。倾向于直接沟通方式的人，一般会用高语境摄取和包装信息。反之，倾向于直接沟通方式的人，则会用低语境摄取和包装信息。

相对于大多数中国人而言，德国人和美国人更倾向于低语境的信息传递方式。他们解读和传递信息时使用的手段相对较少，主要就是编码清晰的话语、数据和事实，并且满足于对字面意义的直观解读，对于潜台词、肢体语言和环境因素一般不敏感。而高语境的人沟通时所借助的媒介手段就丰富多了，从沟通的现场环境、各种肢体语言到沟通对象的社会和生理特征，都会被利用和考虑到。例如，高语境的日本男性和中国男性一般不常用"甜心蜜糖""我爱你"等直白的语言去讨好自己的太太，而是用"意会"和行动表现出来；而低语境的美国人则总是把"甜言蜜语"挂在嘴边，否则他们的妻子就会觉得婚姻出现了问题。

欧美人之所以常常觉得读不懂中国人，是因为除沟通时所使用语境的不同之外，大多数中国人的肢体语言几乎都集中在脸上。和拉丁美洲、南亚等地区的人们所使用的夸张性肢体语言不同，中国人更习惯于用脸色或眼神委婉地表达自己的想法和态度，也就是我们所说的"意会"。这些微妙的肢体变化很难被低语境的北欧人或美国人觉察到，即使觉察到也往往不能正确地理解，因为他们没有共同的文化背景。

3. 情感使用的程度

这个维度的两个相反导向分别是严谨导向和表现导向。情感使用的程度是指为了保证或提高沟通的效果如何恰到好处地使用情感因素。严谨导向的人在沟通时会注意控制情感或情绪，倾向于利用客观事实和数据进行陈述和说服，并把过多的情感流露和夸张的肢体动作视为不专业或不尊重的表现。与此恰恰相反，具有表现导向的人则认为只有充分流露自己的喜怒哀乐等情感，展示自己的口才并配合夸张的肢体动作，才能更加有效地表达自己的观点，从而影响和说服他人。

大多数德国人和中国人有明显的严谨导向。在正规的商务和社交场合，很少看到眉飞色舞、感情四溢、辞藻华丽的德国人，他们总是呈现出一副不苟言笑的严肃面孔，甚至有些机械和呆板。与德国人和中国人相比，大多数印度人和拉丁文化的人则具有明显的表现导向。这个文化特征在影视作品中表现得尤为突出。例如，出自印度宝莱坞的电影肯定少不了热情奔放的印度歌舞片段，而拉丁美洲国家的影视作品肯定会有拉丁舞和激情辩论的场景。在这个文化变量上，大部分美国人（以白人为代表的主流文化）则比较折中，倾向于适度的表现导向。

4. 沟通互动的正规程度

这个沟通维度的两个相反导向分别是正规导向和非正规导向。沟通互动的正规程度是指在沟通交往过程中人们对于礼节和规矩使用多寡的态度和接受程度。具有正规导向的人对礼节和规矩一般持积极认同的态度，视其为表达相互尊重和建立关系的必要手段。而具有非正规导向的人则对交往过程中的礼节和规矩持相对负面的看法，认为其是繁文缛节，只会加大或固化人与人之间的距离与隔阂，有碍沟通效率的提高。

从文化价值导向关联的角度看，大部分等级和群体意识比较强、重视关系和面子的文化，在沟通交往中都会表现出程度不同的正规倾向；而平等参与和个体意识比较强、不重视关系和面子的文化，在沟通交往中则会表现出程度不同的非正规倾向。例如，在世界各国中，日本人的正规导向最强，他们在交往过程中非常注重礼仪规范，从一件小礼物的包装到正规的商务谈判，日本人都会一丝不苟、合规合矩。受儒家思想的影响，中国被誉为礼仪之邦，在人际交往中极为重视礼节。然而，在礼节的正规性方面，日本展现出了其独特的严谨与缜密。无论是商务洽谈还是日常生活，日本人都制定了详尽的行为准则，诸如茶道、花道等，这些"道"不仅体现了日本文化的精髓，也体现了其社会成员在相互交往时应遵循的规范和期望。和日本人的循规蹈矩形成鲜明对照的是美国人的非正规行为倾向。虽然美国人也讲究礼貌，也有自己的礼仪，但是他们不接受"礼多不压人"的观点，认为礼节应该尽可能地减少，无拘无束的轻松氛围更有利于思想的碰撞、信息的沟通和高效的合作。例如，和美国人见面后，他们可能很快就告诉你可以直呼其名，而无须使用"先生""女士"或其他尊称。

二、跨文化沟通的注意事项

基于前面关于跨文化沟通的 4 个主要维度的阐述，我们可以清晰地认识到，来自不同文化背景的个体往往会展现出不同的沟通倾向。因此，在与文化背景不同的人进行交流时，我们需格外注意以下十大跨文化沟通的关键点。

1. 培养开放和包容的心态

不要认为世界上只有自己的沟通标准和方式才是唯一正确的，实际上，由于客观生存环境、历史发展进程和宗教信仰等因素的差异，不同国家或不同民族的文化千差万别，其沟通交往的方式和习惯也存在不同程度的差异。如果我们不能尊重他人的文化和习惯，那么彼此之间的沟通就很可能是失败的，并且很难建立互信关系，双方也不会努力去适应对方。但是，当我们具有了开放和包容的心态，就能够尊重对方的文化和习俗，并且会去了解对方，虚心听取对方的观点和立场，进而使彼此之间的沟通能够顺利进行。

2. 清楚自己的沟通倾向和深层次的文化价值驱动

相较于理解他人，理解自己或许更方便或更容易做到。我们可以借助相关问卷测评，拿到自己的文化导向全景图报告或沟通导向单项报告。此外，我们也可以对自己的沟通行为进行反思，并与身边同事对自己的看法进行对比认证。这个自我认知的过程对我们了解他人的文化导向非常重要，因为它可以帮助我们认识到其他人的沟通方式也是由各自的文化价值所驱动的，是有规律可循的。

3. 了解对方的文化导向和沟通方式

知己知彼，方能百战百胜。一个群体或个人的沟通倾向是由其深层价值导向所决定的。如果没有沟通对象的文化测评报告，那么我们可以研究其所属国家或群体的文化导向和沟通习惯并以此作为参考，然后在沟通交往过程中逐步了解对方的价值导向和沟通风格。

4. 锻炼提高自己的跨文化认知和适应技能

在开始一段跨文化沟通之前，要养成全方位主动了解对方文化的习惯，即进行"文化尽职调查"。在此基础上，如果发现在沟通过程中不可能改变对方，那么为了完成沟通任务，我们需要有意识地主动"切换"自己的沟通方式，用对方熟悉或偏好的沟通方式与其进行互动。这种跨文化适应技能被称为"文化导向切换"。如果我们发现通过沟通互动能够影响对方，就应该创造平等友好的氛围，通过对话加深相互了解，最终达成双方都能够接受的沟通方案。这种技能被定义为"文化对话"。这里的关键是要做好"文化尽职调查"，这样我们才能够决定是采取"文化对话"的策略，还是采取"导向切换"的策略。

5. 切忌用刻板印象、成见或偏见去解读和评判对方的行为

成见和偏见带有明显的负面意义，比较容易鉴别。刻板印象则是一些相对中性的看法和观点，可以帮助我们高效认知和判断陌生的人和事物。问题在于，当我们把对群体的看法用来认识和评判这个群体的某个个体时，很容易犯"一刀切"的错误。因为这个个体很可能不具备这个群体的某种文化特征。

6. 努力把话说清楚

无论是用自己的母语还是外语作为沟通语言，一定要努力把话讲清楚，让对方理解你要表达的意思。在这方面，我们要努力向专业播音员学习，虽然发音有些单调，但清楚易懂。在自己的外语水平尚未达到非常流利的程度时，不要拼命去求快，也不要为了好听而使用腔调。如果你的外语水平一般，那么不要因此而胆怯或不敢讲，因为对方知道你在使用外语和他们沟通，讲得不标准或带着语法错误早在他们的预料之中。外语水平并不能真正代表一个人的跨文化沟通能力。如果我们缺乏跨文化的认知和技能，就很有可能会出口伤人或误解对方。

7. 养成多听、多问但不急于评判对方的习惯

如何在工作中运用好"听"和"问"是高效经理人必需具体的技能。尤其是在跨文化环境中，这两项技能显得更加重要。因为只有通过认真、虚心地听对方讲，并且多问开放性的问题，才能加深我们对陌生商务环境及合作伙伴的了解。如果我们总是急于宣讲自己的观点，特别是在不闻不问的情况下用我们自己的标准去解读和评判对方，那么误解和误判的概率就会非常高。

8. 谨慎使用俚语、典故和笑话

当我们在一个陌生的环境中工作和生活，并与来自不同文化背景的人进行沟通与合作时，肯定会有不同程度的负重感和挫折感。在这种情况下，一定的幽默感是非常必要的。但是，请务必记住，一个文化的笑话、典故或俚语在另一个文化中可能一点也不幽默，甚至会导致误解，因为对方可能不理解这些表达方式背后的文化寓意。例如，令学习汉语的外国人最头痛的就是我们中国人爱说的成语。

9. 切忌把沟通过程中发生分歧和冲突的责任都推给对方

除了沟通各方利益和出发点不同，文化价值导向和沟通方式的差异也会引发分歧和冲突，需要理性对待。在坚持双赢的沟通目标的前提下，我们要根据具体的情形选择不同的分歧管控办法。在"坚持自己的原则"和"遵从对方的原则"这两个极端性选择之外，还可以选择"兼容并存"、"妥协折中"或"取长补短"。如果双方的分歧点涉及核心利益，我们就应该采取"坚持自己原则"的方法；如果分歧点涉及双方各自的短期性重大利益，并且时间紧迫，我们就可以采纳"妥协折中"的策略，虽然谁的利益也不能最大化，但做出的牺牲是均等的；如果分歧涉及双方的长期性利益，我们就需要花时间相互"取长补短"，争取达成"1+1＞2"的解决策略。

10. 培养对国际事务和世界历史文化等知识的兴趣

国际化的人才必然具备国际化的视野，他们的知识结构和学习兴趣不再是内向性或地方性的，而是开放性和国际性的。经验表明，涉猎广泛、国际知识丰富的人，在跨文化沟通过程中具有明显的优势。因此，了解合作伙伴国家的文化和历史等方面的知识，不仅能丰富相互沟通的话题，还能获得对方的好感和尊敬。

内容小结

文化是由人类创造的，经过历史检验沉淀下来的物质和精神财富，它具有4个特点：第一，文化是一个群体共享的东西；第二，文化可以是客观显性的，也可以是主观隐性的；第三，客观显性的文化和主观隐性的文化同时对生活在该群体中的人产生各方面的影响；第四，文化代代相传，虽然会随时代变化，但变化速度却极其缓慢。文化有3层：表层文化是指我们平时能观察到的东西，通过外在的形态表现；中层文化是指一个社会的规范和价值观；核心文化是指一个社会普遍认同的关于人为什么存在的假设。对文化行为产生重要影响的价值观有5个维度，它们分别是：个人主义与集体主义、高语境与低语境、低权力距离与高权力距离、长期取向与短期取向、单时间取向与多时间取向。

跨文化冲突，是指不同形态的文化或者文化要素之间相互对立、相互排斥的过程。例如，跨国企业在他国经营时与所在国家的文化观念不同而产生的冲突，或者企业内部由于员工来自不同文化背景的国家而产生的冲突。跨文化冲突产生的原因主要有：思维模式存在差异、行为规范不同、价值取向不同、语用迁移造成影响。跨文化冲突比较常见的形式有：隐私方面的冲突、时间观方面的冲突、客套语方面的冲突、餐饮习俗方面的冲突。

沟通的跨文化差异包括语言和非语言两方面。语言沟通中的跨文化差异表现在直接与婉转、插嘴与沉默、联想与抽象。非语言沟通中的跨文化差异表现在目光接触、面部表情、手势与触摸、身体空间及其他非语言符号。

跨文化沟通模型包括4个沟通维度：沟通的直接程度、语境的高低、情感使用的程度、沟通互动的正规程度，这4个维度会影响人的沟通倾向。来自不同文化背景的个体进行沟通时要注意10个方面：培养开放和包容的心态；清楚自己的沟通倾向和深层次的文化价值驱动；了解对方的文化导向和沟通方式；锻炼提高自己的跨文化认知和适应技能；切忌用刻板印象、成见或偏见去解读和评判对方的行为；努力把话说清楚；养成多听、多问但不急于评判对方的习惯；谨慎使用俚语、典故和笑话；切忌把沟通过程中发生分歧和冲突的责任都推给对方；培养对国际事务和世界历史文化等知识的兴趣。

问题讨论

1. 从文化差异的角度解释，为何印度盛产跨国公司CEO？
2. 回想一个你在工作中与同事发生错误沟通的例子，运用本章的理论加以解释，并提出消除误解的方法。
3. 分析以下对话，他们的误解在哪里，用跨文化理论来分析为什么会发生这样的误会。

请病假

史女士（美籍经理）："林小姐，请坐。我注意到上个月你请了好多次病假，我对你的身体有点担心。"

林小姐（新加坡籍员工）："对不起，史女士。"

史经理："自从我把你提升为主任以后，你就经常生病，是不是这个职位对你来说担子太重了？"

林员工："可能是。"

史经理："我也不知道该怎么办。我想过让沈先生或刘女士来当主任，但他们都不如你做事有效率。"

林员工："哦，不是这样。他们都很不错，而且在公司工作的时间都比我要长得多。"

小 故 事

跨国企业的文化适应

被可口可乐公司派往中东开拓市场的销售员垂头丧气地回来了。

销售员解释说："我制作海报时非常自信，那里的人不知道可口可乐，我以为能够轻松占领市场。但我不会讲阿拉伯语，于是我用3幅画介绍我们的饮料。第一幅画是一个人在沙漠里爬行，气喘吁吁；第二幅画是那个人在喝可口可乐；第三幅画是那个人精神焕发。海报制作完成后，我就四处张贴。"

他朋友说："应该效果不错吧。"

销售员说："哎，我不会说阿拉伯语也就罢了，没想到阿拉伯人看书是从右往左看的！"

启示：

跨国企业要拓展市场，在全球化日益加剧的今天，强势文化的入侵和扩张让许多区域性文化感受到了生存的危机,并且它们无一不强调自身的文化独特性。因此,跨国企业的市场战略更需要顾及文化适应的问题。

沟通游戏

盲人摸号

规则:

1. 给学员戴上眼罩。
2. 发给每个人一个号码,这个号码只有本人知道。
3. 让这些学员根据各自的号码,按从大到小的顺序排成一列。这个过程中任何人都不能说话或发出声音,如果有人摘下眼罩或说话,游戏即宣告失败。

提示:可以通过拍掌或在他人手上写字的方法告知他人自己的号码,使号码相邻的人渐渐组到一起,最后再排成一列。

相关讨论:

1. 你是怎样与其他成员交流的,在沟通中你遇到了什么困难,是怎样解决的?
2. 你用什么方法得知了他人的号码和位置?

游戏说明的道理:

1. 一般的沟通训练往往只注重现实环境,培训人们的语言技巧。但是作为一个真正出色的管理者,必须有应付更复杂、更难缠的环境的信心和能力。例如,向聋哑人销售产品时,语言的作用会非常有限,这就需要其他办法与客户进行沟通。因此,这个"盲人摸号"的游戏告诉我们,当环境有限时,不要只顾着抱怨,而应积极地想办法解决。

2. 由于限制了学员的条件,所以他们要想解决问题就必须密切配合。他们不仅需要关心自己的号码,还要知道自己所处的位置,以及邻号的人的位置。对于被蒙住双眼,又不能说话的人来说,这确实是一项挑战。

参考文献

[1] 阿尔伯特·哈伯德. 自动自发. 陈书凯, 译. 南京: 江苏凤凰科学技术出版社, 2017.
[2] 丹尼尔·戈尔曼. 情商: 为什么情商比智商更重要. 杨春晓, 译. 北京: 中信出版社, 2018.
[3] 弗洛伦斯·妮蒂雅. 性格解析. 江雅苓, 译. 北京: 团结出版社, 2012.
[4] 科里·弗洛伊德. 沟通的力量: 成功人际交往12法. 李育辉, 译. 北京: 机械工业出版社, 2011.
[5] 拉里·A.萨默瓦, 理查德·E.波特, 埃德温·R.麦克丹尼尔. 跨文化传播(第六版). 闵惠泉, 等译. 北京: 中国人民大学出版社, 2013.
[6] 理查德·E.沃尔顿. 哈佛商学院冲突管理课. 王艳晴, 译. 北京: 中国青年出版社, 2014.
[7] 玛丽·帕克·福列特. 福列特论管理. 吴晓波, 等译. 北京: 机械工业出版社, 2022.
[8] 马歇尔·卢森堡. 非暴力沟通(修订版). 刘轶, 译. 北京: 华夏出版社, 2021.
[9] 马修·麦肯, 玛莎·戴维斯, 派瑞克·范宁. 720°全景沟通. 郑春蕾, 等译. 北京: 中华工商联合出版社, 2015.
[10] 帕特里克·麦克纳, 大卫·梅斯特. 专业团队的管理: 如何管理高学历的知识型员工. 林灿, 译. 北京: 机械工业出版社, 2018.
[11] 史蒂芬·柯维. 高效能人士的七个习惯. 高新勇, 等译. 北京: 中国青年出版社, 2020.
[12] 斯蒂芬·P.罗宾斯, 玛丽·库尔特. 管理学(第13版). 刘刚, 等译. 北京: 中国人民大学出版社, 2017.
[13] 约翰·哈斯林. 演讲力: 从听众出发. 马昕, 译. 上海: 世界图书出版公司, 2010.
[14] 陈春花. 管理的常识: 让管理发挥绩效的8个基本概念(修订版). 北京: 机械工业出版社, 2016.
[15] 何秉尧, 郑东, 黄彩子, 等. 魅力礼仪. 北京: 人民出版社, 2008.
[16] 蒋巍巍. 向上管理的艺术: 如何正确汇报工作(升级版). 北京: 人民出版社, 2020.
[17] 金正昆. 礼仪金说: 商务礼仪. 北京: 北京联合出版公司, 2019.
[18] 经理人培训项目编写组. 培训游戏全案: 沟通(升级版). 北京: 机械工业出版社, 2010.
[19] 刘辉. 上司道: 如何做一个成功的上司. 深圳: 海天出版社, 2005.
[20] 刘辉. 下属茶: 如何做一个成功的下属. 深圳: 海天出版社, 2005.
[21] 《实用文库》编委会. 实用演讲技法大全. 北京: 电子工业出版社, 2007.
[22] 吴甘霖, 邓小兰. 做最好的中层(升级版). 上海, 东方出版中心, 2019.
[23] 闫静. 商务文书写作教程. 北京: 北京大学出版社, 2007.
[24] 许林芳. 刷新管理: 数字化企业快速成长. 北京: 人民邮电出版社, 2022.
[25] 杨滨. 性格的力量. 北京: 当代世界出版社, 2002.

[26] 余世维. 职业经理人的五项修炼. 北京：北京联合出版公司，2019.
[27] 臧宝飞. 演讲与口才：22堂自我训练课. 北京：中国国际广播出版社，2018.
[28] 张锦贵. 除了向前，你别无选择. 北京：人民邮电出版社，2013.
[29] 张笑恒. 无法改变事情可以改变心情. 北京：北京工业大学出版社，2012.
[30] 曾仕强. 人际的奥秘. 北京：北京联合出版公司，2015.